Studienbuch Pädagogik

Studienbuch Pädagogik

Fakten – Erfahrungen – Vorschläge

Klaus Füller
Hans-Dieter Haller
Gerd-Bodo Reinert

Urban & Schwarzenberg

Dr. Klaus Füller, Dreikönigsweg 11,
7320 Göppingen

Dr. Hans-Dieter Haller, Binderstraße 13,
2000 Hamburg 13

Prof. Dr. Gerd-Bodo Reinert, Buschkamp 6
2000 Hamburg 63

CIP-Kurztitelaufnahme der Deutschen Bibliothek

Füller, Klaus
Studienbuch Pädagogik / Klaus Füller ; Hans-Dieter Haller ; Gerd-Bodo Reinert. – 1. Aufl. – München, Berlin, Wien : Urban und Schwarzenberg, 1976.
([U-und-S-Pädagogik] U & S Pädagogik : Orientierung)
ISBN 3-541-40181-8
NE: Haller, Hans-Dieter :; Reinert, Gerd-Bodo :

ISBN: 3-541-40181-8

Satz: Pfaff Inning; Druck: Ebner Ulm. Printed in Germany.

(aus: erziehung, Heft 3, S. 22, 1975)

Vorwort

„Zuviel Wissen hat kein' Wert für den, der's ABC nur lehrt." Dieser Satz hat eine gewisse Berechtigung, früher wohl mehr noch als heute. Wenn in der gegenwärtigen Entwicklung neuer Konzeptionen des öffentlichen Schulwesens in der Bundesrepublik Deutschland auch dem Grundschulbereich verstärkte Aufmerksamkeit zugewandt wird, so ist doch die Frage zu stellen, ob die Tätigkeit von Lehrern in der Grundschule hinreichende Anerkennung und Absicherung erfährt, z. B. durch entsprechende Gleichsetzung mit anderen Lehrerkollegen.

Das vorliegende Buch greift solche Fragen auf und unternimmt einen Versuch, die vor kurzem in mehreren Bundesländern vorgenommenen Ausbildungsreformen für die zukünftigen Grundschullehrer darzustellen, inhaltlich zu füllen, durch Anregungen für die Ausgestaltung des Studienverlaufs zu ergänzen und somit zu einer größeren Übersichtlichkeit und Klarheit für die betroffenen Studenten beizutragen.

Aber nicht nur diese Zielgruppe wird angesprochen, denn unseres Erachtens besteht ein Mangel an Einführungswerken *für alle Lehrerstudenten,* die eine Verbindung von inhaltlichen Aussagen (z. B. zur Funktion der Schule und zur didaktischen Theoriebildung), weiterhin von Handlungsperspektiven (z. B. im Ausbildungsbereich ebenso wie im schulischen Praxisfeld) und schließlich von Vorschlägen zur Ausgestaltung des Studiengangs (z. B. unter Berücksichtigung von Prüfungsordnungen und im Hinblick auf Seminarplanungen) herstellen.

Unsere Intention war darauf gerichtet, den Studenten Informationen und Ratschläge zu geben, um sie in dem oftmals diffusen Ausbildungsbereich zur Orientierung und Selbstfindung kommen zu lassen.

Nicht ganz ernstzunehmende Empfehlungen zur Selbstfindung auf Seite VIII und IX.

Wir glauben, damit auch einen (wenn vielleicht auch nur geringen) Beitrag zur Verbesserung der Arbeitssituation von

Die WIRKLICHKEIT des Grundschullehrers dürfte zwischen diesen beiden Extremen liegen!

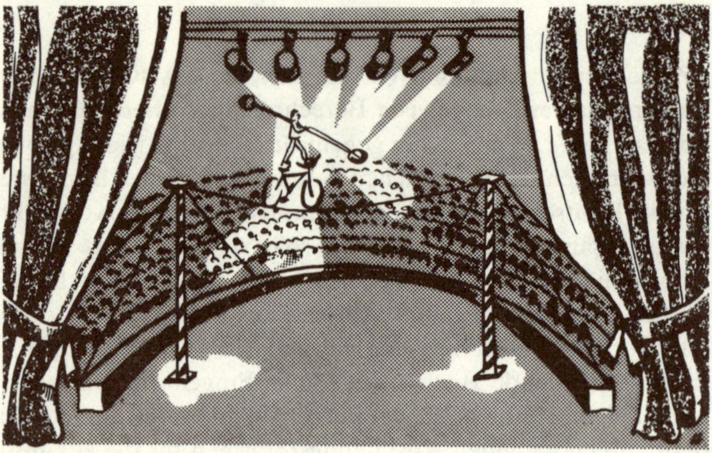

Früher war er ja Schulmeister – aber das war ihm zu aufregend

Früher war er ja Schulmeister – aber das war ihm zu langweilig

Lehrertypen

sonnig

verschlossen

pfiffig

gütig

mürrisch

genialisch

skeptisch

listig

dümmlich

resignierend

staunend

und Sie ???

Hochschullehrern geleistet zu haben. Anregungen und Erfahrungsberichte zur Verwendung und möglichen Verbesserung dieses Buches sind deshalb für uns bedeutungsvoll und von Interesse.

Hamburg-Heidelberg, Januar 1976

Klaus Füller
Hans-Dieter Haller
Gerd-Bodo Reinert

Inhalt

1. Einleitung

Wir haben versucht, in der Einleitung wesentliche Aspekte in Form von drei Abschnitten darzustellen, die sich mit der Situation der Grundschule und der Grundschullehrer, der Funktion der Erziehungswissenschaften im Rahmen der Bildungspolitik und Bildungsplanung und der Studien- und Berufsmotivation von Lehrern und Lehrerstudenten befassen. Sie dienen gewissermaßen als Aufriß, in dem die einzelnen Aspekte unseres Buches in konzentrierter Weise angesprochen werden. Um es gelehrt auszudrücken: Es ist eine Art von „advance organizer" (*Ausubel* 1960), also ein organisierendes Prinzip zur Vorstrukturierung der auf den weiteren Text gerichteten Erwartungen von Lesern.

1.1. Situation der Grundschule und Grundschulpädagogen: In Ordnung oder nicht?

Die folgende Karikatur erschien 1975 im *Spiegel* und fand besonders unter Studenten große Beachtung.

Sie kennzeichnet eine gegenüber den vorigen Jahren völlig neue Situation. In der zweiten Hälfte der sechziger Jahre hatte sich in der BRD die Überzeugung durchgesetzt, daß vieles für eine Reform der Schule (und der Grundschule im besonderen) zu leisten sei. Damit hatte sich – ebenso schlagartig wie die Umorientierung 1975 – eine Überzeugung als überholt dargestellt, die 1959 der *„Deutsche Ausschuß für das Erziehungs- und Bildungswesen"* (ein Beratungsgremium, welches 1965 durch den „Deutschen Bildungsrat" abgelöst wurde) vorgetragen hatte: *die Grundschule sei in Ordnung:*

„Für die Erfüllung ihrer Aufgaben (...) hat die Grundschule eine pädagogische Haltung und unterrichtliche Verfahren gewonnen, die zwar der weiteren Ausgestaltung und Festigung, aber keiner grundsätzlichen Wandlung mehr be-

„Guten Tag, ich bin die Lehrerschwemme! Seid ihr der Pillenknick?"

(aus: *Spiegel* 29 (1975), 40, S. 70 vom 29.9.1975)

dürfen." *(Deutscher Ausschuß für Erziehungs- und Bildungswesen* 1959, zit. nach der Sammlung aller Gutachten 1966, S.82)

In den sechziger Jahren setzte eine massive Kritik an dieser „heilen" Schule ein: die scharfe Auslese für die weiterführenden Schulen, die großen Klassenfrequenzen, der unwissenschaftliche Unterricht, die mangelnde psychologische Fundierung der Lehrpläne und Lehrverfahren etc. Das sind nur einige Gesichtspunkte der Kritik.

Zahlreiche Aktivitäten entstanden, diesen kritisierten Mißständen Abhilfe zu verschaffen. Der „Arbeitskreis Grundschule e.V." (6 Frankfurt/M. 90, Schloßstr. 29) veranstaltete große Kongresse, veröffentlichte Reformvorschläge, initiierte Entwicklungsaktivitäten; die „Stiftung Volkswagenwerk" richtete ein finanzielles Förderungsprogramm zur Erstellung von Curricula (CIEL = Curriculum der Institutionalisierten Elementarerziehung, vgl. *Bennwitz/Weinert* 1973) mit Millionenbeträgen ein; Eltern gründeten als eine Art Bürgerinitiative die

„Aktion Kleine Klasse“ (AKK) zur Senkung der Klassenfrequenzen in den Grundschulen, die in der BRD sehr viel größer waren und sind als in vergleichbaren Ländern; dieses sind die vielleicht spektakulärsten, aber nur einige der vielen Aktivitäten zur Reform der Grundschule. Folgerichtig wurde auch die Ausbildung von Lehrern für den Grundschulbereich in Frage gestellt und in mehreren Bundesländern neu konzipiert.

Die Politik der „knappen Kassen“ in den öffentlichen Haushalten und eine einschneidende Verringerung der Geburtenziffern (1974 z. T. halb so viele Geburten wie 1964) brachten dann jedoch im gesamten Bildungsbereich, und somit auch für die Grundschule, gegenläufige Entwicklungen hervor.

Lehrerstudenten, die noch zu Beginn ihres Studiums händeringend zum Studium der Erziehungswissenschaft ermuntert wurden, können nun nicht mehr sicher damit rechnen, auch tatsächlich in die zweite Ausbildungsphase oder gar nachher in ein Arbeitsverhältnis übernommen zu werden. Dies verschärft z. B. den Druck, ein möglichst gutes Examen zu absolvieren, um die Chancen für eine weitere existentielle Grundlage zu verbessern.

Hinzu kommt eine wachsende politische Disziplinierung (vgl. *Bethge/Rossmann,* schon 1973). Wir kennen die weitere Entwicklung nicht. Soviel aber läßt sich sagen: die Behörden haben durch Maßnahmen wie Numerus clausus (für die Hochschule ebenso wie für das Referendariat) und Lehrerarbeitslosigkeit ein effektives Instrument in der Hand, auf die schulische und universitäre Ausbildungspraxis Einfluß zu nehmen.

Sollten sich die finanziellen Möglichkeiten verbessern, wird man nicht automatisch mit einer Verbesserung der Situation rechnen können. Die Zukunft wird zudem zeigen, ob nicht auch ein Motiv indirekter Einwirkung auf die Lernprozesse der Schüler hinter dieser Verschlechterung der Lehrsituation zu erkennen ist, indem wieder stärker ordnungs- und autoritätsorientierte Ziele zur Durchsetzung gelangen sollten.

Da haben sich die Erziehungswissenschaftler aber mal wieder etwas ganz Besonderes ausgedacht: Jetzt werden die zukünftigen Lehrer gar von den Grundschülern ausgebildet.
Na, mir solls recht sein!

1.2. Reform des Bildungswesens: Notwendigkeit oder Höhenflug?

Seit Mitte der sechziger Jahre ist die bildungpolitische Landschaft der Bundesrepublik Deutschland durch eine Vielzahl von Reformvorschlägen zum öffentlichen Bildungswesen bestimmt worden. Was Autoren wie *Picht* (Die deutsche Bildungskatastrophe, 1964) u.a. in die Diskussion gebracht hatten, sei eine unmittelbar notwendige Reform, die zur Aufrechterhaltung der Funktionstätigkeit unserer Gesellschaft in ihren bestehenden Ordnungsstrukturen unabdingbar sei, meinten die einen. Daß es sich hierbei zunächst nur um immanente Reformen handele, die indessen weitergehende Reformideen erzeugen, die nun aber in der bestehenden gesellschaftlichen Ordnung nicht zu verwirklichen seien, meinten andere und forderten mit der Bildungsreform auch eine Gesellschaftsreform.

Inzwischen dürfte sich die erste, eher konservative Richtung voll durchgesetzt haben, denn der Reformenthusiasmus ist weitgehend vorbei. Nimmt man das neue Hochschulrahmengesetz, so sieht man an diesem Beispiel, daß manche „Reform“ noch weit hinter die Praxis zurückfällt, die bestanden hatte, bevor man allseits eine Notwendigkeit zur Reform erkannt hatte. Vertreter der progressiven Richtung, die in der zweitgenannten Auffassung zur Geltung kommt, haben auf dieses Schicksal der Reformen schon früh aufmerksam gemacht (so z.B. *Baethge* 1972). Was aber bleibt uns?

Die Gefahr einer vielfachen Resignation liegt nahe. Schauen wir in die Geschichte der Pädagogik zurück, die uns viele Beispiele mit lehrstückhaftem Charakter vorführt, so erkennen wir eine drastische Parallele: Die sogenannte Reformpädagogik, eingeleitet um die (letzte) Jahrhundertwende, brachte eine Fülle von neuen Vorschlägen und Konzeptionen zur Neugestaltung des Bildungswesens hervor. Nahezu alle auch heute diskutierten Neuerungen (Gesamtschule – Einheitsschule, Projektunterricht, spielendes Lernen, Integration von allgemeiner und beruflicher Bildung, empirische Erprobung und Kontrolle von Experimenten, gar die Abschaffung der Schule, einheitliche wissenschaftliche Lehrerbildung, objektive Leistungsmessung durch Testverfahren etc.) waren in dieser Zeit bereits vorgelegt worden. Man kann durchaus sagen, daß die heutige Pädagogik kaum neue Ideen hervorgebracht hat, wenn heute auch gewisse Verfeinerungen und größere Systematiken zu verzeichnen sind. Die damalige Reformpädagogik „versandete“ indessen um die Jahre 1930-1933. Zugleich entstand in diesen Jahren eine Lehrerarbeitslosigkeit, die wir auch heute wieder zu verzeichnen haben.

Viele Pädagogen, insbesondere Hochschullehrer, haben sich nach 1933 in die nationalsozialistische Entwicklung mehr oder weniger nahtlos eingefügt – vielleicht nicht zuletzt auch aufgrund der vorherigen Krisenerscheinungen. Wenn nun in der gegenwärtigen Entwicklung ein Abbau zuvor erzeugter Erwartungen, zusammenhängend mit existentiellen Krisenerscheinungen durchschlägt (erneute Lehrerarbeitslosigkeit; Abbau von beamtenrechtlichen und besoldungsrechtlichen Privilegien, wie dies in einer kürzlich vorgetragenen Forderung eines FDP-Bildungspolitikers zum Ausdruck kommt, nach der Lehrer in die Besoldungsstufe A 12 zurückgestuft und als Angestellte behandelt werden sollen), so liegt die Gefahr auf der Hand, daß sich Resignation und Protest gegenüber denen ausbreiten, die Reformerwartungen erzeugt haben.

Die Erziehungswissenschaft war ohne Zweifel einer der bedeutendsten Exponenten dieser Reformerwartungen. Auf sie wird in naher Zukunft ein gehöriges Maß an Kritik abgeladen, war sie doch in der Tat mit Vorschlägen und Konzepten recht schnell bei der Hand.

Ein solcher Vorgang ist nicht neu. So schreibt einer der Stammväter der europäischen Erziehungswissenschaft, *Pestalozzi* (1746-1827):

> „Wir armen Nestvögel maßten uns beim Brüten unserer unausgeschloffenen Eier Hochflüge an, die die stärksten Vögel nur mit gereiften und ausgewachsenen Jungen versuchen. Wir kündigten öffentlich Dinge an, wozu wir weder Kraft noch Mittel, sie zu vollbringen, in unseren Händen hatten." (*Pestalozzi*, 1826, zit. nach Wert der Theorie, 1910, S. 8)

Der (anonyme) Autor, der uns den Hinweis auf dieses *Pestalozzi*-Zitat lieferte, nutzt seinerseits diese Bemerkungen zu grundsätzlichen Äußerungen zur Funktion einer Erziehungswissenschaft, insbesondere ihrer Praxis gegenüber:

> „Mag es nun eine Folge oberflächlicher Bequemlichkeit oder der Erfahrung sein, daß die erzieherischen Theoretiker von jeher mehr versprochen hatten, als sie wahr machen konnten: nicht bloß die Eltern wollen von einem Erzieher keine Theorien hören, sondern Leistungen sehen, auch die praktischen Schulmänner sagen zum pädagogischen Systematiker, er möge ihnen zunächst vorstellen, was er mit seiner Theorie in der Wirklichkeit zustande bringe, dann würden sie sich auch mit seiner Lehre beschäftigen." (Wert der Theorie 1910, S. 8)

Ein weiterer Hinweis unterstützt diese Kritik einer lediglich theoretisierenden Erziehungswissenschaft. *Tolstoi,* so bemerkt der Anonymus,

> „suchte die besten pädagogischen Veranstaltungen in ganz Europa auf und setzte sich in Beziehung zu den namhaftesten Pädagogen der gebildeten Welt. Was fand er? ‚Es tauchen gleichzeitig ganz verschiedene Theorien auf, die ein-

ander völlig entgegengesetzt sind. Die theologische Richtung bekämpft die scholastische, die scholastische die klassische, die klassische die realistische; in der Gegenwart existieren alle diese Richtungen nebeneinander, ohne daß die eine die andere überwinden kann, und keiner weiß, was Lüge und Wahrheit ist. Es tauchen tausend verschiedene, höchst seltsame, ganz unbegründete Theorien, wie die von *Rousseau, Pestalozzi, Fröbel* u.a. auf, und alle möglichen Schulen ... existieren nebeneinander. Alle sind mit dem Bestehenden unzufrieden und wissen nicht, welch ein Neues nottut und möglich ist.' (Wert der Theorie, 1910, S. 9; darin das Zitat von *Tolstoi* aus „Gedanken über Volksbildung. Pädag. Schriften, herausgegeben von *R. Löwenfeld,* S. 303)

Wir haben diese Bemerkungen zur Lage der Erziehungswissenschaft (historische und aktuelle Beispiele nebeneinanderstellend) deshalb im Zusammenhang einer kurzen Darstellung der bildungspolitischen Entwicklungen in dieser Einleitung vorgetragen, weil sie u. E. verdeutlichen, daß die Erziehungswissenschaft eher reagiert als selbst bestimmen kann, wenn es um Reformen im Bildungswesen geht. Sie verfügt zwar über ein beachtliches Repertoire von Ideen für die „gute" Schule, aber sie trägt sie in großer Hektik und nicht ausgereift vor, wenn die gesamtgesellschaftliche Situation es mit sich bringt, daß man solche Ideen hören will. Sie hat indessen nur wenig Möglichkeiten (oder wenigstens nur wenig Möglichkeiten ausschöpfen können), mehr zu leisten als nur die *Programmatik* der Reform. Schlägt dann der politische Wind um, so weht er dieser Programmatik in's Gesicht, und eine allgemeine Ratlosigkeit oder gar eine Unterstützung des neuen Kurses ist die fatale Folge.

„So gestaltet sich die Lage der Pädagogik in unserer Zeit zu einer wirklichen Verlegenheit. Als Lehre hat sie Allgemeines vorzutragen; als Anweisung zu einer bestimmten praktischen Verrichtung verlangt man Proben ihres Könnens von ihr. Sie ist eine *Kunstlehre,* deren Wert man aber nur nach ihrer praktischen Wirksamkeit beurteilt. Damit ist man gegen sie so ungerecht, wie man gegen den Ästhetiker wäre, wenn man von ihm verlangte, er möge uns zeigen, was er mit dem Pinsel oder mit einem musikalischen Instrument oder mit Versen vermöge." (Wert der Theorie, 1910, S. 11 f)

Dem zukünftigen Lehrer erwächst aus dieser Erfahrung ein Prinzip seiner eigenen Situation, die sich ebenfalls durch eine Diskrepanz zwischen Möglichkeiten und Zwängen ausdrückt. Hat er diese erkannt, so dürfte er jedoch nicht so reagieren, wie dies im folgenden Zitat ausgedrückt wird, sondern sich aufmachen, die gesellschaftlichen Einflüsse zu analysieren, die eine Verhinderung der Reformmöglichkeiten bewirken, und zur Veränderung der gesellschaftlichen Situation selbst beizutragen.

„Es gibt wohl kaum ein Feld menschlicher Tätigkeit, in dem so viele Mühe und geistige Arbeit aufgewendet wird für die Gewinnung allgemeiner Grundsätze, denen das praktische Leben doch eine bestimmende Wirkung nicht zugesteht. Wie viele Lehrer lachen, wenn man ihnen zumutet, ihre Praxis an den Maßstab der Grundsätze zu legen, die sie mit heißem Bemühen ‚gelernt' haben, und sie danach einzurichten." (Wert der Theorie, 1910, S.12)

1.3. Über die Motivation, Lehrer zu werden

Wir haben die vorausgegangenen Einleitungsabschnitte nicht ohne Sorge geschrieben, ob sich nicht durch sie eine Verstörung eines gutmeinenden Lehrerstudenten einstellen wird. Es nützt aber gewiß auch nichts, die gegenwärtige Misere und die ungewissen Zukunftsaussichten zu verschleiern. Die Entwicklung kann durchaus auch wieder umschlagen, gerade dann, wenn sich ein massiver Protest der Betroffenen abzeichnen würde.

Ein entscheidender Anteil an weiteren Entwicklungen unter den betroffenen Lehrerstudenten und Lehrern selbst wird durch ihre Studien- und Berufsmotivation geprägt werden. Wenn es stimmen sollte, was in den letzten Jahren oftmals behauptet wurde, daß viele Lehrerstudenten mit geringer beruflicher Überzeugungsmotivation ihre Tätigkeit als Lehrer anstreben, so dürfte es um diese Entwicklung nicht zum Besten bestellt sein.

Gerade Mädchen, so wurde oft behauptet, studieren oftmals „auf Lehrer", um einen sicheren „Job" zu haben und weil es halt so Mode sei; schließlich könnten sie sich so auch als Frau eine gewisse Unabhängigkeit und soziale Wertstellung erwerben. Wenn allerdings unter den gegenwärtigen Bedingungen (Numerus clausus und drohende Arbeitslosigkeit) jemand das

Lehrerstudium aufnimmt, so sollte man doch bei ihm einen auf jeden Fall stärker durchdachten Entschluß voraussetzen (falls er nicht ein „Parkstudium" im Auge hat).

Diese Studien- und Berufsmotivation genauer zu durchdenken und sich dabei selbst zu prüfen, sollte den Beginn des Studiums kennzeichnen.

Wir wollen ihnen dazu ein etwas drastisches Zahlenbeispiel vorführen:

Wenn Sie im durchschnittlichen Alter eines Studenten sind , können Sie – wenn alles „glatt" geht – damit rechnen, etwa 40 Jahre als Lehrer tätig zu werden. Dies bedeutet: (bei ca. 180 Arbeitstagen pro Jahr) insgesamt 7200 Arbeitstage, (mit je 5 Zeitstunden Unterrichtstätigkeit und weiteren je 3 bis 5 Zeitstunden häuslicher Dienstarbeit) 36000 Unterrichtsstunden; vielleicht: 5000 Klassenarbeiten, die je von 20 bis 30 Schülern geschrieben wurden, also 125000 Korrekturen, vielleicht 200000 Ermahnungen und Ordnungsrufe, 200000 Lobesworte und Ermuntern, 3600 „gute" Tage und 3600 „schlechte" Tage.

Das alles ist ein nicht unerheblicher Streß! Kann man das alles bewältigen? Die Gespräche mit Schulleitern, Kollegen und Eltern? Die neuen Lehrpläne, die vielleicht alle 6 bis 7 Jahre herauskommen?

Was muß man tun, um ein „guter" Lehrer zu werden?

Welche Persönlichkeit eignet sich zum Lehrerberuf besonders gut oder aber nicht?

Was muß man gelernt haben, um ein guter Lehrer zu sein?
Auch hier steht zunächst die Frage voran, an welchem Kriterium man denn messen kann, ob ein Lehrer ein „guter" Lehrer ist. Als ein solches Kriterium bietet sich der Lernerfolg der Schüler an. Ein guter Lehrer ist dann der, welcher einer möglichst großen Zahl von Schülern zu möglichst hohem Lernerfolg verhilft, wobei Lernerfolg aus Gründen der Übersichtlichkeit unseres Problems beschränkt bleiben mag auf den Katalog durchschnittlich erwünschter Fachleistungen im Bereich der Orthographie, des geographischen Wissens, der Rechenfertigkeit, der Sprachbeherrschung etc.

Was läßt sich von der derzeitigen Forschungslage her über diejenigen Eigenschaften und Verhaltensweisen von Lehrern aussagen, von denen der Lernerfolg der Schüler abhängt? Auf Grund einer vergleichenden Analyse vieler Untersuchungen über den Zusammenhang von Lehrerverhalten und Lernerfolg der Schüler kommen *Rosenshine* und *Furst* (1971) zu der Auffassung, daß vor allem fünf Eigenschaften des Lehrers von Einfluß sind:

– „Klarheit" (Verständlichkeit, Eindeutigkeit beim Darstellen und Erklären),

– „Variabilität", d. h. Verfügung über ein breites Repertoire didaktisch-methodischer Alternativen, aus dem man je nach Situation auswählen kann,

– „Enthusiasmus“, d. h. Interesse, Anteilnahme und Begeisterung des Lehrers für das, was er lehrt,

– „Aufgabenorientierung bzw. Sachlichkeit und Nüchternheit“, worunter vor allem systematisches Vorgehen, Lernzielorientierung und Verzicht auf Abschweifen zu verstehen sind, sowie

– „dem Schüler Gelegenheit geben, sich mit dem spezifischen Lerngegenstand zu beschäftigen“, der Gegenstand von Prüfungen ist.

(*B. Rosenshine/V. F. Furst;* Research on Teacher performance criteria, in: *B. O. Smith* [ed.]; Research in teacher education: A symposium. Englewood Cliffs, N. Y. [Prentice-Hall] 1971, S. 37-72)

Zunächst ist man versucht, auch diese fünf Eigenschaften als ziemlich trivial und selbstverständlich zu empfinden. Wenn man allerdings jeweils das Gegenteil dieser Eigenschaften hinzudenkt, das *vermieden* werden soll, so zeigt sich, daß bereits in diesen fünf Kategorien ein erheblicher Anspruch an die Qualifikation bzw. Ausbildung von Lehrern liegt: Sie müssen nämlich zu vermeiden lernen,

– unverständlich und mehrdeutig zu formulieren,

– nach einem einzigen Schema den Unterricht abrollen zu lassen,

– in müde-gelangweilter oder routinemäßiger Weise ihre Lektionen vorzutragen,

– von Improvisation zu Improvisation zu springen und

– andere Dinge zu lehren als diejenigen, die sie prüfen, und umgekehrt.

Dennoch scheinen diese Befunde zunächst darauf hinzudeuten, daß Lehrer nur in ihrer Rolle als „Experte“, „formelle Autorität“ und „Unterstützer“ gefordert sind, um Schüler zum Lernerfolg zu verhelfen. Ihre Rolle als „Sozialisationsagent“, „Egoideal“, „individuelle Person“ und „Aufsichtsperson“ wird offenbar entweder für andere Einflüsse auf das Schülerverhalten – z. B. auf das Sozialverhalten – relevant, oder aber Lehrer beeinflussen in diesen Rollen den Lernerfolg in bezug auf Fachleistungen nur mittelbar, so daß diese Einflüsse durch solche Untersuchungen nicht erfaßt werden konnten. (aus: *Flechsig/Haller* 1975, S. 262ff)

Literaturhinweise

Ausubel, David P.: The use of advance organizers in the learning and retention of meaningful verbal material. In: Journal of Educational Psychology, 51 (1960), S. 267-272

Baethge, Martin: Abschied von Reformillusionen. In: betrifft: erziehung, 11 (1972), S. 19-28

Bennwitz, Hanspeter, Weinert, Franz E. (Hrsg.): CIEL – Ein Förderungsprogramm zur Elementarerziehung und seine wissenschaftlichen Voraussetzungen. Göttingen 1973

Bethge, Horst, Roßmann, Erich (Hrsg): Der Kampf gegen das Berufsverbot. Köln 1973

Deutscher Ausschuß für das Erziehungs- und Bildungswesen: Rahmenplan zur Umgestaltung und Vereinheitlichung des allgemeinbildenden öffentlichen Schulwesens. In: Gesamtausgabe der Empfehlungen und Gutachten des *Deutschen Ausschusses...*, besorgt von *H. Bohnenkamp* u. a... Stuttgart 1966

Flechsig, Karl-Heinz, Haller, Hans-Dieter: Einführung in didaktisches Handeln. Stuttgart 1975

Pestalozzi, Johann H.: Meine Lebensschicksale. *Pestalozzis* sämtliche Werke, hrsg. von *Seyffarth,* XII (1899-1902²) Liegnitz

Wert der Theorie im pädagogischen Streit der Gegenwart (anonym). Langensalza 1910

2. Zur geschichtlichen Entwicklung des Lehrerberufs

2.1. Von der Antike bis zum Ende des Mittelalters

Lehren und Lernen sind Grundfunktionen allen menschlichen Gemeinschaftslebens. „Je formeller und differenzierter das gemeinsame Leben durch Sprache und Überlieferung (Mythen, Riten, Sitten, Gebräuche usw.) bestimmt ist, desto weniger ausdrückliche Erziehung ist nötig. – In archaischen Welten ahmt die Jugend das Verhalten der Älteren nach und wächst dabei in ihr Leben, dessen Stellen und Formen, hinein[1]).“ Je weiter die Kulturentwicklung fortschreitet, desto notwendiger erscheint auch eine Professionalisierung und Institutionalisierung von Bildung und Erziehung.

Die Anfänge des berufsmäßigen Lehrens lassen sich bis in die **griechische Antike** zurückverfolgen.

> „Die bedeutendsten Lehrer dieser Zeit, *Sokrates* und *Platon* sahen ihre eigentliche Aufgabe darin, die Schüler zur Fähigkeit des fragenden Forschens und kritischen Denkens anzuleiten, weil nach ihrer Auffassung der Mensch nur auf diesem Wege zu einer tieferen Lebens- und Weltweisheit (sofia) gelangen konnte... So ist die intentionale Lehre schon an ihrem Ursprung viel mehr von einem hohen erzieherischen Ethos als durch bloße Wissensvermittlung bestimmt. Die antiken Lehrer waren in erster Linie Erzieher.“[2])

Sowohl zur Zeit der Adelsherrschaft, als auch zur Zeit der griechischen Demokratie erfolgte das Lehren und Lernen vorwiegend in Lebens- und Erziehungsgemeinschaften und war stets nur bestimmten Schichten, zunächst den Rittern, später den freien Bürgern vorbehalten. Die Sophisten *(Protagoras, Prodikos)* bemühten sich, die staatsbürgerliche Tüchtigkeit lehrbar für alle Bürger zu machen, damit sie sich durch Bildungserwerb im demokratischen Staat behaupten könnten. Während *Sokrates* und *Platon* noch eine absolute, objektive Sittlichkeit und somit allgemeinverbindliche Normen des Handelns für gegeben ansahen, erklärten die Sophisten Moral und Religion als menschliche Erfindungen und vertraten einen uneingeschränkten Subjektivismus und Relativismus. Sie fragten nicht mehr, was Recht ist, sondern wie man Recht behalten könne. Die Sophisten waren Aufklärer und als solche in mancher Hinsicht mit den Pädagogen des 16. und 18. Jahrhunderts und der Gegenwart vergleichbar. Das Medium des Redens und Überredens, die Sprache, war für sie zentraler Bildungsgegenstand: *Grammatik, Rhetorik* und *Dialektik* waren ihre grundlegenden Disziplinen. Die rhetorische Fertigkeit, die der Staatsbürger vor allem in der Volksversammlung und bei Gerichtsverhandlungen benötigt, war ihr oberstes Bildungsziel.

„Aus allem ergibt sich, daß ihre Bildung ganz auf das politische Leben abgestellt war. Es war ihnen weder um Wisenschaft an sich, noch um Kunst, noch um Technik zu tun. Ihre Pädagogik war ganz auf das politische Leben ausgerichtet, sie wollten den Bürger befähigen, sich in der Demokratie zur Geltung zu bringen, Macht über die Masse zu gewinnen“ [2a]).

In der Zeit des **Hellenismus** drang griechisches Bildungs- und Erziehungsdenken nach Westen und prägte vor allem Bildung und Erziehung im Römischen Reich. Der in jener Zeit formalisierte Bildungskanon der sieben „freien“ Künste, deren Ausübung dem freien Mann vorbehalten war, ist vom christlichen Mittelalter übernommen worden und hat die gesamte Neuzeit beeinflußt.

Die *sieben freien Künste* umfaßten die beiden Zweige des Trivium (Grammatik, Rhetorik, Dialektik) und des Quadrivium (Geometrie, Arithmetik, Astronomie, Musik).

Die römische Erziehung war zunächst durch eine aus dem bäuerlichen Leben erwachsenen strengen Familienerziehung geprägt. Der ständig wachsende Einfluß griechischer Bildung und Erziehung institutionalisierte sich bald in *Elementarschulen, Grammatikschulen* und *griechischen* und *lateinischen Rhetorenschulen.* Der allseitig gebildete Rhetor war das Bildner- und Bildungsideal dieser Zeit.

Zusammenfassend kann man sagen, daß die Antike fünf Bildungs- und Erziehungsideale kannte:

„In der patriarchalischen Zeit ist es das Heldenideal, dessen Grundzug die Arete, die Tüchtigkeit ist, erworben durch Erbschaft, gebildet in der Übung. Ihm folgt das Ephebenideal in der Zeit der Polis, dessen Wesenszug die Gutheit in Verbindung mit der Schönheit ist, die Kalokagathie, erworben durch Angleichung und Übung. Die demokratische Zeit kennt das Ideal des gebildeten Bürgers, der die Tüchtigkeit, die Tugend zu erlernen bestrebt ist durch Unterricht und Schule. In der hellenistischen Zeit gilt das Ideal der ‚Allgemeinen Bildung' als erstrebenswert"[3]).

Alle diese Bildungsideale waren sowohl Ideale für den Lehrer als auch für den Schüler. Der Schüler erwarb seine Kenntnisse und Fertigkeiten in einer bildenden Erziehungs- und Lebensgemeinschaft, das *Meister-Jünger-Verhältnis* war das Grundmodell von Bildung und Erziehung. Mit dem Heraufkommen des **Christentums** wurden alle diese anthropozentrischen Bildungsideale abgelöst oder zumindest relativiert durch das neue, eine Ideal der imitatio *Christi,* der Nachfolge *Christi.* Die gesamte Erziehungspraxis des Mittelalters ist nichts anderes als der Versuch, dieses letzte, übergeordnete Ziel in immer neuen, doch innerlich verwandten Bildungszielen auszuformen.

Die ersten **nachchristlichen** Jahrhunderte bringen eine Fülle pädagogischer Literatur. Erwähnt seien nur zwei Werke, die sich explizit mit dem Beruf des Lehrers befassen. *Clemens Alexandrinus* (150-215), der Vorsteher der Katechetenschule in Alexandria, schrieb um das Jahr 190 sein bekanntes Buch *„Paedagogus",* das man als das *erste christliche Werk zur Lehrerausbildung* bezeichnen kann. In diesem Buch wird *Christus* als der Lehrer der Menschheit schlechthin dargestellt, an dem sich alles menschliche Lehren auszurichten habe. Das griechische Bildungsgut wird dabei als Vorstufe zum christlichen Glauben gedeutet, *Plato* beispielsweise als der Erzieher zu *Christus.* Das aus dem Glauben kommende Wissen ist der höchste Wert, woraus sich eine Rangordnung der Wissenschaften ergibt. Die Philosophie ist Dienerin der Theologie, alle anderen Wissenschaften wiederum sind Dienerin der Philosophie. Noch bekannter wurde die Schrift *„De catechizandis rudibus"* (389) von *Augustinus* (354-430). Man kann sie als die *erste umfassendere Monographie über den Lehrer* bezeichnen. *Augustinus* beschreibt darin, welche Eigenschaften ein Katechet haben solle und wie er seine Katechese gestalten solle. Er fordert unter anderem breites, anschauliches Erzählen, besondere Berücksichtigung der Begriffsschwachen und Gehemmten, ständige Überprüfung des Gelernten durch Fragen, freie Äußerungsmöglichkeiten für die Schüler und nicht zuletzt, um Ermüdung vorzubeugen, ab und zu etwas besonders Interessantes, Merkwürdiges oder einen Scherz einzustreuen. Insgesamt sollte sich der Lehrer durch Stoffbeherrschung einerseits und christliche Liebe und Barmherzigkeit gegenüber dem Schüler andererseits auszeichnen. Viele dieser Forderungen erscheinen uns heute selbstverständlich und geläufig zu sein, waren es aber damals keineswegs. Auch die ausschließliche Beschränkung auf den kirchlichen Unterricht, die Katechese, muß verstanden werden, blieb doch die Theologie Grundlage allen Lehren und Lernens im gesamten Mittelalter.

Wie alle antiken Bildungsideale letztlich darauf hinzielten, den einzelnen in die Staatsgemeinschaft einzugliedern, so beschrieb *Augustinus* nun als oberstes christliches Erziehungsziel in seinem berühmten Werk „*De civitate Dei*" (428) den Aufbau des Gottesstaates auf Erden.

Mit der Einführung des Christentums entfaltete sich in Germanien auch langsam ein öffentliches Schulwesen, das jedoch ganz in geistlichen Händen lag.

„Nur sehr langsam haben sich die Germanen an die Künste der Schulen gewöhnen können, und noch dreihundert Jahre nach *Tacitus* schrieb der heilige *Hieronymus,* das war um das Jahr 400 herum, daß jetzt die von der Führung des Schwerts hart gewordenen Finger der Germanen allmählich anfingen, sich an den Schreibgriffel zu gewöhnen"[4]).

Einen nicht zu unterschätzenden Einfluß auf das **Bildungswesen im frühen Mittelalter** hat *Karl I,* genannt der Große, (768-814) gehabt. Er schuf sich ein Reich, das neben dem islamischen Reich und Byzanz als die dritte Weltmacht seiner Zeit angesehen werden kann.

Durch seine Kaiserkrönung im Jahre 800 in Rom wurde *Karl* zum Repräsentanten eines neuen christlichen Imperiums, das als Nachfolger des römischen gelten konnte. *Karl* versuchte, seinem mit Waffengewalt eroberten Reich Einheit durch eine *einheitliche Volksbildung* zu geben.

Durch seine Züge nach Italien lernte er die antike Bildung

kennen und schätzen und versammelte zahlreiche Gelehrte, zumeist Mönche, an seinem Hof. Vor allem *Alkuin von York,* der Leiter der *Hofschule* (schola palatina), wo *Karls* Kinder und die seiner Edlen am Hofe unterrichtet wurden, ist zu nennen. *Alkuin* kam 781 nach Aachen und organisierte seit 793 als „*Reichsschulmeister*" das fränkische Schulwesen auf der Grundlage der sieben freien Künste.

„Wie immer es auch um eine sogenannte ‚karolingische Renaissance' oder den Zusammenhang mit den Gedanken von *Augustinus* Gottesstaat bestellt sein mag, so steht fest, daß *Karl* aus theologischen und politischen Gründen die Studien allenthalben im Reiche betrieben sehen wollte. Sein Erlaß an Abt *Baugulf* in Fulda *(Angilram von Metz?)* ‚Über die Pflege der Wissenschaften' (etwa 787) fordert Unterricht an allen Bischofs- und Abtssitzen"[5]).

Auf der *Aachener Synode* von 789 wurde die Errichtung von Kloster- und Domschulen zur Pflicht gemacht. Daneben wurden die Weltgeistlichen dazu angehalten, in ihren Pfarreien deutsche Pfarrschulen und Küsterschulen einzurichten. Der Unterricht war für alle Kinder kostenlos einzurichten, wie ein Erlaß aus dem Jahr 789 bestimmte. „Das Konzil v. Mainz 813 schrieb den Eltern unter Strafe vor, ihre Kinder zur relig. Belehrung in die Klöster oder zu den Pfarrern zu schicken"[6]). Wie bescheiden die Möglichkeiten waren, zeigt die Tatsache, daß lediglich die Geistlichen Teile der antiken Bildung besaßen, jedoch viele Priester des Schreibens und Lesens und der freien Predigt unkundig waren. *Karls* Bemühungen setzten bei den Geistlichen an, zielten aber soweit als möglich auf die Hebung der allgemeinen Volksbildung. Man mag über die Bräuche der kaiserlichen Hofschule lächeln – etwa daß man sich dort mit antiken und biblischen Beinamen schmückte und von der Erneuerung des goldenen Roms träumte; anzuerkennen bleibt jedoch auf alle Fälle die gewaltige, zukunftsweisende Wirkung der Idee einer allgemeinen Volksbildung.

Das Schulwesen des deutschen **Hochmittelalters** war völlig in geistlicher Organisation. Zunächst entstanden *Klosterschulen,* die streng nach äußeren und inneren Schulen getrennt waren. Die inneren Schulen dienten zur Heranbildung der jungen Mönche, die äußeren Schulen zum Unterricht der Weltgeistlichen und reicher Bürgersöhne. Für die weltlichen Schüler wurde in den meisten Fällen kein eigener Lehrgang eingerichtet.

Parallel zu den Klosterschulen entstanden deutsche *Dom-, Kathedral- und Stiftsschulen.* Sie waren zunächst nur für den Priesternachwuchs bestimmt, öffneten sich jedoch bald auch für weltliche Schüler. Der Unterricht erfolgte nach den Regeln des Metzer Bischofs *Chrodegang* (750), der sich vor allem auf die Regeln *Benedikt von Nursias* stützte. 1197 wurde auf einem nationalen Konzil der Beschluß gefaßt, daß jede Kathedralschule arme Schüler unentgeltlich aufzunehmen habe.

Die Lehrer der Kathedral- bzw. Domschulen unterstanden dem Leiter, dem magister scholarum bzw. scholasticus. Es waren immer Geistliche, die jedoch durch zusätzliche Ausbildung und Prüfung vor dem magister scholarum die Lehrbefähigung (facultas docendi) nachzuweisen hatten. Durch ihre gezielte Lehrerauslese überflügelten die Kathedral- und Domschulen bald die meisten Klosterschulen. Neben dem Rektor war besonders der Kantor ein wichtiges Amt, da der Pflege des Kirchengesangs im Mittelalter besondere Bedeutung zugemessen wurde. Die Oberaufsicht der Schulen lag stets beim Bischof. Die Dom- und Kathedralschulen erhielten bald Ableger an kleineren Orten, so daß eine Schulaufsicht organisiert wurde.

„Als sich in vielen Bistümern nach dem Muster der Hauptschule, der Kathedralschule in Orten, an denen tüchtige Geistliche saßen, kleinere Schulen dieser Art bildeten, wurde dem magister scholarum auch die Aufsicht über diese Schulen übertragen. Auf periodisch wiederkehrenden Inspektionsreisen mußten sie sich von der Arbeit der Lehrer und den Fortschritten der Schüler unterrichten“[7].

Der magister scholarum hatte umfassende Aufsichtsrechte und konnte Geistliche, die keine Lehrerfolge vorweisen konnten, vom Lehramt ausschließen. Die *seit dem 13. Jahrhundert* in Europa entstehenden *Universitäten* entzogen den Dom- und Kathedralschulen sowohl Lehrer als auch Schüler und schmälerten ihre Bedeutung. Dennoch hielten sich manche von ihnen unter gleichen Namen bis nach der Reformation.

Im ganzen gesehen muß festgestellt werden, daß der Verfall

des geistlichen Standes besonders seit Mitte des 13. Jahrhunderts auch für die geistlich geführten Schulen den Abstieg bedeutete. Gegen den oft zähen Widerstand der Geistlichkeit entstanden in den aufblühenden Städten des **Spätmittelalters** *städtische Schulen.* Den Anfang machten die reichen Hansestädte der Niederlande und Norddeutschlands. Es war eine ganz *praxisbezogene Ausbildung,* die man anstrebte: Befähigung zum Chorgesang in den Kirchen, Lesen, Schreiben und Rechnen, vorwiegend für den kaufmännischen Gebrauch. Neben der Gelehrten- und Ritterbildung entstand eine dritte Form der bürgerlich-städtischen Bildung, die, ausgehend vom muttersprachlichen Unterricht, in der Regel bis zu den Anfangsgründen des Lateins führte. Die *geistlichen Pfarrschulen* und die *bürgerlichen Stadtschulen,* waren, wenn man so will, die *Vorläufer unserer allgemeinen Volksschulen.*

„So darf man wohl sagen, daß der größte Teil der Bewohner der deutschen Städte im hohen Mittelalter, mindestens aber nach dieser Zeit, nicht ohne Schulunterricht aufwuchs. Nicht bloß die Angehörigen der vornehmen Bürgerklasse konnten Bildung und Wissen erwerben, sondern auch die Angehörigen des Handwerkerstandes und der übrigen Stände. Viele in den Ausgabebüchern der Städte erhaltene handgeschriebene Rechnungen der Schlosser, Glaser und Tischler beweisen, daß in den letzten Jahrhunderten des Mittelalters die elementaren Schulkenntnisse weit verbreitet waren, und zwar nicht nur in den Städten, sondern auch in Flecken und Dörfern“[8]).

Obzwar vielerorts weltliche Schulen entstanden waren, hatte man keine geeigneten Lehrer außer Geistlichen. Von einem einheitlich ausgebildeten Lehrerstand kann keine Rede sein. Zuweilen unterrichteten Schulmönche aus den Orden der Franziskaner und Dominikaner, oft auch entlaufene Mönche und verjagte Priester, verkommene Studenten und Scholaren.

Die Lehrer waren als Schulmeister Handwerker ihres Fachs. Ihre Gehilfen, die locati, die bei ihnen lernten, waren in Zünften organisiert und zogen umher wie die wandernden Handwerksgesellen.

Die Schulmeister erhielten in der Regel nur Einjahresverträge und waren zum Wandern gezwungen. Die Vorbildung der Lehrer kann aus ihrer Amtsbezeichnung geschlossen werden. Magister (artium) und baccalaureus waren wissenschaftlich gebildet, d. h. sie hatten eine Universität besucht. Alle anderen, mochten sie sich nun scholasticus, magister puerorum, doctor, rector oder scholarium parvaelorum nennen, hatten ihre Bildung an einer deutschen oder lateinischen Schule erworben.

Die Bezahlung der Lehrer war sehr unterschiedlich, je nach ihrer Vorbildung und Leistung und nach den Mitteln der Städte, in denen sie unterrichteten. Neben einem meist dürftigen Grundgehalt bezogen sie Schulgeld von ihren Schülern und führten dazu noch so manche Nebentätigkeit aus. Der einzige festangestellte und auch meist am besten bezahlte Lehrer jeder Schule war der Kantor. Die Kirche war schon im Interesse eines gehobenen Gemeinde- und Chorgesanges darauf bedacht.

Den wandernden Lehrer aller Schattierungen schlossen sich später noch die älteren Schüler an, die als „*fahrende Scholaren*" in der Geschichte des ausgehenden Mittelalters zu einem zweifelhaften Ruhm kamen.

Um das Jahr 1500 beklagt der Humanist *Eoban Hesse* den Lehrerstand wie folgt:

„Jede andere Arbeit nährt ihren Mann. Den Schullehrer drückt schreckliche Armut, und der übermütige Stolz anderer schlägt ihn vollends nieder. Jeder gemeine Schreiber, Rabulist, Bettelmönch hat oder fordert den Vorzug. So übereilt uns im Lenze unserer Jahre das bleiche Alter! O lieber den Tod, als diesen Stand!"[9])

In diesen Sätzen drückt sich nicht nur eine soziale Mißachtung des Lehrerberufs aus, sondern wie man meinen möchte auch Minderwertigkeitsgefühle, die bis heute nicht ganz überwunden sind.

2.2. Vom Ende des Mittelalters bis zum Beginn des 19. Jahrhunderts

Wenn man auf die Bildungsgeschichte des Mittelalters zurückblickt, so kann man sagen, daß die Bildungsinhalte weitgehend der antiken Kultur entstammen. Die besondere Leistung des Mittelalters liegt auf dem Gebiet der *Schul-*

organisation. Es wurden eine Reihe von Schulformen herausgebildet, von denen beispielsweise die Universität fast unverändert bis zum heutigen Tag bestanden hat. So groß die relativen Fortschritte waren, die die *Organisation* und *Institutionalisierung* der Schulen bis zum Ausgang des Mittelalters gemacht hatten, so gering waren noch die Ansätze zur Organisation und Institutionalisierung der Lehrerausbildung. Man kann vielleicht sogar sagen, daß die Lehrerausbildung stets hinter der institutionellen Entwicklung der Schulen herhinkte.

Zu **Beginn der Neuzeit** wirkte eine Vielzahl von Faktoren auf die Weiterentwicklung des deutschen Schulwesens. Zu nennen wären vor allem die neuen technischen Errungenschaften, allen voran die Erfindung und Ausbreitung der Buchdruckerkunst sowie die geistesgeschichtliche Wende, die durch *Humanismus und Reformation* markiert wird. Im Zeitalter des Humanismus wurde die gelehrte, höhere Bildung, die im Mittelalter in der Regel der Geistlichkeit vorbehalten war, auch Laien zugänglich. Jedoch war die humanistische Bildung elitär. „Der Gedanke an eine allgemeine Volksbildung, der im Mittelalter niemals fehlte, für dessen Durchführung sich nach Erfindung des Buchdrucks die Voraussetzungen ungeahnt erweiterten, ist den Humanisten nie gekommen“[10]).

Schon die mittelalterliche Bildung war durch die Verwendung eines, wenn auch modifizierten Lateins, für die allgemeine Volksbildung eine Belastung. Um wieviel mehr war es erst die Rückwendung des Humanismus zum klassischen Latein *Ciceros.* Dadurch wurde die muttersprachliche Bildung auf Jahrhunderte zurückgedrängt.

Die Reformation brachte durch ihre Zerschlagung der katholischen Kirchenorganisation auch für das damit zusammenhängende Schulwesen einen entscheidenden Rückschlag. Viele Kathedral-, Dom- und Stiftsschulen wurden aufgelöst, und nur selten trat ein geordneter Schulbetrieb an deren Stelle.

Trotz der Wertschätzung, die *Martin Luther* und andere Reformatoren dem Amte des Lehrers entgegenbrachten, blieb ihr Ansehen gering. Küster bzw. Mesner waren meistens die Lehrer. Ihre Arbeitsbelastung schien nach der Reformation geringer geworden zu sein, deshalb hielt man sie besonders dafür geeignet. Der Küsterlehrer war neben dem Schulehalten zu zahlreichen kirchlichen Diensten verpflichtet.

In den protestantischen Ländern erließen die Landesfürsten im 16. Jahrhundert *Schulordnungen,* die sich zumeist mit den städtischen Lateinschulen befaßten und die dörflichen Küsterschulen nur am Rande erwähnten. In der Regel wurden die Lehrer hinsichtlich ihrer Kenntnisse im Katechismus, Rechnen, Schreiben und Lesen geprüft. Die Anstellung erfolgte durch die Gemeinden, doch die endgültige Bestätigung gaben die landeskirchlichen Behörden (Konsistorium). Die Schulaufsicht wurde vom Ortspfarrer ausgeübt. Mit der Reformation wurde eine *Verstaatlichung* der Schulinstitutionen eingeleitet, die im 19. Jahrhundert abgeschlossen war. Diese Entwicklung ist nicht immer als Befreiung begrüßt worden.

„Um die Mitte des 17. Jahrhunderts klagte der württembergische Kirchenmann *Valentin Andreä* (†1654)," die Schule sei aus der captivitas monachalis in die schlimmere captivitas monarchalis", also aus der mönchischen in die monarchische Gefangenschaft gefallen"[11]).

Die *katholische Gegenreformation,* die mit dem Tridentinum einsetzte und im 17. Jahrhundert ihren Höhepunkt erreichte, brachte gerade auch auf schulischem Gebiet zahlreiche Neuerungen. Den größten Einfluß hatte der Jesuitenorden, der sich vor allem um die Neuordnung der höheren Schulen bemühte. Im Gegensatz zum Protestantismus, der von der Verderbtheit der menschlichen Natur ausging, glaubte man an das Gute des Menschen und versuchte, seine Begeisterungsfähigkeit zu wekken. Die Schulen waren *Internatsschulen,* das Kostgeld war gering, der Unterricht stets unentgeltlich. Die Schüler erhielten viel Freiheit, körperliche Züchtigung gab es so gut wie nie. Diesen positiven Seiten, die den ausgezeichneten Ruf der Jesuitenschulen auch in nichtkatholischen Ländern festigten, stand auch Negatives gegenüber, z. B. die starke Anstachelung der Schüler zum Wettbewerb untereinander. „Jeder Schüler hatte seinen aemulus, also seinen Gegner, mit dem er in allem gewissermaßen in Konkurrenz zu treten hatte..."[12]).

Einen neuen Aufschwung nahmen die deutschen Schulen im **17. Jahrhundert.** Einen beherrschenden Einfluß auf die Entwicklung der deutschen Elementarschulen nahm der Böhme

Jan Amos Comenski, latinisiert *Comenius* (1592-1670). Als Prediger und späterer Bischof der Böhmischen Brüder sah er in der Pädagogik die Führung der Menschheit zu Gott. Durch die Reform des Bildungswesens sollten die Bedingungen des menschlichen Daseins gebessert werden. Ziel seines didaktischen Bemühens war es, allen alles zu lehren, er strebte eine umfassende *Elementar- bzw. Allgemeinbildung aller Volksschichten* an. Insofern kann man in ihm den Begründer des Elementar- bzw. Grundschulgedankens sehen. Über 300 Jahre dauerte es noch, bis diese Idee Gestalt annehmen sollte. Die Idee der pansophischen Bildung, allen alles zu lehren, war religiös-sozial motiviert. Dadurch sollte erreicht werden, daß jeder Einblick in die Standeslage des anderen bekommt und mit dem Wissen um die Lage des anderen das gegenseitige Verstehen wachse.

Comenius' Schulmodell sah folgendermaßen aus:

An die Mutterschule (bis zum 6. Lebensjahr) sollte sich für alle Kinder die Muttersprachschule (eine allgemeine Grundschule vom 6. bis zum 12. Lebensjahr) anschließen.

Danach kam vom 12.-18. Lebensjahr die Lateinschule, danach vom 18. bis 24. Lebensjahr die Universität. Die (informellen) Schulen des Mannes- und Greisenalters beschlossen den Zyklus lebenslangen Lernens. Muttersprachenschulen sollten an allen Orten, Lateinschulen nur in den Städten eingerichtet werden. In seiner *Didactica Magna* hat *Comenius* den Lehrplan der Volksschule bereits in den wesentlichen Grundzügen skizziert: Muttersprachlicher Unterricht (Schreiben, Lesen), Rechnen, Religion, Gesang, Realien. Die Überschätzung des Methodischen, der Glaube, für jeden Stoff und jeden Schüler adäquate Methoden finden und praktizieren zu können, erklärt es, warum sich *Comenius* trotz dieses umfassenden Entwurfs einer Einheitsschule zu Fragen der Lehrerausbildung nur am Rande geäußert hat.

Die reichen Anregungen, die von *Jan Amos Comenius* ausgegangen waren, fanden ihre erste Verwirklichung durch den Herzog *Ernst von Sachsen-Coburg-Gotha.*

Er sorgte für eine *ständige Anstellung der Lehrer* und richtete eine Stiftung für Lehrer- und Predigerwitwen ein. Seine Gothaische Schulordnung (1642), in überarbeiteter Form unter der Bezeichnung *Schulmethodus* (1648) neu aufgelegt, war für die damalige Zeit vorbildlich.

Sie enthielt eine *allgemeine Schulpflicht für Kinder beiderlei Geschlechts* vom 5. bis 14. Lebensjahr, sowie einen festumrissenen Lehrplan. Fibel und Lesebuch erhielt jedes Kind umsonst. Verstöße gegen den Schulzwang wurden streng geahndet. Der Schulmethodus war ausschließlich auf die Volksschule bezogen. Er enthielt neben den Elementaria und Religion auch Realienfächer.

„Trotz aller sozialen Förderungen, die er den Lehrern angedeihen ließ, war es ihm durchaus nicht immer möglich, geeignete Lehrer für seine Schulen in genügender Zahl zu bekommen. Und doch sagte man schon damals in Deutschland, die Bauern des Herzogs *Ernst* seien gelehrter als anderswo die Städter und Edelleute“[13]).

Der Schulmethodus zeichnet das „Ideal des gottesfürchtigen, sittenstrengen und bescheidenen Schulmeisters.“ *Eduard Schuh* hat darauf hingewiesen, daß sich dieses Idealbild des Lehrers in der Schulordnung *A. H. Franckes* (1713) ebenso findet wie in den principia regulativa *Friedrich Wilhelms I* (1736), ja sogar noch in den *Stiehlschen Regulativen* (1854)[14]).

Die Zustände in Gotha lassen sich keineswegs für ganz Deutschland verallgemeinern. In der Regel war im 17. Jahrhundert der Schulbesuch, besonders in den ländlichen Gebieten, während des Sommers durchaus nicht allgemein.

Die meisten Schulmeister waren arm und übten neben dem Küsteramt noch zahlreiche andere Handwerke aus wie Maurer, Dachdecker, Seiler, Metzger, manche waren gar Wirte und hatten das Branntweinmonopol des Ortes.

Um 1700 veröffentliche *Johann Gottfried Zeidler* die Schrift „Sieben böse Geister, welche heutigen Tages guten Theils die Küster oder so genandte Dorff-Schulmeister regieren.....“ Darin bezeichnet er die Dorfschullehrer wenig schmeichelhaft als „fratres ignorantiae“ und wirft ihnen vor, die meisten von ihnen könnten weder recht lesen und schreiben, noch auch nur einen Brief fehlerlos abschreiben. Mit dem Rechnen sei es auch nicht weit her, viele könnten kaum das Einmaleins. Sein Urteil faßt er in die vernichtenden Sätze zusammen:

„Wer in seiner Jugend nichts tüchtiges gelernt hat und gleichwohl sein Maul ernehren will, kan nicht besser tun, denn daß er entweder ein Schencke, oder ein Schulmeister werde, weil man meynet, daß hierzu eben keine zu große Gelehrtheit erfordert werde"[15]).

Zeidlers Anforderungen an den rechten Dorfschulmeister sind deshalb recht bescheiden. Er fordert von ihm Kenntnisse im Rechnen, Schreiben und Lesen, ferner soll er den Katechismus und deutsche Lieder beibringen sowie läuten und Zeiger stellen können.

In den katholischen Gebieten hatten im **17.** und später auch im **18. Jahrhundert** die verschiedenartigen *Schulorden* Bedeutung, die sich speziell der Armen- bzw. Volksschulbildung widmeten. Zu nennen wären vor allem die Piaristen (gegr. 1622), die Frères des ècoles chrètiennes (gegr. 1680) und die Ursulinerinnen (gegr. 1535). Die Mönche und Nonnen erhielten in klösterlichen Seminaren eine spezielle Ausbildung für ihre Lehrtätigkeit. Die Entwicklung des deutschen Volksschulwesens verlief auch im 18. Jahrhundert in Deutschland regional sehr unterschiedlich.

„Das Beispiel des Bet-Herzogs *von Gotha* fand wenig Nachahmung: nur die katholische Entwicklung in Süddeutschland und in den österreichischen deutschen Ländern gewährleistete eine Stetigkeit im Schulwesen, die erfreulich absticht von den wilden und zum Teil wüsten Erscheinungen, die sich in Norddeutschland immer wieder zeigen"[16]).

Unter dem Großen Kurfürsten *Friedrich Wilhelm* (1640-88) und seinen Nachfolgern König *Friedrich I* (1688-1713) und König *Friedrich Wilhelm I* (1713-40) nahm das Volksschulwesen einen ständigen Aufschwung. Man darf *Friedrich Wilhelm I* mit Recht als den Schöpfer der *preußischen Volksschule* ansprechen. Er führte die *allgemeine Schulpflicht* ein (1717) und schuf mit den „principia regulativa" (1736) eine relativ fortschrittliche Schulordnung. Allerdings hieß es auch hier noch unverblümt: „Ist der Schulmeister ein Handwerker, kann er sich schon ernähren: ist er keiner, wird ihm erlaubt, in der Ernte sechs Wochen auf Tagelohn zu gehen... Der zweite Klingelbeutel ist für die Schulmeister"[17]).

Die ersten Ansätze zu einer systematischeren Volkslehrerbildung gingen vom „Pädagogium" *A. H. Franckes* in Halle aus. Sein „Seminarium praceptorum" wurde vor allem von jungen Theologen frequentiert, die sich verpflichteten, gegen Freitische als Lehrer an seinen Armen- und Elementarschulen zu unterrichten. Der Prediger *Johann Julius Hecker* (1707-68) gründete 1748 in Verbindung mit seiner *Realschule* ein Küster- und Schulmeister-Seminarium für die Kurmark, das erste *preußische Lehrerseminar.* Es wurde 1751 nach Berlin verlegt. König *Friedrich II* (der Große) erklärte im Jahre 1753 diese neue Seminarausbildung für alle neueinzustellenden Lehrer für obligatorisch. Damit war mit dem Brauch, Handwerker und ausgediente Feldwebel zum Küster und Dorfschulmeister zu ernennen, zumindest auf dem Papier, gebrochen. Die meisten der damaligen Seminare waren dürftig ausgestattet, an Lateinschulen oder deutsche Stadtschulen angegliedert und alles andere als selbständige Stätten der Lehrerausbildung.

Die Anfänge des Lehrerseminars reichen jedoch noch weiter zurück. 1726 wurde in Weimar die erste selbständige Anstalt dieser Art gegründet. Bis zum Ende des Jahrhunderts waren in Deutschland zusammen 32 Seminare[18]). Deren Lebensdauer und Wirksamkeit wird unterschiedlich beurteilt. So schreibt etwa *Rudolf Murtfeld:*

„Vor 1817 verließen die „Seminaristen" die Hauptausbildungsanstalten willkürlich, oft nach wenigen Wochen Unterricht. Andere Zöglinge gingen nach Monaten fort; viele wurden nie Lehrer. Über die Ziele und das Verfahren der Prüfungen gab es keine Bestimmungen"[19]).

Dennoch kann man sagen, daß die Idee der Seminarausbildung im Verlauf des 18. Jahrhunderts zur Institutionalisierung reif geworden war.

Die Schulentwicklung verlief in den katholischen deutschen Ländern nicht immer parallel zu der preußischen. Im Auftrage der Kaiserin *Maria Theresia* organisierte der Augustiner-

Chorherr *Johannes Ignaz von Felbiger* (1724-1788) das *österreichische Volksschulwesen* neu. Er führte anstatt des Einzelunterrichts den *Klassenunterricht* ein und förderte vor allem die Lehrerbildung.

Nach Studien in Preußen und Schlesien verfaßte er 1774 die „Allgemeine Schulordnung für die deutschen Normal-, Haupt- und Trivialschulen in den sämtlichen Kaiserlich-Königlichen Erbländern.“ Sie ist das Gegenstück zum „Königlich preußischen General-Land-Schul-Reglement“ (1763) und zum „Königlich preußischen General-Land-Schul Reglement für die Römisch-Katholischen in Städten und Dörfern des souveränen Herzogtums Schlesien und der Grafschaft Glatz“ (1765), welch letzteres *Felbiger* für *Friedrich den Großen* verfaßt hatte. Er versuchte, besonders der Lehrerbildung größeres Gewicht zu verschaffen. Leider fehlten in der letztgenannten Verordnung Bestimmungen über Schulkosten und Lehrergehälter, weshalb unbemittelte Gemeinden oft an Sculen und Lehrern sparten. *Felbiger* unterschied in der *Allgemeinen Schulordnung* (1774) Trivialschulen, Hauptschulen und Normalschulen. Die Trivialschulen waren für Dörfer und Pfarrorte gedacht und vermittelten ein Mindestmaß an Volksschulbildung. Die Volksschulen der größeren Landstädte waren die Hauptschulen. Die Normalschulen, die als oberste Richtschnur dieses Volksbildungssystems dienten, wurden nur in den Hauptstädten der Kronländer eingerichtet. Sie vermittelten verstärkten Unterricht in den Realien und Lateinunterricht. Durch zusätzliche ergänzende Kurse und schulpraktische Übungen wurden sie die ersten Stätten der staatlichen Volkslehrerbildung in Österreich.

Auch um 1800 kann man noch sagen, daß das Lehrerausbildungswesen bei weitem nicht den Institutionalisierungsgrad erreicht hatte, den das allgemeine Volksbildungswesen damals schon besaß.

2.3. Vom Beginn des 19. Jahrhunderts bis zum Anfang des 20. Jahrhunderts

Vom Beginn des 19. Jahrhunderts bis Anfang des 20. Jahrhunderts hatte sich, zumindest in den verantwortlichen Kreisen, allmählich die Erkenntnis durchgesetzt, daß eine Lehrerausbildung ganz im Stil der Handwerkslehre nicht mehr ausreichend sein konnte. Der beginnende Ausbau des Seminarwesens im 18. Jahrhundert war soweit gediehen, daß an eine institutionelle Verankerung der Seminare gedacht werden konnte. Drei Einflüsse haben die Lehrerausbildung zu Beginn des 19. Jahrhunderts entscheidend geprägt:

– Die *Begründung einer allgemeinen Volksbildung* durch *J. H. Pestalozzi* (1746-1827). Seine Gedanken über Elementarbildung bedeuteten einen großen erziehungstheoretischen Fortschritt.

– *Johann Gottlieb Fichte* (1762-1814) erweiterte den *Pestalozzi*schen Gedanken der Volksbildung für die unteren Schichten zur Idee der „Nationalerziehung" für das ganze Volk. Im Gegensatz zu *Pestalozzis* Ideal der Wohnstubenerziehung forderte *Fichte* öffentliche Erziehungsinstitutionen.

– Von entscheidendem Einfluß für die Weiterentwicklung der Seminarausbildung war die Reform des preußischen Schulwesens in der Zeit der Befreiungskriege durch *Wilhelm v. Humboldt* (1767-1835), *Johann Wilhelm Süvern* (1775-1829) und *Georg Heinrich Ludwig Nicolovius* (1767-1839). Besonders die beiden letzteren bemühten sich um eine Neuordnung des Volksschulwesens im Geiste *Pestalozzis*[20]).

Institutionell kommt der neue Geist in der Maßnahme zum Ausdruck, daß das Schuldepartement des Innenministeriums 1818 in ein selbständiges Ministerium unter der Führung *von Altensteins* umgewandelt wurde. Wesentlichen Einfluß auf die Verbesserung der Volkslehrerausbildung hatten *Ludwig Natorp* (1774-1846) und *Ludolf von Beckendorff* (1778-1858). Letzterer war 1820-27 Dezernent für das preußische Volkschul- und Lehrerbildungswesen. Bei aller Wertschätzung *Pe-*

stalozzis erkannte er, daß der Abzug seiner bloßen Methode in anderen Händen leicht zu einem öden Mechanismus entarten konnte. *Beckendorff* hat vor allem die Seminarausbildung gefördert: „Die von ihm ins Leben gerufene Zeitschrift ‚Jahrbücher des preußischen Volksschulwesens' trug einen halbamtlichen Charakter und brachte viele Anregungen. Er vertrat darin auch seine Hauptforderung: Gute Übungsschulen, dreijährige Ausbildung der Seminaristen und die Weiterbildung der Seminarlehrer. 1826 konnte er der Lehrerbildung durch die Ordnung der 1. und 2. Lehrerprüfung einen Abschluß geben"[21]).

Nach seiner 1827 erfolgten Konversion zum Katholizismus wurde *Beckendorff* aus dem Ministerium entlassen.

Die preußischen Reformen der Volkslehrerbildung waren gekennzeichnet durch Verzicht auf strengen Dirigismus von oben. Stattdessen suchte man interessierte Lehrer und Seminarlehrer zu *Pestalozzi* nach Iferten zu schicken, die dessen Methoden persönlich studieren sollten. Während es 1806 nur 11 Seminare zur Volksschullehrerausbildung in Preußen gab, deren Gestaltung nicht einheitlich war, gab es 1828 schon 28 mit verbindlichen Studien- und Prüfungsordnungen. „Die Zeit der Ausbildung wurde 1817 auf 1 1/2 Jahre festgelegt. Im Potsdamer Seminar entstand am 13. 10. unter *v. Türk* eine damals vorbildliche Lehrerausbildungsstätte"[22]).

Die bereits erwähnte, von *Beckendorff* geschaffene Prüfungsordnung (1826) hat die preußische Volksschullehrerausbildung für nahezu drei Jahrzehnte bestimmt.

Wegen ihrer richtungsweisenden Wirkung für andere deutsche Länder soll diese Ordnung etwas ausführlicher dargestellt werden.[23])

Es wird eine *doppelte Prüfung für Schulamtskandidaten* angeordnet: Eine Entlassungsprüfung, die sich auf sämtliche Unterrichtsfächer des Seminars sowie auf Lehrpraxis erstreckte. Die Benotung erfolgte durch dreistufige Gesamtnoten (I, II, III).

Jeder, der nicht in dieser ersten Prüfung die Gesamtnote „Vorzüglich" (I) erhalten hatte, sollte sich nach dreijähriger Lehrertätigkeit einer zweiten Prüfung unterziehen. Im Gegensatz zur ersten Prüfung soll bei dieser zweiten weniger das im Seminar Gelernte, als vielmehr seine Anwendung in der Schulpraxis geprüft werden. Auch Schulamtskandidaten, die ihre Ausbildung nicht auf einem Seminar, sondern anderswo erhalten hatten, waren verpflichtet, sich diesen Prüfungen zu unterziehen. Für die bereits festangestellten Schullehrer sollte das Seminar insofern wirksam werden, als sie dort an *Fortbildungsveranstaltungen* teilnehmen mußten. Vorgesehen waren insbesondere methodische Kurse, fachwissenschaftliche Übungen und Tätigkeit an den Übungsschulen des Seminars.

Für die Seminardirektoren selbst waren *Inspektionsreisen* an die Volksschulen sowie Informationsreisen an andere Seminare vorgesehen. Mit dieser Prüfungsordnung hatte die Lehrerbildung in Preußen erstmals eine einheitliche Form erhalten. Durch die bindenden Zugangsbestimmungen wurde der Schulmeister, der lange Zeit als gescheiterter, sozial nicht ganz voll genommener Stand gegolten hatte, zum *Volkslehrer*. Der Gedanke der Volksbildung war, nach den schon erwähnten Anfängen bei *Jan Amos Comenius* (1592-1670), vor allem durch den Marquis *von Condorcet* (1743-1793) ausgeführt worden. Sein Entwurf „Organisation des allgemeinen öffentlichen Unterrichtswesens" (1792) basierte auf der aufgeklärten Idee der Gleichheit aller Menschen in politischer Hinsicht. Er entwarf ein fünfstufiges Schulsystem, dessen Grundstufe die Primarschule für alle Bürger die gesetzlich gegebene Gleichheit aller verwirklichen sollte. Die natürliche Gleichheit aller sollte durch die Primarschule geschaffen und erhalten werden. Die preußischen Reformen nach 1815 haben diesen politischen Gedanken aufgegriffen und mit den pädagogischen Ideen *Pestalozzis* und der romantischen Philosophie *(Fichte)* zur Idee der Nationalerziehung verschmolzen.

Aus dem Schulmeister wurde der Volkslehrer als Erzieher der Nation.

In diesem Sinne wurden auch die Seminare für Volksschullehrer als geistige Volksburgen bezeichnet. Der Lehrerstand kommt nun, auf der Stufe des Volkslehrers, zu einem neuen Selbstbewußtsein. Dieses ist doppelt angelegt. Der Volkslehrer kann sich sowohl als Methodiker im Sinne *Pestalozzis* als auch als Popularisator der Wissenschaften verstehen. Besonders aus letzterem läßt sich die Forderung nach einer wissenschaftlichen Lehrerbildung ableiten.

„Der Methodiker ist das Symbol fachtechnischer Versiertheit, die den Volkslehrer von der Unbeholfenheit oder zumindest dem methodischen Dilletantentum eines Schulmeisters scheidet"[24]).

Das Lehrerideal, wie es sich Anfang des 19. Jahrhunderts herausbildete, ist relativ allgemein und weist kaum berufsspezifische Eigenschaften auf. Es bewegt sich zwischen zwei Anschauungen. Auf der einen Seite die pädagogische Liebe, ein Gedanke der sich schon bei *Pestalozzi* findet und sich bis hin zur geisteswissenschaftlichen Pädagogik *(Herman Nohl)* verfolgen läßt; daneben die Idee, daß der Volkslehrer einer wissenschaftlichen Ausbildung bedarf. Eine Forderung, die zu Beginn des 19. Jahrhunderts von *J. F. Herbart* (1776-1841) erhoben würde und heute wieder im Mittelpunkt der Diskussion um die Volksschullehrer-Ausbildung steht.

„*Schleiermachers* Forderung nach Erkenntnis und Willenskraft und *Pestalozzis* Betonung der erzieherischen Liebeshaltung im Sinne der sozialen Hingabe haben sich als die beiden Brennpunkte erwiesen, um die die Lehrerideale kreisten und wohl auch weiterhin kreisen werden... Zwischen *Pestalozzi* und *Herbart,* zwischen Menschenliebe und Wissenschaftlichkeit spannt sich auf dem Boden des christlichen Abendlandes das Lehrerideal der deutschen Geschichte"[25]).

Der Beruf des Lehrers ist kein ursprünglicher wie etwa Bauer oder Handwerker, sondern ein Beruf, der sich erst mit zunehmender Spezialisierung und Arbeitsteilung herausbildet. Diese Ausdifferenzierung begann bereits im Hochmittelalter mit dem *Hochschullehrer* und führte dann über den *Lehrer höherer Schulen* und den *Elementar-* bzw. *Volksschullehrer* bis hin zum *Berufsschullehrer.* Nachdem der äußere Rahmen und die geistesgeschichtlichen Voraussetzungen des Seminarwesens in Preußen dargestellt worden sind, soll nun gezeigt werden, wie die weitere Entwicklung im 19. Jahrhundert verlief. Dabei soll die Entwicklung in Preußen im Mittelpunkt der Darstellung stehen, da die anderen deutschen Länder dieser Entwicklung in größerem oder geringerem Zeitabstand folgten, Österreich vielleicht ausgenommen.

J. F. Herbart versuchte erstmals auf der Grundlage von Philosophie und Psychologie, eine wissenschaftliche Pädagogik zu begründen. Besonders in der Systematisierung durch seine Schüler *Tuiskon Ziller* (1817-1882) und *Wilhelm Rein* (1847-1929) hat die *Formalstufenlehre Herbarts* die Pädagogik der Volksschule bis zum Beginn des 20. Jahrhunderts bestimmt. Die Formalstufentheorie versucht, den Erkenntnisgang formal für alle Lehr- bzw. Lerninhalte zu bestimmen durch den Vierschritt *Klarheit* (Beschäftigung mit dem neuen Stoff), *Assoziation* (Vergleich und Zuordnung zu bereits Bekannten), *System* (Hervorhebung des Allgemeinen, Regelhaften) und *Methode* (Arbeit und Übung mit dem Neuerworbenen). Dieses formale, methodische Gerüst gewährleistet ein quer zu allen fachwissenschaftlichen Methoden liegendes und von ihnen unabhängiges wissenschaftliches System der Pädagogik. Durch Herbartianer wurde dieser Ansatz ausgebaut, vielfach jedoch auch zu einem bloßen Schema der Unterrichtsvorbereitung vergröbert.

„Während der systematische Ausbau der *Herbart*schen Pädagogik sich mehr in den Gelehrtenstuben vollzog, übte die Ausgestaltung desjenigen Teiles, der sich auf den Unterricht bezog, seinen gewaltigen, beinahe übermächtigen Einfluß auf die Volksschulpraxis aus... Hunderte von Vorbereitungsbüchern für alle Unterrichtsgebiete machten im Anschluß an *Ziller* die fruchtbaren Anregungen zu einem toten Schema, vergröberten durch Popularisierung die tieferen Gedanken *Herbarts* und ließen ihre Einseitigkeiten und Schwächen um so schärfer hervortreten. Verschlimmert wurde dies noch dadurch, daß man allgemein das fragend– entwickelte Unterrichtsverfahren mit den formalen Stufen koppelte und als Idealbild eines guten Unterrichts verkündete"[26]).

Auf das Wirken dreier Männer, die die Lehrerbildung in der ersten Hälfte des 19. Jahrhunderts und darüber hinaus beeinflußt hatten, soll gesondert eingegangen werden.

Bernhard Christoph Ludwig Natorp (1774-1846) war von Beruf evangelischer Theologe, veröffentlichte jedoch schon sehr früh bedeutsame pädagogische Schriften, wie zum Beispiel den „Grundriß zur Organisation allgemeiner Stadtschulen" (1804) und „Über die Organisation der niederen deutschen

Schulen" (1807). Ab 1809 war er Schulrat in Berlin unter *Süvern.* Neben seinen bahnbrechenden Organisationsplänen für das Elementarschulwesen in Preußen ist er auch mit Beiträgen zur Volkslehrerbildung hervorgetreten.

Wie fortschrittlich gerade seine diesbezüglichen Gedanken waren, zeigen seine beiden Seminarentwürfe „Grundriß eines Schullehrer-Seminariums für die Kurmark" (1812) und „Plan zur Einrichtung des Schullehrer-Seminariums zu Soest" (1818).

Der erste Entwurf, obgleich nicht verwirklicht, hat die Diskussion um die Lehrerbildung vielfach befruchtet. *Natorp* fordert ein zweijähriges Seminar, in dem alle Volksschulfächer sowie deren Methodik gelehrt werden sollen. Neben praktischer Schulung sollen die Methoden durch wissenschaftliche Reflexion bewußt gemacht werden. Weiterhin sieht der Entwurf eine erste und zweite Prüfung vor sowie eine zweijährige Verbindung der Seminaristen mit dem Seminar zwischen beiden Prüfungen. Alle Seminaristen sollten die Veröffentlichungen des Seminars beziehen, die Resultate seiner Forschungen und Arbeiten enthalten. Dadurch wird das Seminar eindeutig als Stätte der wissenschaftlichen Lehre und Forschung gekennzeichnet. Die Gründungen von Lehrervereinen, Lesezirkeln, Biblotheken etc. zeigen *Natorps* Bemühungen um die Lehrerfortbildung. Er sah ganz klar, daß eine Reform der Schulen nur über eine Reform der Lehrerausbildung zu erreichen ist.

Natorps Plan der Lehrerausbildung, der durch den für die damalige Zeit fortschrittlichen Gedanken der Wissenschaftlichkeit auch der Volkslehrerausbildung gekennzeichnet ist, wurde nicht verwirklicht. Statt dessen setzte sich der Organisationsplan *F. D. E. Schleiermachers* (1768-1834) durch, der ganz auf die praktischen Bedürfnisse der Lehrerausbildung gerichtet war. In einer dem Seminar angegliederten *Übungsschule* sollten den Studenten Musterstunden sowie Gelegenheit zu eigenen Unterrichtsversuchen geboten werden.

„Theoretische, pädagogische Erwägungen gehörten nach *Schleiermachers* Ansicht nicht in das ‚Seminar', die Pädagogik wurde aus dem Lehrplan gestrichen: noch weniger war an eine literarische Lehrerbildung gedacht, also eine Beschäftigung mit pädagogischer Literatur"[27]).

Vielleicht noch stärker als *Natorp* hat *Christian Wilhelm Harnisch* (1787-1846) die entstehende Volksschule und die Ausbildung der Volkslehrer in Preußen beeinflußt. Wie auch *Natorp* und nach ihm *Diesterweg* ist er vom Geiste *Pestalozzis* geprägt. Er war seit 1812 Seminardirektor in Breslau, 1822 wurde er nach Weißenfels an der Saale versetzt. 1841 quittierte er den Dienst, um sich als Landpfarrer zurückzuziehen, da er seine Ideen zur Lehrerbildung durch amtliche Erlasse beschnitten sah.

Seine Gedanken zur Lehrerbildung kreisen zunächst um die soziale Frage nach der ständischen Einordnung des Lehreramtes.

Er möchte den Elementarlehrer dem geistlichen Stand zugerechnet wissen und ihn vom staatlichen Einflusse unabhängig halten.

Er plädiert dafür, daß die angehenden Lehrer zunächst zu einem erfahrenen Lehrer als Schullehrlinge bzw. -gesellen in die Lehre gehen sollten, um erst danach eines der staatlichen Lehrerseminare zu besuchen. Erst dann, nicht vor dem zwei- oder dreiundzwanzigsten Lebensjahr, sollte ihnen eine eigene Lehrstelle übertragen werden.

Nach dem zweiten Weltkrieg kam es – ganz unbeabsichtigt und zeitbedingt – zu ähnlichen Verhältnissen. Von mancher Seite wurde damals behauptet, daß die Lehramtskandidaten, die erst ein bis zwei Jahre als Schulhelfer tätig waren, ein besonders fruchtbares Studium absolvierten, in dem der Theorie-Praxis-Bezug einen ganz anderen Stellenwert hatte, als bei Studenten, die direkt von der höheren Schule an das Seminar gekommen sind.

Ein Hauptanliegen *Harnischs* ist denn auch die Verbindung von pädagogischer Theorie und Schulpraxis in der Seminarausbildung. Ausgehend vom Modell der Gymnasiallehrerausbildung kritisiert er die unreflektierte Gleichsetzung von fachwissenschaftlicher Ausbildung und Lehrbefähigung an höheren Schulen. Er entwickelt für das Seminar vor allem schulpraktische Institutionen wie die Muster- und Übungsschule. Die Musterschule soll dem Lehramtskandidaten exemplarischen, vorbildlichen Unterricht dokumentieren, während er an der davon getrennten Übungsschule eigene Lehrversuche machen können soll. Diese Verbindung von theoretischen Studien mit verschiedenen Formen schulischer Praxis sieht *Harnisch* als entscheidend an. Theoretisches Pädagogikstudium ohne dauernde Rückbindung an die Schulpraxis hält er nicht nur für unfruchtbar, sondern geradezu für gefährlich.

Von anderer Geisteshaltung als die Theologen *Natorp* und *Harnisch* ist *Friedrich Adolf Diesterweg* (1790-1866). Er studierte neben Geschichte und Philosophie Mathematik und Naturwissenschaften und stand unter dem Einfluß von Aufklärung und Liberalismus. 1813 war er Lehrer an der Musterschule in Frankfurt a. M. und entdeckte durch den Pestalozzianer *de Laspee* und den Lehrer *Wilberg* seine Liebe zur Volksschule. 1820 wurde er Seminardirektor in Mörs und arbeitete dort eng mit dem Seminarmusiklehrer *Ludwig Erk,* dem bekannten Volksliedersammler, zusammen. Grundlegend ist sein Buch „Wegweiser zur Bildung für deutsche Lehrer" (1835) geworden. *Diesterweg* versuchte, vor allem den Gedanken der *Selbsttätigkeit in der Lehrerbildung* durchzusetzen. Nicht nur praxisbezogene Berufsausbildung, sondern Bildung des ganzen Menschen, Befähigung zur Selbstbildung, war für ihn das Ziel der Lehrerbildung. Die Lehramtskandidaten sollten nicht mit einer Fülle von Lehrstoffen vollgestopft werden, sondern die Fähigkeit erwerben, sich diese Stoffe aufzuspüren und anzueignen.

Diesterwegs unermüdliches Eintreten für die Ausbildung eines selbstbewußten Lehrerstandes, sein Eintreten für die Gründung von Lehrervereinen bzw. -verbänden stieß in der Öffentlichkeit weitgehend auf Ablehnung. Seine rationalistische Auffassung vom Christentum und sein Widerspruch zur praktizierten Politik in Preußen ließen ihn 1847 selbst den Dienst quittieren. Er übernahm ab 1858 ein Mandat im Abgeordnetenhaus, um seinen Ideen auf politischer Ebene Gewicht zu verleihen.

Wenn man bedenkt, daß die meisten Elementarschulen auf dem Lande um die Mitte des 19. Jahrhunderts noch ein- oder zweiklassig, jedoch kaum mehrklassig waren, so sind die Forderungen, die auf der *Berliner Lehrerversammlung von 1848* erhoben wurden, mehr als kühn. Genannt seien nur die interessantesten Punkte:[28])

– Entkonfessionalisierung und Entkommunalisierung der öffentlichen Schulen. Umwandlung in reine Staatsschulen.

– Eine allgemeine achtjährige gemeinsame Volksschule.

– Einheitlichkeit der Lehrerbildung, Reifeprüfung als Zugangsvoraussetzung für alle Lehrämter. Die Übernahme aller Lehrerseminare (mit ihrer theoretischen und praktischen Ausbildung) an die Universität.

– Jeder Lehrer, auch der der höheren Schulen, soll seine Laufbahn in der untersten Stufe der Volksschule, der Grundschule, beginnen.

So revolutionär diese Forderungen im ganzen genommen auch klingen mögen, besonders im letzten Satz zeigt sich noch deutlich die Auffassung von der qualitativen Stufung des Schulwesens. Wieweit die Lehrerseminare damals jedoch noch von einem wissenschaftlichen Hochschulbetrieb entfernt waren, zeigt am deutlichsten die Kabinettsordre *Friedrich Wilhelms IV* von Preußen (1840-61) vom 16. Mai 1844, wonach „einem zwölf Jahre dienenden Unteroffiziere, wenn er für das Schulamt Neigung und Fähigkeit zeigt, auf seinen Wunsch ein zweimonatlicher Urlaub zur Vorbereitung in einem Schullehrerseminare bewilligt und derselbe, sofern seitens des Seminars darauf angetragen wird, hiernächst auch auf fernere vier Monate mit ganzem Gehalte kommandiert werden kann"[29]).

Kein Wunder, daß die utopischen Forderungen der Berliner Lehrerversammlung das Gegenteil dessen bewirkten, was sie sollten. Die **politische Reaktion nach 1848** schickte sich an, die Seminarausbildung der Lehrer wieder zu zerschlagen und zu früheren und primitiveren Formen der Lehrerbildung zurückzukehren. Unter diesem Gesichtspunkt müssen die berühmten **drei preußischen Regulative** von *Anton Wilhelm Ferdinand Stiehl* (1812-1878) aus dem Jahre 1854 gesehen und beurteilt werden. Der evangelische Theologe *Stiehl* war selber Lehrer und von 1839 bis zu seiner Berufung ins preußische Kultusministerium im Jahre 1844 Direktor des Lehrerseminars in Neuwied gewesen. Die Regulative waren von ihm auf Wunsch König *Friedrich Wilhelms IV* verfaßt worden, der die Lehrerseminare haßte und in ihnen Stätten einer irreligiösen Halbbildung sah, die den verpesteten aufklärerischen Zeitgeist unterstützten. Die am 1., 2. und 3. Oktober 1854 erlassenen Regulative beschränken den Lehrplan der Seminare auf den der Volksschule. Die grundwissenschaftlichen Fächer Pädagogik, Didaktik, Anthropologie und Psychologie wurden gestrichen; an ihre Stelle trat eine „Schulkunde", die ganz auf das praktische Schulehalten in einer einklassigen ländlichen Elementarschule zugeschnitten war. Klassische Literatur und Mathematik wurde eingeschränkt, stattdessen wurde der Theologieunterricht stärker betont. Immerhin hat *Stiehl* mit seinen Regulativen zumindest die Institution des Seminars gerettet, doch „mit der Rettung des Seminars war seine Sterilisierung verbunden"[30]). Der Protest gegen die Regulative wurde vor allem von *Diesterweg* und den deutschen Lehrervereinen akzentuiert vorgetragen. Doch auch die Erlasse vom 19.11.1859 und vom 16.2.1861 brachten nur geringfügige Änderungen der Regulative; besonders wurde den Realien im Stoffplan der Seminare mehr Raum gegeben.

Nach der **Gründung des Deutschen Reiches** wurden die Stiehlschen Regulative nach nicht einmal zwanzigjähriger Gültigkeit abgelöst durch die *„Allgemeinen Bestimmungen, betreffend das Volksschul-, Präparanden- und Seminar-wesen"* (15.10.1872). Nun wurde die Seminarausbildung einheitlich auf *drei Jahre* festgelegt, denen eine ebenso dreijährige Präparande, aufbauend auf der grundständigen Landschule, vorausging. Diese Präparandenanstalten hatten, mit Ausnahme weniger kommunaler und staatlicher Institute, privaten Charakter und wurden oft von einem Seminarlehrer bzw. -direktor in eigener Regie geführt. Die Bestimmungen brachten manche Vorteile gegenüber den Regulativen: Die Seminare wurden mit ein- und mehrklassigen Übungsschulen verbunden, sie erhielten Lehrer- und Schülerbüchereien, die Pädagogik wurde als Lehrfach eingeführt, ebenso die Psychologie. Die Realienfächer wurden vertieft, eine Fremdsprache war fakultativ möglich. Neben den privaten Präparanden wurden nun mehr und mehr staatliche neu gegründet. Die erste und zweite Prüfung wurden beide am Seminar abgelegt, die zweite frühestens zwei Jahre, spätestens fünf Jahre nach der ersten. Zwar steht die praktische Schulung weiterhin im Mittelpunkt der Seminararbeit, doch die einklassige Landschule ist nicht mehr ausschließliches Ziel der Seminarausbildung.

Es darf nicht unerwähnt bleiben, daß Sachsen und Bayern schon vor 1871 in der institutionellen Entwicklung der Lehrerbildung Preußen überholt hatten. So gab es in Sachsen bereits das sechsklassige Seminar mit eingegliederter dreiklassiger Präparande, und in Bayern wurde die dreiklassige Präparande ab 1866, lange vor Preußen, ausschließlich als staatliche Anstalt geführt. Sachsen war in manch anderer Hinsicht in seiner Lehrerbildung vorbildlich: Ab 1865 durften Lehrer die Universität Leipzig besuchen und ab 1876 wurden die Lehrerseminare gesetzlich in die Reihe der höheren Schulen aufgenommen.

Besonders prägnant hat *Hans-Karl Beckmann* die Entwicklung der Lehrerseminare im 19. Jahrhundert umrissen, wenn er schreibt:

> „Zusammenfassend könnte man pointiert sagen, daß die erste Hälfte des 19. Jahrhunderts die Notwendigkeit erkannt hat, daß der Lehrer geistig und theoretisch gebildet sein muß; daß die zweite Hälfte des 19. Jahrhunderts die Notwendigkeit erkannt hat, daß der Lehrer für seine Unterrichtsaufgabe methodisch und praktisch gründlich ausgebildet werden muß. Eine Integration dieser beiden Zielsetzungen ist kaum gesehen worden, geschweige denn gelungen; sie wird zum Hauptproblem des 20. Jahrhunderts“[31]).

Obgleich noch in den neunziger Jahren die privaten Präparanden und Vorbereitungen auf das Lehrerseminar mit dem Hinweis verteidigt wurden, daß dadurch der Zugang aller Volksschichten zum Lehrerberuf gesichert werde, wurden durch den Ministererlaß vom 1. Juli 1901 die „Allgemeinen Bestimmungen“ durch neue Lehrpläne abgelöst. Wichtigster Punkt war die Abschaffung der privaten Präparandenanstalten und deren Verstaatlichung bzw. Kommunalisierung.

Eine moderne Fremdsprache (Englisch oder Französisch) wurde in dem nunmehr sechsjährigen Ausbildungsgang obligatorisch gelehrt. Zwischen Präparande und Seminar lag weiterhin eine Abschluß- bzw. Aufnahmeprüfung. Der pädagogische Unterricht ist mit 3 Wochenstunden gegenüber der Schulpraxis mit 8-10 Wochstunden noch immer unterpräsentiert. Die Gesamtwochenstundenzahl liegt für Präparande wie Seminar mit 35-38 relativ hoch. Die Seminarabschlußprüfung ist schriftlich und mündlich, wobei letztere bei guten Leistungen erlassen werden kann. Die schriftliche Prüfung erstreckt sich auf Pädagogik, Deutsch, Religion, Geschichte, Fremdsprachenübersetzung und Choralbearbeitung (für die, welche am Orgelunterricht und der Harmonielehre teilgenommen haben). Musikunterricht (Gesang und Violine für alle) ist obligatorisch, lediglich Orgel und Harmonielehre sind fakultativ. Nicht genügende Leistungen in Pädagogik oder Religion oder Deutsch oder Geschichte haben Nichtbestehen zur Folge. Nach zwei bis fünf Jahren soll eine zweite Prüfung, vorwiegend der schulpraktischen Tätigkeit abgelegt werden. Diese Prüfung erstreckt sich auf drei Fächer, von denen mindestens zwei aus der Gruppe Religion, Deutsch, Mathematik und Geschichte gewählt werden müssen.

Zwar kann man sagen, daß die Fortschritte gegenüber den Regulativen von 1854 beachtlich sind, doch wenn man das ‚Ergebnis eines Jahrhunderts‘ mit dessen Anfängen, den *Stein*schen Reformen nach den Befreiungskriegen vergleicht, so besteht kaum großer Anlaß zur Freude. Die Volksschullehrerschaft wurde als Stand nach wie vor nicht ernstgenommen. „Ein Stand, der sich ein halbes Jahrhundert in das geistige Leben der akademischen Welt hineingetastet hatte, dann aber plötzlich wieder in eine relative Unmündigkeit versetzt und in ihr festgehalten wurde, mußte unzufrieden werden“[32]).

Die obengenannte Studien- und Prüfungsordnung zeigt den institutionellen Entwicklungsstand der Lehrerbildung um die Jahrhundertwende, in der Zeit des Erwachens der *Reformpädagogik.*

Bevor wir uns diesen Neuanfängen, die schließlich in der Weimarer Verfassung teilweise zum Durchbruch kamen, zuwenden, soll noch kurz eine benachteiligte Gruppe des Lehrerstandes betrachtet werden: die Voksschullehrerinnen.

Die Volksschullehrerinnen-Ausbildung begann zunächst in den katholischen deutschsprachigen Ländern und war von der Ausbildung von Lehrerinnen für höhere Schulen bis zur Jahrhundertwende hin kaum getrennt. Die Lehrerinnenbildung vollzog sich zunächst ausschließlich in privaten Instituten, die höheren Töchterschulen, Klosterschulen etc. angegliedert waren. Dieser Zustand dauerte in vielen Fällen bis zum Ende der Seminarausbildung Mitte der zwanziger Jahre unseres Jahrhunderts an. Anfang des 19. Jahrhunderts gab es keine Studien- oder Prüfungsordnungen für Lehrerinnen. Es genügte in der Regel der Nachweis einer höheren Schulbildung, um als Lehrerin an einer öffentlichen Schule angestellt zu werden. Regelrechte Prüfungsordnungen gab es in Preußen erst 1837, in Sachsen gar erst 1857. Das alles zu einer Zeit, in der für männliche Lehramtsbewerber eine Seminarausbildung mit fester Studien- und Prüfungsordnung längst die Regel war. So gab es noch 1904 in Preußen 133 staatliche Lehrerseminare, jedoch nur 10 staatliche Seminare für Lehrerinnen.

Weitere Nachteile für die Lehrerinnen waren: Trotz Prüfungsordnung gab es keine fest umrissenen Zugangsvoraussetzungen für die Prüfung. Frauen mit unterschiedlicher, privater Vorbildung konnten sich zur ersten Lehramtsprüfung melden. Das Ablegen der zweiten Prüfung war für Frauen nicht möglich. Die gravierende Benachteiligung war jedoch, daß Lehrerinnen im Falle ihrer Verheiratung automatisch aus dem Schuldienst entlassen wurden. Ein Erlaß in Preußen von 1907 sah eine Beschäftigung verheirateter Lehrerinnen, allerdings nur auf Widerruf, vor. Erst der Lehrermangel während des Ersten Weltkriegs brachte viele verheiratete Lehrerinnen in die Schulen zurück, allerdings nicht als Beamtinnen, sondern nur im Angestelltenverhältnis. Im vollkommen katholischen Österreich gab es diesen unfreiwilligen Zölibat der Lehrerinnen wie im protestantischen Preußen allerdings nie. Mehrere Versuche, das Eheverbot für Lehrerinnen einzuführen, so 1887, 1902 und 1911, scheiterten stets.

Die Weimarer Verfassung brachte 1919 in ihrem Artikel 28 zwar eine theoretische Gleichstellung von Lehrern und Lehrerinnen, doch riß die Diskussion um die Ehelosigkeit der Lehrerinnen auch in den zwanziger Jahren nicht ab.

In den vorausgegangenen Abschnitten wurde die allgemeine Entwicklung des Lehrerberufs unter besonderer Berücksichtigung des Vokschullehrers dargestellt. Im nun folgenden Abschnitt soll, ausgehend von der geistesgeschichtlichen Konstellation um 1900, die zur Entstehung der allgemeinen Grundschule führte, speziell die Entwicklung des Lehrerberufs hinsichtlich der besonderen Erfordernisse des Grundschulunterrichts behandelt werden.

2.4. Von der Weimarer Republik bis zur Gegenwart

Die deutsche *Grundschule,* deren Wurzeln zurückreichen zu den Bemühungen von *Comenius, Condorcet, Süvern, Fichte* etc., ist im politischen Kampf gegen die gymnasialen Vorschulen entstanden. Der 1886 gegründete Deutsche Einheitsschulverein bemühte sich um die Reform des Gymnasiums, indem er eine einheitliche Vorausbildung aller Gymnasiasten forderte. Die deutschen Volksschullehrervertreter, die schon 1848 auf der „Berliner Lehrerversammlung" und der „Ersten allgemeinen deutschen Lehrerversammlung" in Eisenach eine Einheitsschule gefordert hatten, nahmen Begriff und Idee der *Einheitsschule* auf und verwendeten beides zur Kennzeichnung eines auf der *Grundstufe der Volksschule gründenden einheitlichen Schulsystems.* Als politische Kraft hat vor allem die deutsche Sozialdemokratie den Gedanken der Einheitsschule unterstützt. Auf dem *Erfurter Parteitag* von 1891 forderte die SPD eine obligatorische achtjährige Elementarschule (vom 6. bis zum 14. Lebensjahr), auf die eine vierjährige Mittelschule aufbauen sollte. Dies hätte, wäre es realisiert worden, eine Ausdehnung der Schulpflicht bis zum 19. Lebensjahr bedeutet.

Um 1890, in dieser Zeit rangierten die Volksschullehrer als untere Beamte noch über Amtsdienern, Heizern bei der Bahn, Schuldienern an Gymnasien, jedoch unter Hochschulpedellen, Gerichtsdienern und Polizeiboten!

Neben den politisch - ideologischen Forderungen nach der Einheitsschule, die schließlich zum Kompromiß von Weimar führten, haben eine ganze Reihe kultur-geschichtlich zeitbedingter Faktoren die Gestalt der neu entstehenden Grundschule bis heute geprägt. Ein erster Punkt wäre das Entstehen der *Gestalt- und Ganzheitspsychologie* als Gegenbewegung gegen bloßes kausal-mechanistisches Verständnis der empirischen Naturwissenschaften. Diese Ansätze sind vor allem verknüpft mit den Namen *Christian von Ehrenfels* (1859-1932) und *Hans Driesch* (1867-1941), *W. Köhler, M. Wertheimer, K. Koffka.* Das Ganzheitsprinzip hat sowohl im Methodischen, z. B. beim ganzheitlichen Erstlesen, als auch im Unterrichtsorganisatorischen, z. B. beim Gesamtunterricht *(Berthold Otto, W. Albert)* als ganzheitlichem Anfangsunterricht, und als Überwindung der Fächerung des Unterrichts bis heute entscheidende Bedeutung. Ein zweiter Punkt ist die *Erlebnispädagogik,* die versuchte, die objektivierten Kulturinhalte durch kindgemäße Erzählung und Darstellung in den Erlebnishorizont der Schüler zu rücken. Als wichtigste Vertreter dieser Richtung kann man die norddeutschen Schulreformer *Heinrich Scharrelmann* (1871-1940) und *Fritz Gansberg* (1871-1950) nennen. Verwandt sind die Bemühungen der Kunsterziehungsbewegung.

Die *Gemeinschaftspädagogik,* verbunden mit Gedanken der Heimatpflege (aus der Lebensphilosophie etwa *Bergsons* herstammend, von *Spranger* erstmals unterrichts-theoretisch im Begriff der Heimatkunde ausformuliert) war ein dritter wichtiger Punkt. Alle diese Aspekte der *Reformpädagogik,* die um die Jahrhundertwende immer stärker zu wirken begann, lassen sich auf das eine z. T. extrem ausgelegte Prinzip „Alles vom Kinde aus" zurückführen. *Ellen Key* verkündete gar pathetisch das Jahrhundert des Kindes.

„Hatte die Lebensphilosophie den Menschen in das Zentrum des Denkens gerückt, so wurde in der Pädagogik, unter der Nachwirkung *Rousseaus* das Kind wieder entdeckt... Bestimmend für die Reform der Volksschule wurde im Grunde die Kategorie des Lebens, die sich auch hinter Bezeichnungen wie „Natur" und „natürliche Erziehung" verbarg..... Vor allem die neue Grundschule wollte man in die Nähe der Wirklichkeit rücken, indem man sich bemühte, sie zu einer Stätte echten kindlichen Lebens auszubauen"[33]).

Ein besonders eifriger Vorkämpfer für die deutsche Einheitsschule war der Volksschullehrer und Geschäftsführer der „Gesellschaft für Volksbildung" (1891-1933) *Johannes Tews*

(1860-1937). *Tews* forderte die hochschulmäßige Ausbildung aller Lehrer und trat für einen Grundschullehrer ein, der nicht nur auf zwei Unterrichtsfächer beschränkt ist. In seinem Vortrag „Die gemeinsame Elementarschule" vom 14. 12. 1895 formuliert er seine Forderung nach einem Einheitsschulsystem folgendermaßen:

„Wenn... allen Staatsbürgern der Zugang zu allen öffentlichen Bildungsanstalten eröffnet werden soll, so ist es notwendig, daß alle unteren Stufen des Unterrichts mit den höheren in organische Verbindung gebracht werden, so daß der Übertritt ohne jede Störung erfolgt... Wenn man diesen Gedanken konsequent zu Ende denkt, so ergibt sich, daß es eine Gliederung der Schulen nach Ständen und Volksklassen nicht geben kann, sondern nur Lehrziele und Lehrstufen eine Gliederung herbeiführen dürfen"[34]).

Speziell die letzte Aussage mutet so modern an, daß man sie sich heute gesprochen oder geschrieben denken könnte. *Tews* fordert, eindeutig politisch begründet, nichts anderes als ein demokratisches Einheitsschulsystem: „Die Volksschule von heute kann nur eine demokratische Institution sein. Jede Beschränkung ihrer Zwecke auf engbegrenzte Bevölkerungsteile oder von Kastengeist konstruierte Bildungsbedürfnisse muß als unzeitgemäß verworfen werden... Diese Auffassung des Volksschulunterrichts... fehlt vor allem im nördlichen und östlichen Deutschland. Die Volksschule ist hier in der Auffassung der maßgebenden Kreise die Schule der armen Leute, nicht die Schule für Jedermann (auf der Grundstufe)..."[35]). Durch die *Weimarer Verfassung* vom 11. 8. 1919 wurde ein institutioneller Rahmen geschaffen, der eine Neuregelung des Elementar- bzw. Volksschulwesens und der Lehrerbildung ermöglichte.

Nach einer Bestätigung der allgemeinen Schulpflicht (in Artikel 145) heißt es in Artikel 146:

Absatz 1 „Das öffentliche Schulwesen ist organisch auszugestalten. Auf einer für alle gemeinsamen Grundschule baut sich das mittlere und höhere Schulwesen auf. Für diesen Aufbau ist die Mannigfaltigkeit der Lebensberufe, für die Aufnahme eines Kindes in eine bestimmte Schule sind seine Anlage und Neigung, nicht die wirtschaftliche und gesellschaftliche Stellung oder das Religionsbekenntnis seiner Eltern maßgeblich."

Absatz 2 „Innerhalb der Gemeinden sind indes auf Antrag von Erziehungsberechtigten Volksschulen ihres Bekenntnisses oder ihrer Weltanschauung einzurichten, soweit hierdurch ein geordneter Schulbetrieb, auch im Sinne des Absatz 1, nicht beeinträchtigt wird."

Im Artikel 147 Absatz 3 ist dann noch extra darauf hingewiesen: „Private Vorschulen sind aufzuheben."

Im Bezug auf die Lehrerbildung heißt es im Artikel 143 Absatz 2: „Die Lehrerbildung ist nach den Grundsätzen, die für die höhere Bildung allgemein gelten, für das Reich einheitlich zu regeln."

Das nachfolgende Reichsgrundschulgesetz vom 28. 4. 1920[36]) traf nähere Regelungen. So hieß es im § 1: „Die *Volksschule* ist in den vier untersten Jahrgängen als die für alle gemeinsame Grundschule, auf der sich auch das mittlere und höhere Schulwesen aufbaut, einzurichten." Im § 2 werden die Vorschulen behandelt:

„Die bestehenden öffentlichen Vorschulen und Vorschulklassen sind alsbald aufzuheben. Statt der sofortigen völligen Aufhebung kann auch ein Abbau in der Weise erfolgen, daß vom Beginne des Schuljahres 1920/21 oder, wo dieses nicht angängig ist, spätestens von Beginne des Schuljahres 1921/22 an die unterste Klasse nicht mehr geführt wird, und der gesamte Abbau spätestens zu Beginn des Schuljahres 1924/25 abgeschlossen sein muß..."

(Für privat geführte Vorschulen bzw. Vorklassen waren – für Härtefälle – Ausnahmen bis 1929/30 vorgesehen.)

Nach diesen Festlegungen des äußeren Rahmens fand vom 11. bis 19. Juni 1920 im Reichstagsgebäude zu Berlin auf Einladung des Reichsinnenministeriums ein *Reichsschulkonferenz* statt, an der etwa 700 Pädagogen und Schulpolitiker bzw. Vertreter religiöser Gemeinschaften teilnahmen[37]). Ausgangspunkt der Beratungen waren die Schulartikel der Weimarer Verfassung. Neben der Frage des Schulaufbaus wurde das Problem der Lehrerbildung am ausgiebigsten diskutiert. Alle fünf Berichterstatter sowie die Mehrzahl der Delegierten vertraten die Auffassung, daß die Reifeprüfung die Voraussetzung für die Studienzulassung von Lehrern aller Schularten sein sollte. Daneben wird jedoch, beispielsweise von *Eduard Spranger* und dem Verein katholischer deutscher Lehrerinnen, gefordert, die Reifeprüfung solle der normale, jedoch nicht der einzige Weg zum Volksschullehrerberuf sein. Begabten Volksschülern sei dieser Weg durch Zusatzkurse und Eignungsprüfungen offen zu halten. Besonders *Spranger* vertrat die These, es sei günstig, wenn der überwiegende Teil der Volksschullehrer aus der Volksschule hervorgehe. Der Württembergische Lehrerverein regte an, die Lehrerseminare in deutsche Oberschulen umzuwandeln.

Die zentrale Frage der Lehrerausbildung war, ob die Ausbildung weiterhin an Seminaren, an Hochschulen eigener Prägung (*Pädagogischen Hochschulen*) oder an den bestehenden Universitäten erfolgen solle. Die Meinungen waren weit geteilt, zu Abstimmungen kam es, gemäß den Intentionen der Konferenz, nicht. Von den namhaften Pädagogen trat als einziger *Hugo Gaudig* für die Erhaltung der Lehrerseminare ein. Sowohl der Deutsche Lehrerverein als auch der Deutsche Seminarlehrerverein setzten sich für die Universitätslösung ein.

Beckmann schreibt: „Tatsache ist, daß die Vertreter der philosophisch bzw. geisteswissenschaftlich ausgerichteten Pädagogik zu Vorschlägen einer selbständigen *Pädagogischen Akademie* kamen und daß Vertreter einer empirischen Pädagogik oder der Pädagogischen Psychologie die *Universitätslösung* anstrebten“[38]).

Wilhelm Rein forderte, die Ausbildung von Volksschullehrern sowohl an Universitäten als auch an *Pädagogischen Hochschulen* durchzuführen. *Louis Pretzel* forderte gar die Ausbildung von allen Lehrern an Pädagogischen Hochschulen, um die Volksschullehrer nicht zu diskriminieren. Da die Vertreter der Universitätslösung diese primär aus standespolitischen Gründen forderten und wenig konkrete Durchführungsvorschläge machten, hatte es die Mehrzahl der Hochschullehrer leicht, diese Lösung abzulehnen.

Eduard Spranger machte sich zum Sprecher dieser Mehrheit. Die von ihm vorgetragenen Argumente für eine Lehrerausbildung an Hochschulen eigener Art sind in seiner Schrift „Gedanken über Lehrerbildung“ (1920) niedergelegt. Er nennt vor allem folgende *Gründe* gegen eine Universitätsausbildung der Volksschullehrer:

– Eine an der Universität erlangte allgemeinwissenschaftliche Bildung kann nur eine oberflächliche Scheinbildung sein.

– Eine nur theoretische pädagogische Ausbildung würde für keinen Lehrerberuf genügen.

– Die überfüllten Universitäten können nicht die individualisierte Ausbildung geben, die zur pädagogischen Meisterschaft erforderlich ist.
– Eine Berufsausbildung von 6 Jahren an der Universität geht über die Möglichkeiten des einzelnen und des Staates hinaus.
– An der Universität ist eine gesunde Verbindung von theoretischer und praktischer Pädagogik nicht zu leisten.
– Der ständige Übergang qualifizierter Lehrer von der pädagogischen Fakultät zum Fachlehrer würde der Volksschule gerade ihre besten Kräfte entziehen.

In Deutschland bestanden im Jahr 1919 191 Lehrerseminare und 217 Präparandenanstalten. Letztere wurden 1921-23, erstere 1924-26 geschlossen. Lediglich Bayern und Württemberg schlossen ihre Seminare nicht. Jedoch kam das erhoffte Gesetz, das die Lehrerbildung neu regeln sollte, nie zustande. Bezugnehmend auf den bereits genannten Artikel 143 Absatz 2 teilte die Reichsregierung den Ländern in einem Schreiben vom 20. 1. 1923 mit, daß aus finanziellen Gründen von einer gesetzlichen Neuregelung der Lehrerbildung abgesehen werden müsse.

So kam es ab **1922** in Deutschland zu regional unterschiedlichen Lösungen in der Volksschullehrerbildung.

Den Weg höhere Schule-Universität schlug man in Hamburg, Braunschweig, Sachsen und Thüringen ein. In Bayern und Württemberg wurde das Seminar in modifizierter Form erhalten. Die Lehrerbildungsanstalten nahmen vierzehnjährige Kanditaten zu einer sechsjährigen Ausbildung auf. Die Reifeprüfung war nicht Voraussetzung für das Lehrerstudium. Daneben existierte das sogenannte „Tübinger Modell“, ein sechssemestriges Studium an der Landesuniversität für besonders qualifizierte Volksschullehrer, das mit der „Höheren Prüfung für den Volksschuldienst“ abschloß und sowohl für Stellen in der Lehrerbildung als auch in der Schulverwaltung befähigte.

In Preußen und den meisten anderen Ländern setzte sich die Pädagogische Hochschule bzw. Akademie als Regelinstitution der Lehrerbildung durch. Der preußische Lehrerbildungsplan sah, entsprechend den Beschlüssen des Staatsministeriums vom 7. 10. 1924 und 30. 6. 1925, eine abgeschlossene höhere Schulausbildung und eine zweijährige hochschulmäßige Ausbildung auf Pädagogischen Akademien vor.

Bevor auf die Entwicklung dieser Pädagogischen Akademien im deutschen Raum näher eingegangen werden kann, sollen noch einige ihrer theoretischen Konzeptionen kurz skizziert werden. An erster Stelle sei *Eduard Sprangers Modell der Bildnerhochschule* erwähnt. *Spranger* ging von der Überlegung aus, daß neben der Wissenschaft und Technik die Menschenbildung als Aufgabe eigener Art anzusehen ist. Deshalb forderte er neben der Universität, die der Pflege der Wissenschaften dient, und der Technischen Hochschule (für die Technik) eigene Institutionen für die Aufgabe der Menschenbildung. Diese Bildnerhochschule, wie er die Pädagogische Hochschule nennt, ist andersartig als eine Universität, wenn auch nicht geringerwertig. Ihr Ziel ist die Heranbildung des neuen Menschen, der in geschlossener, harmonischer Einheitlichkeit ein Gegengewicht gegenüber der universitären Differenzierung und Spezialisierung bilden soll.

Das Gemeinschaftsleben der Studierenden an der Hochschule, die nicht mehr als etwa 250 Studierende haben soll, soll einen Hauch der gesunden Jugendbewegung atmen. Die Ausbildung an der Pädagogischen Hochschule erstreckt sich auf drei Bereiche, den wissenschaftlichen, den technisch-künstlerischen und den praktisch-pädagogischen. Das Studium dauert 6 Semester, von denen die letzten zwei, in der Art eines Referendariats, sich ganz auf die praktische Ausbildung konzentrieren sollen. „*Spranger* begrenzt das Lehrerstudium auf sechs Semester, in deren Mittelpunkt nicht wissenschaftliche Forschung oder pädagogische Ausbildung, sondern persönliche Bildung steht“[39]). *Helmuth Kittel* meint, daß *Sprangers* Idee der Bildnerhochschule eine Wiedergeburt jener Idee der Pädagogischen Hochschule bedeute, die am Anfang der Seminarentwicklung zu Beginn des 19. Jahrhunderts gestanden habe.

Die Konzeption *Sprangers* setzte sich bei den ab Mitte der zwanziger Jahre entstehenden Pädagogischen Akademien am nachhaltigsten durch. Weder der Vorschlag *August Riekels*[40]), der ein Universitätsstudium mit anschließender praktischer Ausbildung und nur einer Lehramtsprüfung vorsah, noch der Vorschlag des Preußischen Lehrervereins, der eine Einrichtung wissenschaftlicher Hochschulen in Kombinationen mit praxisbezogenen Pädagogischen Instituten vorsah, wurden auf die Dauer wirksam.

Die nun entstehenden *Pädagogischen Akademien* wiesen bei allen individuellen Differenzen folgende Gemeinsamkeiten auf: Es waren in sich geschlossene, eigene Hochschulinstitutionen mit relativ geringen Studentenzahlen (ca. 250), die sowohl Berufshochschule als auch akademische Stätte der Forschung und Lehre sein wollten. *Erich Wende* formulierte den wissenschaftlichen Anspruch dieser Akademien folgendermaßen: Die Erziehungswissenschaft ist „Mittelpunkt aller wissenschaftlichen Arbeit der Pädagogischen Akademie... Der wissenschaftliche Auftrag der Pädagogischen Akademie lautet auf Erziehungswissenschaft und nur auf sie"[41]). Die Pädagogische Akademie soll mehr als bloße wissenschaftliche Hochschule sein, da ihre Aufgaben mit den Mitteln der Wissenschaft allein nicht zu bewältigen ist. Menschenbildung ist mehr als angewandte Wissenschaft. Die zentrale Stellung der Erziehungswissenschaft bei den Pädagogischen Akademien führte zu einer Stärkung der sogenannten „Grundwissenschaften". Dazu kamen, neben den bereits vorhandenen Fächern Pädagogik und Psychologie in den zwanziger Jahren vor allem die neuen Fächer Philosophie und Soziologie. Der *Spranger*sche Entwurf wurde in Preußen vor allem von dem Orientalisten *Carl Heinrich Becker* verwirklicht.

Becker war seit 1918 in der Kulturpolitik tätig, von 1925-1930 als preußischer Minister für Wissenschaft, Kunst und Volksbildung. Er sah in der Reform der Volksschullehrerausbildung die Möglichkeit, die heterogene Vorbildung des Volksschullehrers, sowohl Volksbildung als auch höhere Bildung, zu integrieren. Richtungsweisend war seine Schrift „Die Pädagogische Akademie im Aufbau unseres nationalen Bildungswesens" (1926). In Anlehnung an die Gedanken *Eduard Sprangers* stellte Becker folgende Leitsätze auf:

– Das Abitur soll Voraussetzung für das Studium des Volksschullehrers sein.
– Die Universität wird als Ausbildungsstätte für Volksschullehrer als ungeeignet abgelehnt.
– Die Lehrerbildung soll auf die modern zu verstehende Aufgabe der Volksschule bezogen sein.
– Die Volksschule soll als Glied eines umfassenden Bildungsorganismus verstanden werden.
– Die neuen Lehrerbildungsinstitutionen sollten nicht nur Stätten der Wissensvermittlung, sondern vielmehr Stätten der Menschenbildung sein.

Aus letzterem Grund stand die musische Bildung der Akademiestudenten, angeregt durch Einflüsse der Jugendbewegung und der Reformpädagogik, im Mittelpunkt. *Becker* glaubte, daß er durch die Gründung der Pädagogischen Akademien das Beste der pädagogischen Reformbewegungen seiner Zeit institutionell einbinden könne.

In der Denkschrift von 1925 „Die Neuordnung der Volksschullehrerbildung in Preußen", die vom Ministerium für Wissenschaft, Kunst und Volksbildung herausgegeben worden war, wurden die Pädagogischen Akademien als konfessionell gebundene Pflegestätten heimatlicher Kultur und Volkstums beschrieben. Die Studiendauer war auf 4 Semester berechnet, die Studentenzahl pro Akademie auf 240 bis 250. 1926 entstanden die ersten drei Pädagogischen Akademien in Preußen: Bonn (katholisch), Elbing (simultan) und Kiel (evangelisch). Die Berufung der Lehrkräfte erfolgte zunächst über die Ernennung von Akademiedirektoren, die sich ihren Mitarbeiterstab selbständig aussuchen konnten. Statt der ursprünglichen Amtsbezeichnungen Studienrat und Dozent wurden 1927 die Bezeichnungen Dozent und Professor für die Lehrkräfte eingeführt. Ab 1929 wurde die Berufung der Dozenten durch Dreiervorschlag vorgenommen, das Direktorat der Akademien blieb jedoch noch ein ständiges. Die Anrechnung von Hochschulsemestern und der Wechsel der Studenten von einer Akademie zur anderen waren nicht möglich. Nach der *Gründung der ersten drei pädagogischen Akademien im Jahr 1926* schritt der Ausbau zunächst schnell voran. 1927 folgte Frankfurt a. M., danach 1929 Breslau, Dortmund, Erfurt und Hannover und 1930 Altona, Beuthen, Cottbus, Frankfurt a. d. Oder, Halle a. d. Saale und Stettin.

1930 arbeiteten bereits 15 Pädagogische Akademien. Didaktik und Erziehungswissenschaft standen (bei aller unterschiedlicher Akzentuierung, die durch die unterschiedlichen Persönlichkeiten der Akademiedirektoren bedingt war) im Vordergrund.

„Daß die Akademisierung der Volksschullehrerbildung in einer echten Verwissenschaftlichung der pädagogischen Kernfächer (die möglich und auch notwendig ist) zu bestehen habe und nicht in einer doch bloß unechten, weil auf echte Weise im Rahmen der Pädagogischen Hochschule gar nicht möglichen Verwissenschaftlichung der Volksschulfächer – darüber sind sich die Fachleute der Pädagogik und der Lehrerbildung in der Diskussion über die Pädagogische Hochschule schon im ersten Jahrzehnt nach *Sprangers* Konzeption von 1920 klar geworden"[42]).

Die Arbeit der ersten Pädagogischen Akademien war durch viele widrige Umstände belastet. Von den im Zeitraum zwischen 1926 und 1930 gegründeten 15 Akademien wurden Ostern 1932 sieben wieder geschlossen: Altona, Cottbus, Erfurt, Frankfurt a. d. Oder, Hannover, Kassel, Stettin. Eine weitere ernsthafte Belastung war die *zunehmende Lehrerarbeitslosigkeit,* sowie der Gegensatz zwischen alten im Seminar ausgebildeten und neuen an der Akademie ausgebildeten Lehrern.

„Es gab eine erhebliche Anzahl seminaristisch ausgebildeter Lehrer, die noch nicht hatten angestellt werden können. Die preußische Unterrichtsverwaltung schätzte Ende 1928, daß die vorhandenen männlichen evangelischen Schulamtsbewerber nicht vor 1931, die weiblichen evangelischen nicht vor Ostern 1934, die männlichen katholischen nicht vor August 1935, die weiblichen katholischen nicht vor November 1937 unterzubringen sein würden. Das bedeutete also, daß die Absolventen der Pädagogischen Akademien nicht nur als pädagogische Neuerer, sondern zum Teil auch als wirtschaftliche Konkurrenten in den Kreis der seminaristischen gebildeten Lehrer traten"[43]).

Das *Konfessionaltitätsproblem* kam besonders scharf bei der Gründung simultaner Akademien zum Ausbruch. Die katholische Kirche lehnte simultane Akademien strikt ab und verweigerte katholischen Lehramtskandidaten, die eine solche besucht hatten, die missio canonica, die kirchliche Genehmigung zur Erteilung von Religionsunterricht.

Die *Bezahlung der Lehrkräfte* an den Pädagogischen Akademien entsprach nicht der der Universitäten. Nur etwa 3/4 der Lehrkräfte erhielt Hochschulgehälter, Kolleggelder gab es nicht, an die Stelle der Emeritierung mit vollen Bezügen trat eine Pensionierung mit 75% des letzten Gehaltes. (Dies trifft auch heute noch für Baden-Württemberg zu). Diese finanziellen Einbußen, verbunden mit der Tatsache, daß die kleinen Akademien keine vergleichbaren Forschungsmöglichkeiten und -mittel wie die Universitäten bieten konnten, erklärten es, daß es zunächst nicht immer einfach war, qualifizierte Lehrkräfte für die Pädagogischen Akademien zu finden.

Carl Heinrich Becker gelang es, vor allem Vertreter der Jugendbewegung und der Reformpädagogik zu gewinnen, die an den relativ kleinen und überschaubaren Anstalten ein musisches Gemeinschaftsleben entfalteten. Die Kleinheit der Akademien ermöglichte eine menschliche Nähe zwischen Dozent und Student, wie sie an Universitäten nicht möglich war. Neben der Gestaltung von Vorlesungen und Übungen waren es vor allem die schulpraktischen Arbeitsformen, die an den ersten Pädagogischen Akademien Bonn, Elbing und Kiel beispielhaft entwickelt worden sind. Während bei den Universitätslösungen man nehme etwa das Beispiel der Pädagogischen Tatsachenforschung *Peter Petersens* in Jena, die Praxis zum Medium der Theorieentfaltung gemacht wurde, ging man an den Pädagogischen Akademien in der Regel andere Wege. Die Kieler Akademie verwirklichte, unter Anregung *Wilhelm Flitners,* ein integriertes grundwissenschaftliches Studium mit Pädagogik, Psychologie und Philosophie. Trotz der gemeinsamen Prüfungsordnung, die in Preußen 1928 erlassen worden war, waren die Ausbildungsgänge entsprechend den unterschiedlichen Lehrkörpern an den einzelnen Akademien oft recht verschieden.

Die wesentlichen Akzente der Schulpraxis in den Pädagogischen Akademien lagen nicht wie im Seminar auf einem „gekonnten“, sondern auf einem „besonnenen“ Schulehalten. Es ging nicht darum, theoretische Konzepte in der Praxis zu realisieren, sondern darum, in der Praxis stehend zu theoretisieren.

Hier setzte auch die *Kritik der Lehrerschaft* ein. Den ersten Absolventen der Pädagogischen Akademien wurde überwiegend Untauglichkeit in der Praxis bescheinigt. Man kritisierte die fehlende Methodik, die mangelnde Stoffbeherrschung und vor allem die schlechte Disziplin im Unterricht.

Die von den Lehrervereinen geäußerte Kritik an den Akademien forderte im wesentlichen:

– Einrichtung von Pädagogischen Akademien nur in größeren Städten, an denen schon eine Hochschule vorhanden ist.

– Gleichgewichtigkeit des Lehrkörpers mit dem der Universitäten.

– Entkonfessionalisierung der Akademien.

- Sechssemestrige Studiendauer.
- Freizügigkeit der Studenten.
- Promotionsrecht.
- Schaffung zahlenmäßig größerer Akademien.

Die öffentliche Meinung in Akademikerkreisen beurteilte die Pädagogischen Akademien noch kritischer. Man reihte die Pädagogische Akademie in eine Kette von Fachhochschulen ein (Technische Hochschulen, Kunst- und Musikhochschulen, Ingenieurschulen etc.), die letztlich alle dem einen Zweck dienen: die deutsche Universität aufzulösen und zu zerstören.

Das **Dritte Reich** (1933-45) brachte für die Volksschullehrerbildung eine Verschlechterung, die erst nach und nach sichtbar wurde. Die Pädagogischen Hochschulen wurden ab 1933 in „Hochschulen für Lehrerbildung" umbenannt und zahlenmäßig stark erweitert. Die Grundtendenz der nationalsozialistischen Kulturpolitik war eine Einschränkung des höheren Schulwesens. So wurden denn auch für die Hochschulen für Lehrerbildung ab 1939 staatliche Aufbaulehrgänge zur Vorbereitung eingerichtet. Dadurch wurde die gymnasiale Vorbildung der Lehramtskandidaten eingeschränkt.

Ab 1941 wurden die Hochschulen für Lehrerbildung in fünfstufige „Lehrerbildungsanstalten" umgewandelt. Diese Lehrerbildungsanstalten bauten regulär auf der abgeschlossenen Volksschulbildung auf, kamen aber wegen des Zweiten Weltkriegs nur für Lehrerinnen voll zum Tragen.

Nach 1945 knüpften die Bundesländer der Bundesrepublik zunächst wieder an die Lehrerbildung der Weimarer Ära an. Ein viersemestriges Kurzstudium, das alle Volksschulfächer abdecken sollte, blieb nach wie vor die Regel. Allerdings wurde die Reifeprüfung jetzt generell als Voraussetzung für das Volksschullehrerstudium verlangt. Die Bezeichnung der selbständigen Institutionen war entweder Pädagogische Akademie oder Pädagogisches Institut. Die nach dem Ersten Weltkrieg neugeschaffene Grundschule blieb sowohl als Institution, als auch hinsichtlich ihrer inhaltlichen Gestalt zunächst völlig unangefochten.

Es liegt nahe, die Zeit des Aufbruchs von Weimar mit der Zeit nach dem Zweiten Weltkrieg zu vergleichen:

„Gab es in den zwanziger Jahren eine drängende Fülle pädagogischer Ideen und Energien, die auch nicht durch den Ersten Weltkrieg unterbrochen wurden, 'manchmal schwärmerisch, manchmal turbulent, aber im ganzen doch fruchtbar konstruktiv', so steht am Anfang unserer Epoche nach 1945 'ein Vakuum', weil die Zwischenperiode des Dritten Reiches dafür gründlich gesorgt hatte, daß 'keine Bewegung entstand und der Pädagoge von seiner Verantwortung dispensiert war' *(Hans Sprenger)*"[44]).

Man kann die Situation nach 1945 auch dadurch charakterisieren, daß man etwa darauf hinweist, daß viele Lehrstuhlinhaber der Pädagogik aus der Zeit vor 1933 erneut ihre Arbeit aufnahmen: *Spranger, Weniger, Nohl, Litt* u. a.. Dadurch kam es nicht so sehr zu einer Aufarbeitung des zwölfjährigen Forschungsvakuums aus Zeiten des Dritten Reiches, sondern mehr zu einem *Anknüpfen an reformpädagogische Modelle der zwanziger Jahre.* Sowohl personell als auch wirkungsmäßig blieb die geisteswissenschaftliche Pädagogik der *Dilthey*-Schule bis Anfang der sechziger Jahre bestimmend für die deutsche Nachkriegspädagogik.

Die ersten Nachkriegsjahrzehnte waren durch die Bemühungen der *„inneren Schulreform"* gekennzeichnet. Es ging darum, die alte Lernschule endlich durch eine Erziehungsschule abzulösen. Im Mittelpunkt allen Bemühens stand die musische Erziehung, neuere Arbeitsreformen wie Gesamtunterricht, Epochenunterricht u. ä. sollten die unnatürliche Stundenzerstückelung des Schultages, die schon *Peter Petersen* ein Menschenalter zuvor angeprangert hatte, aufheben helfen.

Der erzieherische menschenformende Einfluß durch das gestaltete Unterrichtsleben und das lebendige Vorbild des Lehrers war das zentrale Anliegen.

Doch bereits in den **sechziger Jahren** kam es zu einer verstärkten Hinwendung zum Sachbezogenen. Die *„realistische Wendung" (H. Roth)* der Erziehungswissenschaft führte zu einer verstärkten *Rezeption* experimentell-empirischer Methoden und Befunde. Das Vordringen der empirischen Pädagogik regte auch zur Neubesinnung über das System der Volksschulorganisation an.

Entsprechend den Bildungsbedürfnissen einer modernen differenzierten Industriegesellschaft wurde gegen Ende der sechziger Jahre zunächst die *Reform der Volksschuloberstufe* als um ein Jahr verlängerte, fachlich vertiefte Hauptschule vorgenommen. Der neue Bildungs- und Begabungsbegriff, der die Dominanz der Umwelteinflüsse des Begabens gegenüber dem genetisch festgelegten Begabungspotentional in den Mittelpunkt stellte, führte zu einer Kritik an dem dreigliedrigen, wie man meinte ständisch orientierten Schulsystem von Volksschule, Realschule und Gymnasium. Die Gliederung in Grund- und Hauptschule, die Zusammenfassung von Haupt-, Real- und Oberschule als weiterführende Schulen und die Reform der gymnasialen Oberstufe waren alle von bildungspolitischen Gedanken getragen, die sich mit Begriffen wie *Demokratisierung des Schulwesens* und *Gesamtschule* bezeichnen lassen.

Der alte Gedanke der Einheitsschule gewann neue Gestalt im Begriff der Gesamtschule. Als Mängel des dreigliedrigen Systems wurden vor allem genannt: Die ungünstige Organisation in Jahrgangsklassen (Sitzenbleiber!), die Mittelschichtorientierung der Schule (Werte, Sprachverhalten und Motivationsstruktur der Mittelschicht werden zum Ziel der Erziehung), die mangelhaften Auslesekriterien für den Übertritt an weiterführende Schulen sowie die Rückständigkeit und Unvollständigkeit der Lehrinhalte (Überbetonung der Sprachfächer, Fehlen sozialer- und wirtschaftswissenschaftlicher Inhalte). Die Gesamtschule soll, nach den Intentionen ihrer Befürworter, diese Probleme weitgehend lösen. Das wesentliche Ziel ist dabei die Verwirklichung der *Chancengleichheit für alle Schüler,* d. h. der *Abbau der schichtenspezifischen Auslese.*

Unter diesem Aspekt fallen gerade auch der Grundschule neue Aufgaben zu. Während der „*Deutsche Ausschuß für das Erziehungs- und Bildungswesen*“ in seinem „Rahmenplan“ (1959) und in den „Bemerkungen zur Arbeit der Grundschule“ (1962) noch davon ausging, daß die pädagogische Gestalt und die Arbeitsmethoden der Grundschule zwar noch der Ausformung bedürften, aber keineswegs ein grundsätzlicher Wandel mehr erfolgen müsse, begann seit Mitte der sechziger Jahre eine kritische Neubesinnung auf die Form und Aufgabe der Grundschule.

Folgende Aspekte standen dabei im Mittelpunkt:

– Der heimatkundliche Gesamtunterricht wurde zugunsten eines fachwissenschaftlich orientierten Unterrichts abgelehnt.

– Anstelle des stätischen Begabungsbegriffes, der Begabung lediglich als vorbestimmte Entwicklung eines unveränderbaren genetischen Potentials sah, trat nun der dynamische Begabungsbegriff in den Vordergrund. Begabung wurde als Begaben, als individuelle Förderung durch Differenzierung betrachtet, Begaben als prozeßhafte Aufgabe.

– Aus der vorangegangenen Sicht ergibt sich die neue Aufgabe der Grundschule, durch kompensatorische Erziehung die schichtenspezifischen Sozialisationsdefizite auszugleichen.

Nachdem die Grundschule durch diese Überlegungen als Fundament eines Gesamtschulsystems, das nur noch nach Schulstufen (*Primarstufe* 6-10, *Sekundarstufe I* 10-16, *Sekundarstufe II* 16-19), nicht aber mehr nach Schularten (Volks-, Real- und Oberschule) gegliedert ist, betrachtet werden kann, rückt die Grundschul- bzw. Primarlehrerausbildung in den Mittelpunkt der Überlegungen.

2.5. Ausblick auf die neue Primarlehrerausbildung

In den sechziger Jahren häufte sich die bildungspolitisch fundierte Kritik an dem vertikal organisierten dreigliedrigen Schulsystem in der Bundesrepublik. Der Ausbau der Volksschuloberstufe zur Hauptschule als weiterführender Schule mit verlängerter Dauer und curricularer Neugestaltung war ein erster Schritt in Richtung auf eine demokratische Einheitsschule, wie sie die Gesamtschule darstellt. Eine bloße räumliche Zusammenfassung dreier verschiedener Schularten wie Hauptschule, Realschule und Gymnasium unter einem Dach (additive Gesamtschule) führt jedoch schwerlich zu einem Abbau schichtbedingter Gegensätze zwischen den Schülern, fördert diese eher. *Schulversuche* mit integrierten Gesamtschulen, wo alle Schüler im Anschluß an die Grundschule in einem differenzierten Kern- und Kursunterricht zusammengefaßt werden, bringen vor allem zwei Probleme mit sich:

– Die Auflösung des herkömmlichen Klassenverbandes kann nachteilige erzieherische Konsequenzen mit sich bringen.

– Die Leistungsdifferenzierung im Kursunterricht (A-, B-, C-Kurs) schafft, wenn sie konsequent durchgehalten wird, bald eine interne Dreigliederung des Schulkörpers. Ob dabei der Schüler, der in den meisten Fächern im C-Kurs, in einigen wenigen jedoch im A-Kurs ist, psychisch besser dasteht als im dreigliedrigen System, ist zumindest zu bezweifeln.

Erst wenn phraseologische Forderungen wie „Chancengleichheit“ und „Bildung ist Bürgerrecht“ [44a]) einer differenzierten Schultheorie und Zielkonkretisierung weichen, können schulorganisatorische Konzepte entwickelt werden, die mit curricularen Neuerungen und veränderter Lehrerausbildung einhergehen müssen. Die Geschichte der Lehrerausbildung hat gezeigt, daß die Ausbildung der Lehrenden schulorganisatorischen Reformen stets hinterher hinkte. Erst wenn Reform von Schule und Lehrerausbildung synchron verlaufen, können dauerhafte Innovationen in die Wege geleitet werden. Dabei ist es bei der *Reform der Lehrerausbildung* nicht getan, neue Studienkonzepte für Lehramtsstudenten zu entwerfen. Es muß auch sichergestellt sein, mit neuen Konzepten die bereits fertig ausgebildeten und schon im Dienst befindlichen Lehrer zu erreichen. Sonst bewirken Reformen nur eine Verunsicherung der in der Praxis stehenden Lehrer und nähren bei diesen auf lange Frist reformfeindliche Gefühle.

Entsprechend den Tendenzen, die auf eine Überwindung des dreigliedrigen Schulsystems zugunsten einer einheitlichen Gesamtschule hinwirken, gibt es in der Lehrerausbildung parallele Ansätze, Ausbildungsgänge, Besoldung usw. zu koordinieren. Dies geschieht im Konzept des *Stufenlehramtes,* das in Nordrhein-Westfalen als erstem Bundesland gesetzlich verankert wurde.

Wie Kultusminister Jürgen Girgensohn in einer Pressekonferenz am 30. 10. 1973 erklärte, hat die nordrhein-westfälische Landesregierung als erste in der Bundesrepublik die Einführung der Stufenlehrerausbildung (ab 1975) beschlossen. Die Studiendauer soll für P- und S I- Lehrer 6 Semester, für S II-Lehrer 8 Semester betragen. Der Vorbereitungsdienst wird für P-Lehrer auf 12, für S I- und S II-Lehrer auf 18 Monate festgesetzt. Als Besoldung ist vorgesehen: A 12 für den P–Lehrer, A 13 für den S I-Lehrer und A 13 + Zulage für den S II-Lehrer und den Sonderschullehrer.

Eine erste amtliche Darstellung des Stufenlehrerkonzepts findet sich im *Bildungsgesamtplan der Bund-Länder-Kommission für Bildungsplanung* (Stuttart 1973). Dort heißt es:

„Die Neugestaltung des Schulwesens erfordert eine Neuorientierung der Lehrerbildung. Die horizontale Gliederung des Schulsystems muß dabei besonders berücksichtigt werden. Deshalb sind folgende Lehrämter mit stufenbezogenem Schwerpunkt einzurichten:
– Lehramt für den Primarbereich
– Lehramt für den Sekundarbereich I
– Lehramt für den Sekundarbereich II.
Alle Lehrämter können erweitert werden...
Die Ausbildung der Lehrer für alle Lehrämter gliedert sich in Studium (1. Phase) und Vorbereitungsdienst (2. Phase). Die beiden Ausbildungsphasen sind eng aufeinander bezogen“[45]).

Die skizzierte Konzeption des Stufenlehrers enthält eine Reihe brisanter Probleme:

– Die Frage des Ausbildungsortes.

Bislang werden die Gymnasiallehrer (= S II-Stufe) an Universitäten, die Grund-, Haupt- und Realschullehrer (= Primar- und S I-Stufe) dagegen vorwiegend an Pädagogischen Hochschulen ausgebildet. Gesamthochschulen könnten hier neue Modellstudiengänge entwickeln, die sowohl die einseitige Wissenschaftsorientierung der Gymnasiallehrerausbildung als auch die fachwissenschaftlich-schmalspurige Lehrerausbildung Pädagogischer Hochschulen aufheben.

– Die Frage der Ausbildungsdauer und der Besoldung.

Die verschiedenen Lehrämter des herkömmlichen dreigliedrigen Schulsystems unterscheiden sich in ihrer Besoldung, was vor allem durch die unterschiedliche Dauer der Ausbildung begründet wurde:

Volksschullehrer (Grund- und Hauptschullehrer) /6 Semester/A 12.

Realschullehrer/6-8 Semester/A 13.

Gymnasiallehrer/8 Semester/A 13 + Zulage.

Dazu muß noch bemerkt werden, daß beim Volksschullehrer 6 Semester die Regelstudienzeit darstellt, während der Gymnasiallehrer in der Regel 11-12 Semester benötigt.

– Die Frage der Fächerkombination und der Zusatzqualifikationen.

Der herkömmliche Grundschullehrer war ein Allroundlehrer, der alle Fächer unterrichten mußte. Mit der Einführung des Zweifachlehrers auch für die Grund- und Hauptschule in den sechziger Jahren wurden die Grundschullehrer, sofern diese Schwerpunktbildung möglich war, auf einige wenige „grundschulrelevante“ Fächerkombinationen beschränkt. Die Grundschularbeit wurde oft als minderqualifiziert gegenüber der Haupt- und Realschularbeit eingestuft. Daraus erklären sich auch die Entwürfe, die für den Primarlehrer einen kürzeren Vorbereitungsdienst (12 statt 18 Monate) und eine geringere Besoldung (A 12 und A 13) als für die Sekundarstufenlehrer (S I und S II) vorsehen.

Es ist in jedem Fall zu sichern, daß der künftige Primarlehrer hinsichtlich der Ausbildungsdauer und der Besoldung den Sekundarlehrern gleichgestellt wird. Die Fächerkombinationen für Primarlehrer müssen so gestaltet sein, daß eine Durchlässigkeit der Lehrämter gewährleistet ist. Ein möglicher Wechsel von P nach S I wäre dadurch zu erreichen, daß man dem Primarlehrer in einem seiner beiden Fächer, das er verstärkt studiert hat, die Lehrbefähigung für die Sekundarstufe zugesteht. Die Möglichkeit der Erweiterung des Primarlehramtes durch ein zweisemestriges Zusatzstudium zur Vertiefung des Zweitfaches müßte prinzipiell gegeben sein. Darüber hinaus sind Erweiterungen des Lehramtes durch vertiefende erziehungswissenschaftliche und oder schulpsychologische Studien denkbar, die für Funktionen wie Beratungslehrer, Projektmitarbeiter u. ä. qualifizieren können.

Die Erweiterung der Lehrämter sollte auch im Zusammenhang mit den Konzepten der Handlungsforschung gesehen werden. Die Heranbildung einer Gruppe interessierter und qualifizierter Lehrer mit Zusatzstudium würde eine Basis für Handlungsforschung schaffen, die eine enge Theorie-Praxis-Beziehung ermöglichte; eine Form der Forschung, die helfen würde, die Kluft zwischen theoretischer erziehungswissenschaftlicher Forschung und Reflexion einerseits und schulpraktischer Arbeit und Erfahrung andererseits zu überbrücken. Lehrer, die in diesem Sinne in Projekten mit Hochschullehrern zusammen forschten, müßten entweder Ermäßigung ihres Stundendeputats oder befristete Freistellung für solche Projekte erhalten.

– Die Frage des einphasigen Studienganges.

Um zu verhindern, daß bei einer zweiphasigen Ausbildung auf eine praxisferne Theorie eine theorieferne Praxis folgt, versucht man vielerorts, einphasige Ausbildungskonzepte zu entwerfen[46]). Durch einphasige Modelle der Lehrerausbildung soll erreicht werden, daß die schulpraktischen Studien sinnvoll in den Gesamtstudiengang integriert werden, und zwar nicht nur die Schulpraxis der bisherigen ersten Phase, sondern auch das gesamte Referendariat.

Modelle einphasiger Studiengänge werden z. Zt. beispielsweise an der Gesamthochschule Oldenburg und an der PH Niedersachsen, Abteilung Lüneburg, entwickelt. Diese Ansätze sind gekennzeichnet durch eine Gesamtstudiendauer von ca. 11 Semestern, in denen ein sogenanntes „klinisches Jahr“ an einer Schule mit 8 – 10 Wochenstunden Lehrverpflichtung enthalten ist. Die übrigen Studieninhalte werden in interdisziplinären Seminaren bzw. in Projekten vermittelt. Ein Beispiel für diese Studienorganisation ist etwa die Zusammenfassung der Grundwissenschaften Allgemeine Pädagogik, Schulpädagogik, Theologie, Philosophie, pädagogische Psychologie, Soziologie zu einem integrierten erziehungswissenschaftlichen Gegenstandsbereich.

– Die Frage der Studienkomponenten.

Neben der organisatorischen Gestaltung der Primarlehrerausbildung steht die Frage der inhaltlichen Füllung. Im wesentlichen wird übereinstimmend die Auffassung vertreten, daß das Primarlehrerstudium drei Komponenten umfassen sollte: Erziehungswissenschaft – Fachwissenschaft – Fachdidaktik. Zu diesen drei Komponenten tritt noch die schulpraktische Ausbildung. Die Bundesassistentenkonferenz schlug für diese vier Studienfelder ein Verhältnis von 1:1:1:1 vor.

Im Reformmodell von Nordrhein-Westfalen wird das Verhältnis der Studienkomponenten Fachwissenschaft (+ -didaktik) und Erziehungswissenschaft für die einzelnen Stufenlehrämter unterschiedlich gesehen. Beim Primarstufenlehrer soll ein Schwergewicht auf der erziehungswissenschaftlichen Komponente, bei den Sekundarstufenlehrern auf der fachwissenschaftlichen Komponente liegen:

	Erziehungs-wissenschaft		Fachwissen-schaft
Primarlehrer	1	:	1
Sekundarlehrer I	3	:	5
Sekundarlehrer II	3	:	7

Diese Verteilung suggeriert, daß der Primarlehrer mehr Erzieher als fachlich kompetenter Lehrer sein müsse, während sich beim Sekundarlehrer diese Gewichtung umkehre. Es liegt nahe, aus dieser Einteilung qualitative Unterschiede zwischen Primar- und Sekundarlehrerausbildung abzuleiten, wie es im Modell von Nordrhein-Westfalen dann auch getan wird.

– *Die Frage des Studienaufbaus.*

Da es für den künftigen Stufenlehrerkandidaten schwer, wenn nicht unmöglich ist, gleich zu Studienbeginn Stufenschwerpunkt und Fachschwerpunkt zu wählen, sollte ein Phase der Motivation und des Erfahrungen-Sammelns von 2 – 3 Semester am Beginn aller Stufenlehrer- Studiengänge stehen. Ein solches (für alle Lehramtskandidaten gleiches) integriertes erziehungswissenschaftliches Grundstudium hat orientierende und integrierende Funktionen zu erfüllen. Es muß deshalb neben vorwiegend stufenübergreifenden Studieninhalten auch stufenspezifische Studieninhalte anbieten, die Stufen- und Fächerwahl klären und unterstützen können. Eine Einbeziehung schulpraktischer Studien im Sinne einer Erkundung der Berufspraxis des Lehrers ist für diese erste Studienphase unerläßlich. Am Ende dieser Phase soll der Student in der Lage sein, aufgrund der gesammelten Informationen und Erfahrungen eine eigenverantwortliche Entscheidung für Stufen- und Fächerschwerpunkt zu treffen. Das nachfolgende Studium sollte dann vor allem auf stufenspezifische Inhalte der Grund- und Fachwissenschaften ausgerichtet sein.

– *Die Frage des Sachunterrichts.*

Es ist hier nicht der Ort, alle möglichen Fächerkombinationen für das Primarlehrerstudium zu erörtern, dennoch muß auf ein Zentralproblem hingewiesen werden.

Der alte Heimatkundeunterricht, der als fächerübergreifender Gesamtunterricht in der Grundschule und als Prinzip in der Volksschuloberstufe konzipiert war, umfaßte neben der kognitiven Seite (Kenntnisse über die Heimat) auch eine affektive (Einwurzelung im Heimatraum, Weckung der Heimatliebe). Das Heimatprinzip war umfassendes Prinzip des alten Grundschulunterrichts. So schreibt *Karl Stöcker:*

„In Wirklichkeit ist alle Bildung und vornehmlich alle Volksschulbildung immer auch Heimatbildung“[47]).

Nachdem in den sechziger Jahren zunehmend Kritik an diesem ganzheitlichen Gesamtunterricht geäußert wurde und auch dessen Zentralbegriff „Heimat“ als ideologieverdächtig abqualifiziert wurde, erfolgte eine Hinwendung zu einem wissenschaftsorientierten Unterricht, der mit dem Begriff Sachunterricht umschrieben wird. Ein neues Etikett löst allein noch nicht die zugrundeliegende Problematik:

„Der umtriebige Eifer, mit dem man sich allenthalben um den Sachunterricht annimmt, und die ehrlich gemeinten Beteuerungen seiner Wichtigkeit ‚in einer Welt wie der unseren' können kaum darüber hinwegtäuschen, daß mit dem Ausdruck ‚Sachunterricht' nur die Verlegenheit bezeichnet wird, in die man durch die Frage versetzt wird, wie man 6-10jährigen Kindern eben diese ‚unsere Welt' verständlich machen kann. Nur eines scheint festzustehen: Nicht Heimat-, sondern Weltkunde ist das Ziel“[48]).

Das Problem des Sachunterrichts verlängert sich hinein in die Primarlehrerausbildung als Frage der Sachunterrichtskompetenz. Die überwiegende Zahl der Grundschulpädagogen ist der Auffassung, daß jeder Grundschullehrer kompetent für den gesamten Sachunterricht sein sollte. Das breite Spektrum des Sachunterrichts, der sich in einen naturwissenschaftlichen und einen gesellschaftlichen Bereich gliedert, schafft dabei vielgestaltige Probleme. Soll der Student ein Sachunterrichtsfach schwerpunktmäßig studieren und alle anderen nur in Grundkursen streifen, oder soll er eine Kombination von zwei bis vier Fächer studieren, die eine bestimmte Affinität zueinander besitzen und eventuell interdisziplinär zu einem Gegenstandsbereich ausgebaut werden könnten? (Beispiele: Physik-Biologie-Chemie oder Mathematik-Physik oder Deutsch-Geschichte-Musik-Geographie).

Die Konstituierung solcher Gegenstandsbereiche erweist sich schon deshalb als notwendig, weil ein Studium von drei oder vier unverbundenen Einzelfächern weder dem Lehramtsstudenten zumutbar ist noch für die Arbeit im Sachunterricht der Grundschule qualifizieren kann.

Wenn *Klaus Giel* sagt, daß „mit dem ‚Sachunterricht'... die Grundschulreform auf dem Spiel [steht]"[49], so muß man diese Aussage dahingehend erweitern, daß mit der Unterrichtskompetenz für den Sachunterricht die Konzeption der Primarlehrerausbildung stehen oder fallen wird.

Die Reform der Primarlehrerausbildung sollte nicht zuletzt auch im Rahmen des heutigen Lehrerbildes diskutiert werden. Nachdem jahrhundertelang ein ideales, unpolitisches Bild des Lehrers gezeichnet wurde, schickt man sich heute an, ein Realbild des Lehrers zu entwerfen. Als vermittelnde Instanz zwischen verschiedenen Generationen und Gesellschaftsschichten kommt dem Lehrer gerade in unserer konfliktgeladenen Zeit besondere Bedeutung zu. Eine ausschließliche Ausrichtung der Lehrerbildung auf *Professionalisierung* birgt nicht zu unterschätzende Gefahren, da jede Berufsfeldorientierung tendenziell zu einer Berufsfeldanpassung strebt. Wir werden also nicht darum herumkommen, gerade auch heute ideale bzw. utopische Züge eines künftigen Lehrers zu entwerfen. Da die gegenwärtigen Ausbildungsgänge für Lehrer aller Schularten keine berufstypischen Haltungen oder Einstellungen bei den Studierenden aufbauen[50]), muß man annehmen, daß sich das berufliche Selbstverständnis vor allem in der Praxis herausbildet. Empirische Untersuchungen verweisen darauf, daß sich Lehrer verschiedener Schularten und -stufen in ihrem *Selbstverständnis* nicht mehr voneinander unterscheiden als Lehrer generell von anderen Berufsgruppen[51]). Bedeutsame Unterschiede zeigen sich lediglich in den Persönlichkeitsmerkmalen von Lehrern und Lehrerinnen. Dies ist besonders im Hinblick auf die allgemeine Feminisierung des Lehrer- und insbesondere des Grundschullehrerberufs zu berücksichtigen.

Der berufliche und gesellschaftliche Standort des künftigen Primarlehrers harrt noch der Beschreibung bzw. Bestimmung. Die Akademisierung der Volksschullehrerausbildung in den letzten fünf Jahrzehnten hat das Selbstwertgefühl der Volksschullehrer entscheident beeinflußt.

Die Studenten an Pädagogischen Hochschulen zählen in ihrer Gesamtheit zu den leistungsschwächeren Abiturienten, die ehemaligen Seminaristen dagegen gehörten zur Spitze der Volksschuloberstufe. Deshalb ist die Berufswahl vieler „akademischer“ Volksschullehrer lediglich ein erzwungenes Zurückstecken der Berufsziele, z. B. unter dem *Zwang* des *Numerus clausus.*

Nur eine Primarlehrerausbildung, die wissenschaftliche Gediegenheit der theoretischen Studien mit praxisorientierter Berufseinführung zu verbinden weiß, wird die genannten Schwierigkeiten überwinden helfen und den Beruf des Primarlehrers auch für qualifizierte Abiturienten attraktiv machen.

Anmerkungen

1. *Groothoff, Hans-Hermann:* Pädagogik, Frankfurt a. M. 1964, S. 204
2. *Debl, Helmut:* Schulpädagogik, München 1974, S. 44

2a. *Driesch, Johannes von den, Esterhues, Josef:* Geschichte der Erziehung und Bildung, Band I, Paderborn [5] 1960, S. 53

3. *Driesch, Johannes von den, Josef Esterhues:* I, a. a. O., S. 101/102
4. *Seelhoff, Paul:* Die deutsche Schule. Eine Kulturgeschichte der deutschen Schule und des deutschen Lehrers. Detmold o. J., S. 1
5. *Dolch, Josef:* Lehrplan des Abendlandes, Ratingen 1965, S. 102
6. Lexikon der Pädagogik, II. Band, Freiburg/Basel/Wien 1960, Sp. 1081
7. *Paul Seelhoff:* a. a. O., S. 53
8. *Johannes von den Driesch, Josef Esterhues: I,* a. a. O., S. 184
9. zit. nach *Paul Seelhoff:* a. a. O., S. 70
10. *Johannes von den Driesch, Josef Esterhues: I,* a. a. O., S. 221/222
11. zit. nach *Johannes von den Driesch, Josef Esterhues:* I, a. a. O., S. 240
12. *Johannes von den Driesch, Josef Esterhues: I,* a. a. O., S. 254

13. *Paul Seelhoff:* a. a. O., S. 199
14. vgl. dazu *Eduard Schuh:* Der Volksschullehrer, Hannover 1962. S. 21/22
15. zit. nach *Paul Seelhoff:* a. a. O., S. 201
16. *Paul Seelhoff:* a. a. O., S. 226
17. zit. nach *Paul Seelhoff:* a. a. O., S. 230
18. vgl. dazu *Helmuth Kittel:* Die Entwicklung der Pädagogischen Hochschulen 1926-1932, Berlin/Hannover/Darmstadt 1957, S. 8
19. *Murtfeld, Rudolf:* Der Weg der preußischen Volksschullehrerschaft zum Dienst am deutschen Volke (1815-1871), Frankfurt a. M., 1934, S. 78
20. vgl. u. a. *Seyfferth:* Pestalozzi in Preußen, Liegnitz 1895
21. *Johannes von den Driesch, Josef Esterhues: II,* a. a. O., S. 102
22. *Rudolf Murtfeld:* o. a. O., S. 80
23. vgl. dazu *C. Andreae:* Artikel „Volksschullehrerbildung", in: Enzyklopädisches Handbuch der Pädagogik, hrsg. von *W. Rein,* Bd. 5. Langensalza 1906, s. bes. S. 816
24. *Tuggener, Heinrich:* Der Lehrer. Studien über Stand, Beruf und Bildung des Volksschullehrers, Zürich 1962, S. 74
25. *Schuh, Eduard:* Der Volksschullehrer, Hannover 1962, S. 23/24
26. *Johannes von den Driesch, Josef Esterhues: II,* a. a. O., S. 135
27. *Johannes von den Driesch, Josef Esterhues: II,* a. a. O., S. 100
28. vgl. dazu *Helmuth Kittel,* a. a. O., S. 17
29. zit. nach *C. Andreae,* a. a. O., S. 825
30. *Helmuth Kittel,* a. a. O., S. 23
31. *Beckmann, Hans-Karl:* Lehrerseminar-Akademie-Hochschule. Das Verhältnis von Theorie und Praxis in drei Epochen der Volksschullehrerausbildung, Weinheim/Berlin 1968, S. 7
32. *Helmuth Kittel,* a. a. O., S. 32
33. *Wenzel, Achill:* Grundschulpädagogik, Bad Heilbrunn 1970, S. 14
34. zit. nach *Achill Wenzel,* a. a. O., S. 24
35. zit. nach *Achill Wenzel,* a. a. O., S. 34/35
36. veröffentlicht im Reichsgesetzblatt Jg. 1920, Nr. 99, S. 851 f
37. vgl. dazu *Roland Schmidt:* Die Lehrerfrage auf der Reichsschulkonferenz von 1920, Phil. Diss. Gießen 1969
38. *Hans-Karl Beckmann,* a. a. O., S. 141
39. *Hans-Karl Beckmann,* a. a. O., S. 98
40. vgl. dazu *August Riekel:* Die Probleme der Lehrerbildung, Braunschweig 1925
41. zit. nach *Albert Reble:* Lehrerbildung in Deutschland, Ratingen 1958, S. 11
42. *Albert Reble,* a. a. O., S. 180
43. *Helmuth Kittel,* a. a. O., S. 118/119
44. *Stöcker, Karl:* Die Hauptschule, München 1968, S. 56
44a. *Ralf Dahrendorf:* Bildung ist Bürgerrecht, Hamburg 1965
45. Bund – Länder – Kommission für Bildungsplanung: Bildungsgesamtplan Band I, Stuttgart 1973, S. 36
46. vgl. dazu u.a.: *H.-K. Beckmann:* Integrales Modell einphasiger Lehrerausbildung, in: Allgemeine Deutsche Lehrerzeitung, Beilage Niedersachsen, Nr. 14/1970, S. 4
S. Freiger: Integrierte Lehrerausbildung, in: Die deutsche Schule 63, 1971,

S. 207. Ein Überblick auch in Helmut Heiland: Schulpraktische Studien, Bad Heilbrunn 1973

47. *Karl Stöcker:* Volksschuleigene Bildungsarbeit, München 1957, S. 208
48. *Klaus Giel:* Perspektiven des Sachunterrichts, in: *Giel/Hiller/Krämer:* Stücke zu einem mehrperspektivischen Unterricht, Aufsätze zur Konzeption 1, Stuttgart 1974, S. 34/35
49. a. a. O., S. 34
50. vgl. dazu *Jens-Jörg Koch:* Lehrerstudium und Beruf. Einstellungswandel in den beiden Phasen der Ausbildung, Ulm 1972, insbesondere S. 164
51. vgl. dazu *Gisela Müller-Fohrbrodt:* Wie sind Lehrer wirklich? Ideale-Vorurteile-Fakten, Stuttgart 1973 und *Wolfgang Hammer:* Untersuchungen zum Erziehungsverständnis von Grund- und Hauptschullehrern, München, Basel 1974

Bibliographie
zur Geschichte der Lehrerbildung

Andreae, C. Artikel „Volksschullehrerbildung", in: Enzyklopädisches Handbuch der Pädagogik, hrsg. von *W. Rein,* Bd. 9, Langensalza 1909, S. 805 ff.

Arbeitsgruppe: „Geschichte der Lehrerbewegung" (Marburg): Materialien zur Geschichte der politischen Lehrerbewegung I (1789 – 1933) und II (Die letzte Phase der Weimarer Republik und die Anfänge der NS Zeit. Reihe Roter Pauker, Heft 7 und 12. Hrsg. vom Sozialistischen Lehrerbund, Sozialistisches Büro Offenbach 1973 und 1975.

Beckmann, Hans-Karl: Lehrerausbildung auf dem Wege zum Stufenlehrer, in: Die Grundschule 2, 1970, Heft 1.

Beckmann, Hans-Karl: Lehrerseminar-Akademie-Hochschule. Das Verhältnis von Theorie und Praxis in drei Epochen der Volksschullehrerausbildung. Weinheim und Berlin 1968.

Betzen, Klaus, Nipkow, Karl Ernst (Hrsg.): Der Lehrer in der Schule und Gesellschaft. München 1971.

Bokelmann, H., Scheuerl, H. (Hrsg.): Der Aufbau erziehungswissenschaftlicher Studien und der Lehrerberuf. Heidelberg 1970.

Bungardt, Karl: Die Odyssee der Lehrerschaft. Sozialgeschichte eines Standes. Frankfurt a. M. 1959.

Christiani, Reinhold: Lehrerausbildung – einphasig oder zweiphasig. Essen o. J.

Combe, Arno: Kritik der Lehrerrolle. München 1971.

Debl, Helmut: Stichwort „Lehrer", in: Schulpädagogik. Eine Einführung in ihre Kategorien und Grundfragen. München 1974, S. 44-56.

Dieckmann, Johannes, Lorenz, Paul: Spezialisierung im Lehrerberuf. Heidelberg 1968.

Döring, K. W.: Lehrerverhalten und Lehrerberuf. Zur Professionalisierung erzieherischen Verhaltens. Weinheim 1970.

Flechsig, K.-H.: Didaktik als Beruf. Konstanzer Blätter für Hochschulfragen 7 (1969), S. 5-23.

Gahlings, Ilse: Die Volksschullehrer und ihre Berufsverbände. Neuwied/Berlin 1967.

Gahlings, Ilse, Moering, Elle: Die Voksschullehrerin. Heidelberg 1971.

Gerner, Berthold: Der Lehrer – Verhalten und Wirkung. Darmstadt 1972.

Gerner, Berthold (Hrsg.): Der Lehrer und Erzieher. Bad Heilbrunn 1973.

Hammer, Wolfgang: Untersuchungen zum Erziehungsverständnis von Grund- und Hauptschullehrern. München, Basel 1975.

Hahn, H. (Hrsg.): Zur Berufseinführung der Lehrer. Kiel 1973.

Hanssler, Bernhard (Hrsg.): Materialien und Dokumente zur Lehrerbildung. Gutachten und Studien der Bildungskommission des Deutschen Bildungsrates Nr. 17. Stuttgart 1971.

Heckhausen, Heinz, Anweiler, Oskar, Dihle, Albrecht, Menze, Clemens, Penselin, Siegfried: Lehrer 1980. Lehrer für die künftige Schule. Düsseldorf 1970.

Heldmann, W.: Lehrerbildung und Bildungsplanung. Düsseldorf 1973.

Heiland, Helmut: Schulpraktische Studien. Reform der Lehrerausbildung. Bad Heilbrunn 1973.

Hirschfeld, H.: Der Vorbereitungsdienst der Junglehrer. Weinheim, Berlin, Basel 1970.

Hitpass, J.: Das Studien- und Berufsschicksal von Volksschullehrern. Bielefeld 1970.

Horn, H.: Volksschullehrernachwuchs. Untersuchungen zur Quantität und Qualität. Weinheim 1968.

Kerschensteiner, G.: Die Seele des Erziehers und das Problem der Lehrerbildung. München 1921 (⁹ 1965).

Kittel, Helmuth: Die Entwicklung der Pädagogischen Hochschulen 1926 – 1932. Berlin, Hannover, Darmstadt 1957.

Kittel, Helmuth (Hrsg.): Die Pädagogischen Hochschulen. Dokumente ihrer Entwicklung (I) 1920 – 1932. Weinheim 1965.

Kluge, H.: Die Reform der Grundschule. Zielsetzung und Verwirklichung. In: *H. Roth / A. Blumenthal* (Hrsg.): Die Reform der Grundschule. Hannover Teil I 1970, Teil II 1971.

Koch, Jens-Jörg: Lehrerstudium und Beruf. Einstellungswandel in den beiden Phasen der Ausbildung. Ulm 1972.

Krainz, E.: Persönlichkeitsmerkmale des Lehrers. Ein empirischer Beitrag zur Psychologie der Lehrerpersönlichkeit. Wien 1968.

Meyer, Ernst: Schulpraktikum. Bochum ⁴ 1964.

Müller, L.: Vorstellungen vom Lehrerberuf. Weinheim 1968.

Müller, Lotte: Seminar- oder Hochschulausbildung der Primarlehrer? Schweizerische Lehrerzeitung 8, 1968, 248-254.

Müller-Fohrbrodt, Gisela: Wie sind Lehrer wirklich? Ideale-Vorurteile-Fakten. Eine empirische Untersuchung über angehende Lehrer. Stuttgart 1973.

Murtfeld, Rudolf: Der Weg der preußischen Volksschullehrerschaft zum Dienst am deutschen Volke (1815 – 1871). Frankfurt a. M. 1934.

Muth, J.: Akzente der Grundschulreform. Essen 1971.

Nave, Karl-Heinz: Die allgemeine deutsche Grundschule. Ihre Entstehung aus der Novemberrevolution 1918, Weinheim 1961.

Neuhaus, Elisabeth: Reform des Primarbereichs. Düsseldorf 1974.

Nicklis, W. S.: Die Schulpraktika im pädagogischen Grundstudium. Bad Heilbrunn 1972.

Reble, Albert: Lehrerbildung in Deutschland. Ratingen 1958.

Sandfuchs, A.: Erziehung als Beruf/Lehrer – Lehrerbildung/Lehrerfortbildung, in: *W. S. Nicklis* (Hrsg.): Handwörterbuch der Schulpädagogik. Bad Heilbrunn 1973.

Schaffernicht, A.: Lehrerbildung. Eine Bibliographie. Frankfurt 1967. Zeitraum 1945 – 1966/über 1 000 Titel.

Schmack, Ernst: Die Grundschule. Entwicklung und Auftrag. Ratingen 1970.

Schmidt, Heiner: Materialien zur Lehrerbildung und zum Berufsfeld des Lehrers und Erziehers. Erziehungswissenschaftliche Dokumentation B 2 (1945 - 1971/72). Weinheim/Basel 1973.

Schmidt, Roland: Die Lehrerfrage auf der Reichsschulkonferenz 1920. Phil. Diss. Giessen 1969.

Schuh, Eduard: Der Volksschullehrer. Hannover 1962.

Schuller, Alexander (Hrsg.): Lehrerrolle im Wandel. Weinheim 1971.

Schwartz, Erwin: Die Grundschule. Funktion und Reform. Braunschweig 1969 (insbesondere der Abschnitt „Grundstufe und Lehrerbildung", S. 165-183).

Schwartz, Hermann: Aufgabe und Einrichtung der Pädagogischen Akademien. Berlin 1925.

Scheibe, W.: Zur Geschichte der Volksschule. Bd. I/II. Bad Heilbrunn 1965.

Seelhoff, Paul: Die deutsche Schule. Eine Kulturgeschichte der deutschen Schule und des deutschen Lehrers. Detmold o. J.

Seemann, H. R.: Die Schulpraxis in der Lehrerbildung. Weinheim 1964.

Susteck, Herbert: Lehrer zwischen Tradition und Fortschritt. Empirische Untersuchungen über die Innovationsbereitschaft der Pädagogen. Braunschweig 1975.

Tews, J.: Artikel „Lehrer an Volksschulen", in: Enzyklopädisches Handbuch der Pädagogik, hrsg. v. *W. Rein,* Bd, 5, Langensalza 1906, S. 418 ff.

Tuggener, Heinrich: Der Lehrer. Studien über Stand, Beruf und Bildung des Volksschullehrers. Zürich 1962.

Undeutsch, Udo: Motive der Abiturienten für die Wahl oder Ablehnung des Volksschullehrerberufs. Max-Traeger-Stiftung, Forschungsbericht 2. Frankfurt a. M. 1964.

Voigt, E.: Über die Notwendigkeit eines wissenschaftlichen Studiums der Grundschullehrer, Frankfurt 1968.

Wehle, Gerhard: Artikel „Lehrer, Lehrerbildung", in: Handbuch pädagogischer Grundbegriffe, hrsg. von *Josef Speck* und *Gerhard Wehle,* München 1970.

Wenzel, Achill (Hrsg.): Grundschulpädagogik. Bad Heilbrunn 1970.

3. Hochschuldidaktik und Ausbildungspraxis

3.1. Herkömmliche Arbeitsformen

Die älteste hochschuldidaktische Arbeitsform ist die *Vorlesung*. Hierbei lassen sich folgende Typen unterscheiden: Einführungsvorlesungen, die einen zusammenfassenden Überblick über ein größeres Gebiet bzw. Problemfeld der Erziehungswissenschaft abhandeln (Bsp.: Einführung in die Grundschulpädagogik), darauf aufbauend Spezialvorlesungen für Fortgeschrittene, die speziellere Problemstellungen in ihren vielfältigen Implikationszusammenhängen beschreiben (Bsp.: Erziehungsmittel in der Grundschule) und schließlich Vorlesungen in Kombination mit Übungen, vor allem für Examenskandidaten. Diese beschäftigen sich schwerpunktmäßig mit der wissenschaftstheoretischen und forschungsmethodischen Diskussion von Einzelfragen (Bsp.: Forschungsstrategien der Grundschulpädagogik).

Die Arbeitsform ist gerade in den letzten Jahren zunehmend kritisiert worden. Als Gründe gegen diese Form der Veranstaltung werden folgende Argumente genannt: Die Studenten werden zum passiven Rezipieren verleitet; das vorgetragene abgeschlossene Wissen könnte in anderer Form besser vermittelt werden; die Zuhörer haben keine Interaktionsmöglichkeiten; eigene Vorstellungen der Studierenden, die sich während der Vorlesung herausbilden, haben keinen direkten Einfluß auf Inhalt und Konzept der Veranstaltung.

Die Vorlesung ist nicht nur für die Lernenden, sondern auch für die Lehrenden von Nachteil: Der Hochschullehrer hat während seines Vortrages keinen unmittelbaren Kontakt zur Zielgruppe; Abstimmen des Anspruchsniveaus, kritische Erörterung des Vorgetragenen und Einschätzung der Aufnahmefähigkeit der Zuhörer kann nicht immer geleistet werden.

Daneben haben Vorlesungen jedoch auch unbestreitbare

Vorteile: Es können neue Forschungsergebnisse, die noch nicht in Aufsätzen oder Büchern veröffentlicht sind, vorgetragen werden. Die geschickte, ansprechende Art der mündlichen Darstellung, die Redundanz (Überfülle) beim Sprechen und die Veranschaulichung abstrakter Sachverhalte durch Beispiele kann für manche Studenten fruchtbarer sein, als die bloße Stoffaufnahme durch Lektüre ohne hochschuldidaktische Vermittlung.

Um die Vorteile von Vorlesungen zu erhalten, ohne deren Nachteile in Kauf nehmen zu müssen, bieten sich folgende Kompromißlösungen an:

– Informations- und Verständnisfragen am Ende der Vorlesung (5-10 Min.)

– Kombination der Vorlesung mit einer gleichlangen Übung

– Auflockerung der Vorlesung durch Einschieben von Diskussionsphasen

– Zulassung von Fragen der Studenten während des Vortrags an den Referenten mit der Möglichkeit der Diskussion.

Als weitere Arbeitsformen sind *Übungen und Seminare* zu nennen. Übungen unterscheiden sich von Seminaren durch Arbeitsweise, Gegenstand und Akzentuierung. Bei Übungen geht es in erster Linie um den Erwerb von Kenntnissen und Fertigkeiten; abgeschlossenes und vorstrukturiertes Wissen und Können wird eingeübt. Nach der Höhe der Anforderungen und der zeitlichen Stellung im Studienablauf unterscheidet man Übungen für Anfänger und Fortgeschrittene. Der Schwerpunkt liegt dabei auf der Vermittlung gegebener Inhalte, die vorwiegend anwendungsbezogen sind (Bsp.: Methoden des Erstleseunterrichts).

In Seminaren werden vor allem theoretische Problemstellungen untersucht, in ihrer Entwicklung analysiert, dargestellt und interpretiert, sowie in den gegenwärtigen theoretischen Bezugsrahmen eingeordnet. Im Gegensatz zu den vermittlungsorientierten Übungen könnte man Seminare als forschungsorientiert kennzeichnen. Nach Schwierigkeitsgrad, inhaltlicher Konzeption und Zielgruppe lassen sich folgende Typen klassifizieren:

– *Proseminare* (vorwiegend für Studenten der ersten zwei Semester; Ziel ist die Einführung in wissenschaftliches Arbeiten)

– *Seminare* (aufbauend auf den Proseminaren dienen sie der systematischen Erarbeitung von Terminologie und Methodologie und dem Erlernen wichtiger Arbeitstechniken)

– *Hauptseminare* (wissenschaftliches Arbeiten im weiteren Sinne, d. h. Erarbeitung bestimmter Problemfelder bzw. inhaltlicher Bereiche bezogen auf die jeweiligen Studienanforderungen, Kennenlernen von methodologischen Ansätzen, Darstellungs- und Vermittlungsstrategien zur Theoriebildung)

– *Oberseminare* (wissenschaftliches Arbeiten im engeren Sinne, d. h. Anwendung und Entwicklung von fachimmanenten und interdisziplinären Forschungsstrategien, z. B. empirisch-analytische, hermeneutische Verfahren aus den Bereichen der Psychologie, Soziologie, Politologie, Naturwissenschaften etc).

Neben Übungen und Seminaren ist noch das *Kolloquium* zu nennen, wobei man unterscheiden kann zwischen

– *Kolloquien für Examenskandidaten* (sie dienen der individuellen Prüfungsvorbereitung in Form von Fachgesprächen und Diskussionen)

– *Kolloquien für Diplomanden und Doktoranden* (Referieren und Diskutieren eigener wissenschaftlicher Arbeiten mit dem Ziel des Erfahrungsaustausches).

Eine Integration der bisher genannten Arbeitsformen ist die *praxisbezogene Einführungsveranstaltung* (für die Schulpraxis) für Erstsemester. Der Schwerpunkt liegt auf der Vermittlung von Theorie und Praxis: Hospitation im Klassenraum und Besprechung von (technologisch) vermitteltem Unterricht (audio-visuelle Medien) sowie erste eigene Unterrichtsversuche der Studenten.

Wissenschaftliches Arbeiten und Studieren kann nie völlig in Dialog und Gruppenarbeit aufgehen. Verschiedene Formen der *Eigenarbeit* bzw. des Selbststudiums sind unerläßlich. Zu nennen wären hier vor allem das Studium der Fachliteratur, die Darstellung wissenschaftlicher Arbeitsergebnisse und das

Einüben praktischer Fertigkeiten. Das Selbststudium ist als Ergänzung und Vertiefung der Lehrerveranstaltungen notwendig, aber auch zur Erarbeitung von Inhalten und Fragenkomplexen, die nicht durch Lehrveranstaltungen abgedeckt werden oder werden können. Es ist aus Gründen der Studiendauer und der Qualität der Lerninhalte nicht möglich, alle Studienziele in Lehrveranstaltungen zu repräsentieren.

3.2. Arbeit in Seminaren

Im Gegensatz zu früheren Zeiten findet heutzutage an den Universitäten und Hochschulen ein Großteil der akademischen Lehr- und Lerntätigkeit in Seminaren statt. In den Geistes- und Sozialwissenschaften ist dies in besonderem Maße der Fall. Die früher vorherrschenden Vorlesungen sind hier nur noch selten von größerer Bedeutung. Dies erfordert allerdings eine gezielte Beachtung der dadurch erfolgten Veränderungen innerhalb der Gesamtstruktur der Ausbildung. Die wichtigste Funktion einer (guten) Vorlesung, nämlich die systematische Darbietung eines umfangreicheren Wissens- und/oder Problemstandes, ist durch Seminare kaum zu erfüllen. Seminare setzen hingegen bei detaillierteren und als exemplarisch angesehenen Themen ein und können dabei Arbeitsweisen zur Aktivierung der Studenten ermöglichen. Dies erfordert auf jeden Fall eine Selbstorientierung und Selbsttätigkeit der Studenten. Wir sind nun der Auffassung, daß studentische *Arbeitsgruppen* ein Angelpunkt solcher Seminare sind und haben deshalb die u. E. wesentlichen Vorschläge zur Arbeit in Seminaren im Abschnitt über die Gruppenarbeit an Hochschulen und Universitäten (s. u.) vorgetragen. Dennoch sollen dem einige wichtige Aspekte der Seminaraktivitäten vorangestellt werden, die von allgemeinerer Bedeutung sind. Sie sind hier in Form von Fragestellungen vorgebracht, die von Studenten bei der Vorbereitung und Auswahl sowie auch während des Ablaufs von Seminaren insbesondere an den Seminarleiter zu stellen sind. Ein Student sollte solche Fragen gewissermaßen als Grundlage eines Vertrags ansehen, den er und die Kommilitonen mit dem Seminarleiter schließen. Es ist das gute Recht der Studenten, eine Antwort auf solche u. a. Fragen zu fordern, da sie sich schließlich einem Seminarleiter überantworten.

Trotz aller Neuordnungen von Studiengängen, die zweifellos stärker in den individuellen Studienablauf eingreifen als noch vor einigen Jahren, hat der Seminarleiter weitgehende Freiheiten bei der Konzipierung von Lehrveranstaltungen, bestimmt die Kriterien der Scheinvergabe etc. Insofern ist ein Dozent oder Professor weit autonomer in seinen Lehraktivitäten als etwa ein Lehrer. Dies gibt Anlaß für eine stärkere Mitbeteiligung der Studenten als dies bei Schülern der Fall ist, da Studenten das wichtigste Korrektiv gegen mögliche Willkür von Hochschullehrern darstellen werden.

Allgemeine Hinweise zur Arbeit in Seminaren

(1) *Welche Zielsetzungen bestehen für das Seminar?*

Zielsetzungen für Seminare können sich auf verschiedene Bereiche beziehen, nämlich die theoretische und praktische Ausbildung der späteren Lehrer im Hinblick auf die dann erforderlichen Qualifikationen (z. B. Funktionen und Techniken der Leistungsmessung), sie können aber auch aus der Hochschulsituation selbst begründet sein, indem sie sich auf die Entwicklung von Arbeitstechniken (hochschuldidaktische Ziele) und die Wahrnehmung von studentischen Interessen (hochschulpolitische Ziele) richten. Die Ziele können einmal festgelegt sein, verbinden sich also mit den Erwartungen zu Beginn des Seminars; sie können aber auch erst im Verlauf des Seminars entstehen bzw. klarer werden.

(2) *Welchen Anteil am Studiengang gewährleistet das Seminar?*

Seminare können immer nur einen Teil der für den Studenten insgesamt erforderlichen Ausbildung übernehmen. Man kann auch nicht davon ausgehen, daß alle Themenbereiche, die für die zu erwerbende Qualifikation erforderlich wären, durch die Seminare abgedeckt sein können (dann wäre der Studiengang jedenfalls sehr viel umfangreicher). Insofern ist es von Bedeutung, einen Überblick darüber zu erhalten, was ein jeweiliges Seminar im Rahmen der gesamten Ausbildung anteilmäßig gewährleisten soll. Insbesondere ist hierbei die Frage zu stellen, wofür das Seminarthema exemplarischen Wert haben soll.

(3) *Welche Erfolgskriterien bestehen, inbesondere für die Scheinvergabe?*

Vor allem, wenn für Lehrveranstaltungen Bescheinigungen über eine erfolgreiche Teilnahme ausgestellt werden müssen (möglicherweise sogar benotet), ist es für den Studenten unbedingt notwendig, vorher die Kriterien zu kennen, nach denen der Seminarleiter diese Bescheinigungen ausstellen will. Das kann z. B. aufgrund individueller Referate der Studenten geschehen. Dieses Erfordernis muß ebenso zu Beginn des Seminars bekannt und von allen Beteiligten akzeptiert sein wie das Notenkriterium. Vielleicht kann man bei dieser Diskussion auch die Frage ansprechen, inwieweit der Lernerfolg von Studenten eigentlich in Abhängigkeit vom Lehrerfolg der Dozenten und Professoren zu sehen ist.

(4) *Welche Vorkenntnisse sind für das Seminar erforderlich?*

Lehrveranstaltungen für Anfänger sollten eigentlich keine spezifischen Voraussetzungen erfordern. Anders bei weiterführenden Seminaren, insbesonders wenn ein Hochschullehrer eine Veranstaltungssequenz durchführt. Meist wird das durch eine spezifische Ankündigung kundgetan (z. B. „Didaktik des Sportunterrichts II" impliziert deutlich sichtbar einen Vorläufer) oder ist durch die Studienordnung vorgeschrieben. Bei der Frage nach den für ein Seminar erforderlichen Vorkenntnissen sollte auch die Arbeitsweise eine Rolle spielen; so sollte man den Seminarleiter auch nach den Arbeitstechniken fragen (wird z. B. die Anfertigung eines Referates erst noch gelernt oder wird diese Kenntnis vorausgesetzt?).

(5) *Welche Übertragbarkeit hat das Erlernte?*

Bevor man sich darauf einläßt, mit jemandem vertrauensvoll in ein Lehr-Lernverhältnis einzusteigen, sollte geklärt sein, welche Anwendungsmöglichkeiten nach Auffassung des Lehrenden möglich sein werden. Sie richten sich nicht nur auf die zukünftige Arbeitsplatzsituation (=Qualifikation für den Lehrerberuf), sondern auch auf die weitere Ausbildungssituation. Insofern ist hier die Frage nach den zu empfehlenden Anschlußaktivitäten zu stellen. Für Studienanfänger werden dies Veranstaltungen in späteren Semestern sein, für Examenskandidaten ist es eine Frage der Verwendbarkeit von Seminaraktivitäten für Prüfungszwecke, z. B. als Thema der schriftlichen Hausarbeit, einer Klausur oder der mündlichen Prüfung. Solche Beziehungen herzustellen, ist schon aus Gründen der Studienökonomie notwendig.

(6) *Welche Vorbereitungmöglichkeiten bestehen vor Beginn des Seminars?*

Während die bisherigen Fragen zu Beginn einer Veranstaltung oder in der Studienberatung zu stellen sind, ist dies eine vorher notwendige Frage. Viele Hochschullehrer haben kontinuierlichen Kontakt zu Studentengruppen, die sich während der Semesterferien bereits auf die folgende Veranstaltung vorbereiten. Wenn man die Ankündigungen an Schwarzen Brettern u. ä. beachtet, bekommt man meist einen Hinweis. Ansonsten kann man auch zu Ende eines Semesters in den Sprechstunden der Dozenten und Professoren, deren Veranstaltungen man im folgenden Semester besuchen will, diese Frage stellen. Man muß in solchen Fällen wie auch bei der individuellen Vorbereitung jedoch sichergehen, daß für die entsprechende Veranstaltung keine Teilnehmerbegrenzung praktiziert wird, denn sonst steht man u. U. mit der schönsten Vorbereitung nutzlos da, weil man nicht aufgenommen wurde.

(7) *Welchen Stellenwert soll die Reflexion über die Seminararbeit selbst einnehmen?*

Die hochschuldidaktische Situation wird von einzelnen Hochschullehrern in den Lehrveranstaltungen selbst unterschiedlich zur Diskussion gestellt. Mancher ist zu nicht mehr als einer in der letzten Sitzung durchgeführten Seminarkritik bereit; mancher „thematisiert" in jeder Sitzung die Seminararbeit. Auf jeden Fall sollten die Studenten jederzeit ihre Bedenken und Vorschläge einbringen können. Eine Seminarkritik in der letzten Sitzung dürfte wenig Sinn haben; die Arbeit ist ja vorbei und nichts kann verbessert werden. Deshalb dürfte zumindest eine Seminarkritik zur Halbzeit notwendig sein, wo man noch die Chance hat, Vorschläge unmittelbar zu verwerten.

(8) *Welche Arbeitsmittel stehen zur Verfügung?*

Die Arbeitsmittel an Universitäten und Hochschulen sind nicht so organisiert wie an Schulen. Ausgesprochene „Lehrbücher" gibt es in den Geistes- und Sozialwissenschaften kaum. Stattdessen ist der große Bibliotheksapparat in seiner Gesamtheit zu nutzen. Dies ist aber nur selten problemlos. Man stelle sich z. B. ein Seminar mit 80 Teilnehmern vor, die alle in einer Woche ein bestimmtes Buch aus der Bibliothek ausleihen oder auch nur einsehen wollen. Für Grundlagenliteratur stehen allerdings zuweilen Mehrfachexemplare zur Verfügung. Darüberhinaus können auch Textzusammenstellungen durch ein Seminar selbst organisiert werden (verkleinerte Fotokopien sind bei mehrmaligem Abdruck billiger), soweit die Bestimmungen des Copyright dadurch nicht verletzt werden.

Gruppenarbeit an der Hochschule: An dieser Frage scheiden sich die Geister

Gruppenarbeit ist an westdeutschen Hochschulen erst seit einigen Jahren in größerem Umfang praktiziert worden. Gewiß gab es immer schon Ansätze dazu, doch dürfte erstmals in der Zeit der Studentenbewegung Mitte der 60er Jahre der Gedanke kollektiver Arbeitsformen in großem Stil diskutiert und verwirklicht worden sein. Inzwischen liegen nun dermaßen viele Erfahrungen vor, daß eine Rückbesinnung notwendig und möglich ist.

Fragt man Studenten nach ihren Erfahrungen mit der Gruppenarbeit, so fällt eine starke Dichotomisierung (Neigung zu gegensätzlichen Extremen) des Urteils auf. Die einen äußern sich recht skeptisch und verweisen auf schlechte Erfahrungen; man habe für andere nur Arbeiten übernehmen müssen, während die sich dann „auf die faule Haut gelegt" hätten; es sei endlos debattiert und nichts gelöst worden; es sei viel Diffusität entstanden (so daß die eigentliche Aufgabe der Gruppe immer unklarer geworden sei) usw. Andere hingegen äußern sich ebenso entschieden positiv. Erst in einer Arbeitsgruppe hätten sie ihre Scheu vor der aktiven Teilnahme an einer Diskussion ablegen können, man habe das arbeitsteilige Arbeiten in seinen Vorzügen gelernt, man habe sich endlich einmal eine selbständige Zielsetzung gegeben und sei auch längere Zeit immer wieder zusammengekommen usw.

Aus diesen Urteilen lassen sich zwei wesentliche Aspekte ableiten, die Erfolg und Mißerfolg der Gruppenarbeit an Hochschulen bestimmen: Zum einen handelt es sich dabei um die Vorprägungen im Lernstil der Studenten, die zumeist das individuelle Arbeiten gewohnt sind und Gruppenarbeit erst noch lernen müssen; zum anderen um die Angemessenheit der Aufgabenstellung und Zielperspektive für kollektives Arbeiten, die gewährleistet sein muß, damit Gruppenarbeit auch sinnvoll wird, denn sie ist schließlich kein Selbstzweck.

Zum Lernstil:

Lernt Hans wirklich nimmermehr, was Hänschen nicht gelernt hat? Wir lernen gemeinhin nicht nur die Inhalte unserer Lernprozesse, sondern auch die Formen und Stile, nach denen wir dabei vorgehen. Wenn in der Schule der individuelle Lernprozeß vorrangig ausgeprägt ist, so dürfte es den so geprägten Schülern später schwerfallen, sich in kollektiven Lernprozessen zurechtzufinden. Wenn ferner in der Schule der rezipierende Lernstil (vorstrukturiert und veranlaßt durch eine Lehrperson) vorherrscht, so dürfte es den Schülern später schwerfallen, sich in offenen und unstrukturierten Lernsituationen aktiv orientiert zurechtzufinden.

Der Wechsel von der Schule zur Hochschule erfordert nun aber einen gewissen Wandlungsprozeß in den Lernformen und -stilen. Kollektive Lernprozesse sind (in den meisten Fächern jedenfalls) wie die offenen und unstrukturierten Lernsituationen (zumindest in den Geistes- u. Sozialwissenschaften) in größerer Zahl möglich. Die Frage ist, ob ein Student aus diesen Möglichkeiten Nutzen zieht oder den alten Lernstilen nachtrauert.

In einem Proseminar äußerte sich dieses Problem folgendermaßen: In Übereinkunft mit der Mehrheit der Seminarteilnehmer hatte der Dozent eine offene Arbeits- und Lernsituation ermöglicht. Es gab gewisse Richtlinien und Zielperspektiven, aber ansonsten entwickelte sich die Arbeit sehr spontan und nach kurzfristigen Entscheidungen. Tauchte z. B. ein Problem auf, welches man aufgrund der bisherigen Informationen nicht lösen konnte, so gingen einige Seminarteilnehmer während der Sitzung in die Bibliothek und versuchten, anhand von Lexika u. ä. sich schnell zusätzliche Informationen zu verschaffen. Es wurden keine Referate verlangt, doch gelegentlich kamen Impulse des Dozenten und einiger Studenten, doch dieses oder jenes Buch bearbeiten zu lassen, was dann in der Regel auch von einigen Studenten übernommen wurde, die auf der folgenden Sitzung einen mündlichen Bericht abgaben. Zu Beginn jeder Sitzung wurden Tagesordnungen aufgestellt, in denen die Punkte aufgeführt waren, die der Dozent und jeweils interessierte Studenten behandeln wollten. Die Teilnehmerquote in diesem Seminar blieb auffällig hoch, d. h. alle Studenten waren fast immer vollzählig. Nach ca. 2 Monaten brachten zwei Studenten einen scharfen Protest gegen die Arbeitsformen dieses Seminars hervor. Sie vermißten vor allem eine Struktur und Orientierung, sie sagten, sie wüßten eigentlich nicht, was man hier lernen könne. So scharf dieser Protest war, so scharf war auch der Gegen-Protest der Mehrheit des Seminars. Man wies darauf hin, daß man gerade wegen der relativen Unstrukturiertheit, die man nicht als Chaos betrachte, gern in dieses Seminar gehe. Was man hier lerne, sei weniger das Faktenwissen (dazu könne man zu Hause auch selbst arbeiten) als vielmehr die Art und Weise der Behandlung von Informationen. Zudem sei hier keinerlei Leistungsdruck, so daß man auch Lust habe, zu kommen und an den Diskussionen teilzunehmen.

Die zwei skizzierten Lernstile waren hier aufeinander geprallt. Die Schwierigkeit bestand vor allem darin, unterschiedliche Erwartungen gemeinsam berücksichtigen zu müssen, wollte man nicht die Minderheit ausschließen. Im Rahmen eines Seminars gibt es dazu einige Möglichkeiten: man bildet eine spezielle Arbeitsgruppe aus diesen Studenten, für die auch gezielte Impulse gegeben werden; man thematisiert diesen Konflikt und macht ihn zum Gegenstand weiterer Beobachtungen (was in diesem Fall besonders nahelag, da das Thema dieses Seminars sich auf die Lernforschung bezog) usw.

Viel schwieriger ist dieser Konflikt innerhalb einer einzelnen Arbeitsgruppe von Studenten zu lösen, die gemeinsam eine gestellte oder selbstgestellte Lernaufgabe bewältigen wollen oder müssen. Zumeist bleibt der Konflikt dann latent (unausgesprochen, unterschwellig) vorhanden und äußert sich in anderer Weise: Es entstehen Rivalisierungen und andere Spannungen, mancher bleibt den Sitzungen fern, Gruppen spalten sich mit viel Geschimpfe usw. Insofern ist es für eine gedeihliche Gruppenarbeit immer notwendig, die Frage der *Erwartungen und*

Lernhaltungen anzusprechen und Vorsorge gegen solche Konflikte zu treffen. Ausführliche Informationen bieten *Sader* u. a. (1970).

Was Hänschen nicht gelernt hat, kann Hans also doch noch erlernen, wenn der neue Arbeitsanspruch nicht unvermittelt an ihn herangetragen wird, wenn er die unterschiedlichen Lernbedürfnisse erkannt hat und wenn die neuen Lern- und Arbeitsformen auch funktional sind und nicht um ihrer selbst willen betrieben werden. Ohne solche Bedingungen allerdings muß man davon ausgehen, daß Studenten, die vorstrukturierte und individuelle Leistungen erfordernde Lernsituationen gewohnt sind, immer dann mit Angst und Aggression reagieren, wenn andere Erwartungen an sie herangetragen werden, sie selbst aber noch davon ausgehen, nach den früher relevanten Kriterien beurteilt zu werden.

Zur Angemessenheit der Gruppenarbeit:
Ist die Gruppe immer mehr als nur die Summe ihrer Teile? Gruppenarbeit kann zu Ergebnissen führen, die mehr Qualität aufweisen, als dies bei Einzelarbeiten der Fall gewesen wäre. Die Begründungen für die Durchführung von Gruppenarbeit machen jedoch auch deutlich, daß es nicht das Kriterium der Effektivität der Arbeit allein ist, welches für die Gruppenarbeit als hochschuldidaktisches Prinzip spricht. Gruppenarbeit findet ihre Begründung eben auch in den dabei erforderlichen *sozialen Lernprozessen* (Kommunikation, Solidarität usw.) und den Aktivierungsimpulsen (die Wahrscheinlichkeit, einen Beitrag leisten zu können, erhöht sich für den einzelnen Studenten). Diese Begründungen zeigen auch, daß es notwendig ist, die Funktionen der Gruppenarbeit zu klären und sie nicht pauschal zu fordern. Wenn es darum geht, daß eine einzelne Person bewertet wird, gilt in der Regel in unserer Gesellschaft auch der *individuelle Leistungsnachweis.* Insofern zerstört man die Möglichkeiten der Gruppenarbeit gerade dann, wenn eine individuelle Leistungsbewertung stattfindet. Eine studentische Arbeitsgruppe, die ein Referat anfertigen soll, ist also kein besonders gut geeignetes Mittel, die Funktionen der Gruppenarbeit zu verwirklichen, da allen Beteiligten klar ist, daß sie eine sol-

che Leistung in einer späteren Prüfung eben individuell erbringen werden müssen.

Ein weiterer Aspekt verhindert in der gegenwärtigen Situation der Hochschulen die Realisierungschancen für Gruppenarbeit weitgehend: Studenten haben aufgrund neuer Prüfungs- und Studienordnungen heutzutage einen zumeist extrem gefüllten Stundenplan. Wenn dazu noch die oftmals aufwendige Gruppenarbeit hinzukommt, wird das Zeitkontingent weiter belastet. Studenten, die im Semester 24 Wochenstunden allein für Lehrveranstaltungen belegt haben, werden für zusätzliche Gruppenarbeit kaum noch Termine freimachen können: Ein Grund dafür, sie nicht immer als zusätzliche Arbeit zu organisieren, sondern im Rahmen der formellen Veranstaltungen. Eine studentische Arbeitsgruppe sollte bei ihrem Dozenten erreichen, daß die Sitzungstermine auch für die Gruppenarbeit ausgenutzt werden.

Wenn die Funktionen für Gruppenarbeit genau geklärt sind, kann durch sie mehr erreicht werden als durch individuelle Arbeit. Dies gilt besonders, wenn eine Arbeitsgruppe sich über längere Zeit bewährt, wenn eine Studentengruppe gemeinsam Seminare besucht, sich vorbereitet und die Erfahrungen auswertet.

Arbeitsregeln für studentische Gruppen:
Selbsterkenntnis ist der erste Weg zum Gelingen. Für die Arbeit von studentischen Gruppen sind wiederholt Regeln und Prinzipien vorgetragen worden, die mehr oder weniger auf Selbsterkenntnis hinauslaufen. (Als Beispiel sei wiederum auf *Sader* u. a. (1970) verwiesen; zum technischen Ablauf der Gruppenarbeit kann auch ein Schema benutzt werden, welches bei *Flechsig/Haller* 1975, S. 308ff zitiert wird.) Eine Arbeitsgruppe sollte sich ihren Vorstellungen entsprechend einen eigenen Arbeits- und Regelplan aufstellen.

Generell gilt das Prinzip: Je konfliktreicher eine Gruppe ist, desto stärker sollten die Prozesse in ihr formalisiert, geregelt sein. Eine Gruppe, die schon längere Zeit erfolgreich und zufriedenstellend besteht, kann nach und nach auf formelle Regelungen verzichten, da die einzelnen Mitglieder solche Regeln bereits beherrschen und anwenden. Wir geben hier ein Beispiel für einen Fragebogen, mit dem eine Arbeitsgruppe sich selbst kontrolliert hat. Gewiß ist er nicht der Weisheit letzter Schluß. Man kann diesen Fragebogen nach jedem Treffen ausfüllen und somit positive wie negative Veränderungen sichtbar machen.

Fragebogen zur Gruppenselbstkontrolle:

1. Insgesamt gesehen war die Gruppenarbeit (GA) heute
   a) prima
   b) einigermaßen gut
   c) comme ci comme ça
   d) eher schlecht
   e) großer Mist

2. Die Anteile am Reden waren
   a) einseitig
   b) ausgewogen

3. Ich habe heute
   a) viel gelernt
   b) einiges gelernt
   c) kaum etwas gelernt
   d) überhaupt nichts gelernt

4. Die GA war heute für mich hilfreich, Isolation und Schwierigkeiten zu überwinden.
   a) stimmt
   b) stimmt nicht

5. Ich hätte heute mehr bringen können.
   a) stimmt
   b) stimmt nicht

6. Wenn ich ehrlich bin, muß ich sagen, daß die GA für mich heute deshalb ein Motiv war (alternativ), weil
   a) ich lernen konnte
   b) weil ich Kontakte suche
   c) weil ich politisch arbeiten konnte
   d) weil ich mal ordentlich reden konnte

7. Diese Gruppe hat nach dem heutigen Ergebnis
   a) eine gute Zukunft
   b) eine bescheidene Zukunft
   c) eine schlimme Zukunft

8. Die anderen waren im Vergleich zu mir
   a) eher faul
   b) eher passiv
   c) eher aktiv
   d) etwa gleich

9. In dieser Gruppe war heute viel Konkurrenzkampf.
   a) stimmt
   b) stimmt nicht

10. Ich habe heute
    a) alles verstanden
    b) das meiste nicht verstanden
    c) wenig verstanden
    d) überhaupt nichts verstanden

11. Ich fühlte mich heute
    a) wichtig
    b) unwichtig

12. Die Sache machte mir heute
    a) viel Spaß
    b) einigermaßen Spaß
    c) wenig Spaß
    d) überhaupt keinen Spaß

Literaturhinweise

Flechsig, Karl Heinz, Haller, Hans-Dieter: Einführung in didaktisches Handeln. Stuttart 1975

Sader, Manfred: Kleine Fibel zum Hochschulunterricht. München 1970.

3.3. Übersicht über Praktika

Im Laufe seiner Ausbildung hat der Student eine Reihe von Praktika zu absolvieren, die sich in Themenstellung und Anspruchsniveau deutlich voneinander unterscheiden. Die Praktika haben einerseits die Aufgabe der Berufsvorbereitung (Berufsfelderkundung), andererseits eine Vermittlungsfunktion von Theorie und Praxis.

Man kann folgende Grundformen des Praktikums unterscheiden:

Einführungspraktika
(Hospitation auf allen Klassenstufen und/oder in allen Schularten)

Die Studierenden des ersten Semesters besuchen in Gruppen von ca. 5-15 Personen laufend Unterrichtsstunden. Sie sollen die reale Unterrichtssituation kennenlernen, erste Eindrücke sammeln und in der anschließenden kritischen Besprechung mit dem Lehrer (Mentor) und einem Vertreter der Hochschule (Tutor) grundlegende Begriffe und Techniken der Unterrichtsbeobachtung und eventuell schon der Unterrichtsanalyse erfahren. Dies ist aber nur zu leisten, wenn eine einführende Lehrveranstaltung zu dieser Hospitation angeboten wird, d. h. keine Einheit von Seminar und Übung, sondern Parallelität der Veranstaltungen. Das Hospitationsangebot (Auswahl der Unterrichtsbeispiele) sollte nicht nur einen repräsentativen Querschnitt aller Altersstufen zeigen, sondern auch anthropologische und soziokulturelle Bedingungen berücksichtigen (z. B. Stadtschule und Landschule, Arbeiterviertel und Villenviertel, Sonderschule für Lernbehinderte und Realschule etc.). Bei der Hospitation sollten die Studenten nicht nur Zuschauer bleiben, sondern allmählich in den Unterrichtsprozeß einbezogen werden, um unterrichtliche Teilaufgaben übernehmen zu können (Bsp.: Betreuung von Arbeitsgruppen, Hausaufgabenkontrolle, kurze fachspezifische Einführungen etc.), um die selbständige Planung und Durchführung von Unterrichtsstunden stufenweise vorzubereiten.

Die Hospitation in der realen Unterrichtssituation kann ergänzt bzw. teilweise ersetzt werden durch die Darbietung von Fernsehaufzeichnungen von Unterrichtsstunden und Unterrichtsmitschau. Fernsehdokumentation und Unterrichtsmitschau erlauben ausführliche Kommentierung des ablaufenden Unterrichts. Die technische Möglichkeit der beliebigen Reproduzierbarkeit von Unterricht erleichtert und vertieft die Analyse einzelner Unterrichtssituationen und charakteristischer Einzelzüge des Unterrichts. Die technisch vermittelte Unterrichtsbeobachtung bietet durch diese Eigenschaften im Gegensatz zur flüchtigen Schulwirklichkeit sowohl didaktische Möglichkeiten der Veranschaulichung und Erklärung als auch Ansätze zur experimentellen Erforschung von Unterrichtsabläufen.

Eine gründliche Vorbereitung und Durchführung der Hospitation für Erstsemester ist gerade deshalb so wichtig, weil alle anderen Praktika darauf aufbauen und deren Erfolg, d. h., die Realisierung eines praxisbezogenen Studiums in hohem Maße davon abhängt.

Hospitationspraktikum am Ende des ersten Semesters
Zur Vertiefung der in der Hospitation angestrebten Ziele (Kennenlernen von Schulorganisation, Unterrichtsplanungs- und -organisationsmodellen, Lehrer-Schüler-Interaktion, Lehrer-/Schülerverhalten u. ä.) wird am Ende des ersten Semesters das ca. 14 Tage dauernde Hospitationspraktikum angeboten, in dem der Student die Möglichkeit hat, in seinem Stufenschwerpunkt zusätzliche Unterrichtserfahrungen zu sammeln. Dabei werden die im Laufe des ersten Semesters erworbenen Beobachtungskategorien angewendet und differenziert, nicht nur nach pädagogischen, sondern auch nach psychologischen Aspekten, wie z. B. Lernbereitschaft, entwicklungspsychologische Komponenten, soziale Reife etc.

Vor Beginn der Wahlfachpraktika wäre es sinnvoll, daß der Student Einzellehrproben hält, die nicht fachgebunden hinsichtlich seines Wahl- und Beifaches sein sollten. Hierbei sollte der Schwerpunkt der Unterrichtsvorbereitung im didaktisch-methodischen Bereich (pädagogisch-allgemeindidaktischer Aspekt) liegen und eine zu frühe fachdidaktische Beschränkung vermieden werden (fachdidaktischer Aspekt). In diesem Zusammenhang können elementare Lehrfertigkeiten, wie z. B. Vorbereitung und Gestaltung des Tafelbildes, Einsatz von Unterrichtsmedien, disziplinarische Aufgaben etc., erworben und geübt werden.

Fachpraktika
In der Regel beginnen ab dem zweiten Semester die Fachpraktika. Es sind dies Tagespraktika, die semesterbegleitend stattfinden und von einem Fachwissenschaftler bzw. Fachdidaktiker in Zusammenarbeit mit dem Ausbildungslehrer geleitet werden. Die Studenten müssen abwechselnd in der Gruppe Lehrproben halten, die entweder vorher gemeinsam in einer praktikumsbegleitenden Übung oder selbständig geplant werden und

von Lehrer und Fachdozent besprochen, begutachtet und benotet werden.

Die Themen der im wöchentlichen Turnus stattfindenden Lehrproben können je nach der Wochenstundenzahl des betreffenden Faches unabhängig voneinander sein oder eine didaktische Sequenz bilden. Da üblicherweise zwei Fächer schwerpunktmäßig studiert werden, nämlich ein Wahlfach und ein Schwerpunkt- bzw. Beifach, sind zwei fachdidaktische Praktika notwendig. Die Aufgabe dieser Praktika ist es, den Studenten in die didaktisch-methodische Analyse fachwissenschaftlicher Inhalte unter Aufzeigung der Gegenstands- und Vermittlungsstrukturen einzuführen. Schulpädagogische und fachdidaktische Begleitseminare dienen der Vertiefung. Als begleitende Veranstaltung wäre eine Übung ‚Lehrerverhaltenstraining' (micro-teaching) eine sinnvolle Ergänzung, um die eventuell auftretenden komplexen Unterrichtssituationen (bzw. Konfliktsituationen) in simulierten Trainingsphasen vorwegnehmend vorzubereiten.

Folgende zwei Äußerungen von Studenten sollen verdeutlichen, wo Schwächen und Stärken dieses fachdidaktischen Wochentagspraktikums liegen:

– „Leider konnten wir in diesem Praktikum keine echte Schulsituation erleben. Denn die Stunden, die wir dort sahen und selber geben mußten, waren reine Vorführstunden, die uns in keiner Weise einen Einblick in den Schulalltag geben konnten."

– „In Veranstaltungen dieser Art ist eine glückliche Form der praktischen und theoretischen Lehrerausbildung gefunden worden ... Erstens wurde uns hierbei Gelegenheit gegeben, selbst zu unterrichten, und zweitens geschah dies in Verbindung mit einer ausführlichen und intensiven theoretischen Vorbereitung durch den Leiter der Übung."

(aus Praktikumsberichten der GHS Wuppertal)

Es lassen sich viele Gründe für die mangelnde Vorbereitung eines Fachpraktikums nennen. Man sollte aber darauf verweisen, daß durch eine bessere Zusammenarbeit zwischen Schulpädagogen und Fachdidaktikern hinsichtlich eines gemeinsamen didaktischen Grundkonzeptes viele Schwierigkeiten und Pannen bei der Durchführung der Praktika vermieden werden könnten. Ein in der Organisation der Wochentagspraktika begründeter Mangel ist, daß nur die Planung von Einzelstunden möglich ist. Dagegen ist es auch notwendig, daß der Student neben bloßen Einführungsstunden, die ein neues Thema eröffnen, auch Weiterführungsstunden, Übungsstunden und Wiederholungsstunden, sowie die Unterrichtsplanung und -durchführung in mehrstündigen, längeren Unterrichtseinheiten kennen- und durchführen lernt. Diese eigentliche Realsituation des Unterrichtens kann nur in umfassenden Blockpraktika erfaßt werden.

Diese abstrakt formulierte Kritik kann noch durch folgende Aussagen, zusammengefaßt aus einer Reihe von Praktikumsberichten der Gesamthochschule Wuppertal, illustriert werden:

Die einzelnen Stunden im Fachpraktikum stellen eine künstliche Unterrichtssituation dar. Die Einzelstunde wird nicht genügend in größere Zusammenhänge eingeordnet. Die Klassen sind den Studenten relativ unbekannt. Die Erwartung, kritisiert zu werden (Mentor, Dozent, Kommilitonen), schafft eine seelische Belastung. Die meisten Stunden sind reine „Vorführstunden".

Die didaktische Form dieser Lehrproben ist sehr oft die Einführung neuen Stoffs. Der Student kann den Lernerfolg der Schüler nicht unmittelbar kontrollieren und hat deshalb auch keine ausreichende Möglichkeit zur Selbstkontrolle. Sozio-kulturelle Faktoren bleiben außer acht. Da die Gruppen bei den Fachpraktika zahlenmäßig zu groß sind, kann der einzelne Student meistens kaum mehr als ein bis zwei Stunden im Semester unterrichten.

Blockpraktika

Unter Blockpraktikum werden Begriffe wie Schulpraktikum, Landschul- bzw. Stadtschulpraktikum, Landschul- bzw. Stadtschulhelferdienst u. ä. zusammengefaßt. Es handelt sich um vier- bis fünfwöchige Praktika, bei denen im Gegensatz zu den Einführungs- und Fachpraktika nicht nur punktuell Einzelstunden gehalten werden, sondern der Unterricht über den genannten Zeitraum vom Studenten mitgestaltet wird. In der Regel werden diese Blockpraktika von zwei Studenten bei einem Mentor abgeleistet, wobei die gesamte Unterrichtsarbeit ohne fachliche Schwerpunktbildung unter diesen aufgeteilt wird.

Das wöchentliche Unterrichtsdeputat liegt für den einzelnen Studenten bei ungefähr zwölf Stunden. Für diese Stunden sind schriftliche Unterrichtsvorbereitungen anzufertigen, wobei zwei Stundenentwürfe didaktisch-methodisch ausführlicher bearbeit werden müssen. Daneben wird – nach Bundesländern unterschiedlich – ein ausgearbeiteter Praktikumsbericht und z. T. zusätzlich die Führung eines Unterrichtstagebuchs von den Studenten gefordet. Mentor und betreuender Dozent begutachten und bewerten gegebenenfalls die Leistungen der Praktikanten.

Blockpraktika dieser Art werden von Studenten in der Regel positiver beurteilt. Aus Praktikumsberichten von Studenten der Gesamthochschule Wuppertal lassen sich folgende Argumente zusammenfassen:

Das Blockpraktikum motiviert zum Selbststudium. Es werden Entscheidungshilfen für die Auswahl von Lehrveranstaltungen (besonders im Bereich der Psychologie und Soziologie) vermittelt. Man erhält einen differenzierteren Einblick in die spätere Berufssituation und kann sich in ihr selbst erproben. Der Student erhält „die Gelegenheit in der Analyse der vorgefundenen pädagogischen Situation, in der schriftlichen Planung, im pädagogischen Handeln und in der Reflexion einen Bezug zwischen Theorie und Praxis herzustellen, indem er die erziehungs-, gesellschafts- und vor allem fachwissenschaftlichen und fachdidaktischen Kenntnisse und Methoden des theoretischen Studiums in der Erziehungswirklichkeit erprobt und die dabei gewonnenen Erfahrungen für das weitere theoretische Studium fruchtbar macht". (Praktikumsbrief der Gesamthochschule Wuppertal, Wuppertal 1974, S. 3)

Von Studenten wird im allgemeinen folgende Kritik an der Vorbereitung für das Praktikum geübt:

Es gibt zu wenig Veranstaltungen, in denen konkret die Planung von Unterrichtseinheiten, insbesondere die zeitliche Planung, dargestellt wird. Es fehlt die Besprechung von Fallanalysen. Die Veranstaltungen sind zu wenig praxisbezogen ausgerichtet. Es erfolgt kaum eine Auseinandersetzung mit den Richtlinien des Lehrplanes. Die Planungskonzepte sind nicht genügend altersspezifisch hinsichtlich ihrer entwicklungspsychologischen und sprachlichen Gestaltung. Fragen des Medieneinsatzes und der Schülerbeurteilung werden nicht ausreichend berücksichtigt.

Auch bei den Blockpraktika wäre ein Einsatz von audio-visuellen Medien, z. B. Unterrichtsmitschau und Fernsehdokumentation, zur Vorbereitung wünschenswert. Dabei sollten die Unterrichtsdokumente so gewählt werden, daß der Student speziell die Informationen vermittelt bekommt, die für seine spezifischen Praktikumssituationen wichtig sind: Kenntnisse über Unterrichtstypen, Lehrstile und Sozial- und Organisationsformen des Unterrichts.

Als Gegenstück zur Vorbereitungsveranstaltung des Blockpraktikums sollte ein Seminar angeboten werden, das die im Praktikum aufgetretenen Probleme aufgreift, diskutiert und zu verarbeiten versucht.

Dazu reicht die durchschnittliche Praktikumsdauer von vier Wochen wohl kaum aus. Aus diesem Grund wäre die Einführung eines ‚praktischen Semesters', ‚praktischen Jahres' oder die sukzessive Steigerung der Lehrtätigkeit der Studenten von Semester zu Semester zu empfehlen (vgl. den Modellstudiengang der Niederlande).

Sozialpraktika
In den meisten Bundesländern ist ein vierwöchiges Sozialpraktikum verpflichtend. Es liegt in der Regel zwischen dem zweiten und dritten Semester und kann in folgenden Bereichen absolviert werden:

– Sozialpädagogischer Bereich (Kindergarten, Heime für Schwererziehbare und Milieugeschädigte, Fürsorge, Vorschulerziehungsinstitutionen, Verwaltungsdienststellen, Krankenhäuser usw.)

– Sonderpädagogischer Bereich (Sonderschulen aller Arten, Heime für Behinderte, Psychiatrische Kliniken usw.)

– Berufspädagogischer Bereich (Lehrwerkstätten, Lehrlingsheime usw.)

– Straffälligkeitspädagogischer Bereich (Strafvollzugsanstalten, Rehabilitationszentren, Kriminalpolizei, Justizverwaltung, Gefangenenseelsorge usw.).

Auch hier hat der Student einen Erfahrungsbericht abzuliefern. Die Praktikanten können sich den Praktikumsort selbst auswählen. Die Auswahl sollte jedoch nicht nach finanziellen Gesichtspunkten, sondern nach den Aspekten des Studienschwerpunktes und der individuellen Eignung und Neigung erfolgen.

Für Studenten der Grundschulpädagogik wäre eine bisher noch nicht geleistete Pflichtveranstaltung im Sinne einer kombinierten Übung mit Praktikum für den Bereich der Sonderpädagogik empfehlenswert, um auf in der Schule auftretende

Probleme, wie Verhaltens- und Sprachstörungen, Legasthenie usw., eingehen zu können.

Zusammenfassung der genannten Praktika

Semester	Praktika		
1	Einführungspraktikum (Pflichtveranstaltung)	Hospitation	einmal wöchentlich ca. 3 Stunden
Sem.-Ferien	Hospitationspraktikum (empfohlene Wahlveranstaltung)		ca. 14 Tage (täglich)
2	Fachpraktikum I (Pflichtveranstaltung)	Unterrichtsversuche im 1. Fach (Wahlfach)	einmal wöchentlich ca. 3 Stunden
Sem.-Ferien	Sozialpraktikum (Pflichtveranstaltung)	Kennenlernen sozialer Tätigkeitsbereiche	ca. drei bis vier Wochen (täglich)
3	Fachpraktikum II (Pflichtveranstaltung)	Unterrichtsversuche im 2. Fach (Beifach)	einmal wöchentlich ca. 3 Stunden
Sem.-Ferien	Blockpraktikum I (Pflichtveranstaltung)	Unterrichtsversuche im fortlaufenden Unterricht in einer Klasse und in allen Fächern	ca. fünf bis sechs Wochen (täglich)
4			
Sem.-Ferien	Blockpraktikum II (Pflichtveranstaltung)	s. o.	ca. vier Wochen (täglich)
. . .			

Dauer und zeitliche Einordnung der Praktika sind in den einzelnen Bundesländern unterschiedlich. Daher versteht sich die Tabelle nur als ein Vorschlag bzw. als Zusammenstellung der in den meisten Bundesländern üblichen Studiengänge. Für Vorbereitung und Durchführung der Praktika sind an den einzelnen Hochschulen Praktikumsbüros zuständig, die auf Einzelfragen verbindliche Auskunft erteilen.

Einen Überblick über Aufgaben und Tätigkeiten des Praktikanten im Blockpraktikum gibt das folgende Schema (entnommen aus dem Praktikumsbrief der Gesamthochschule Wuppertal, Wuppertal 1974, S. 11):

Aufgaben und Tätigkeiten des Praktikanten

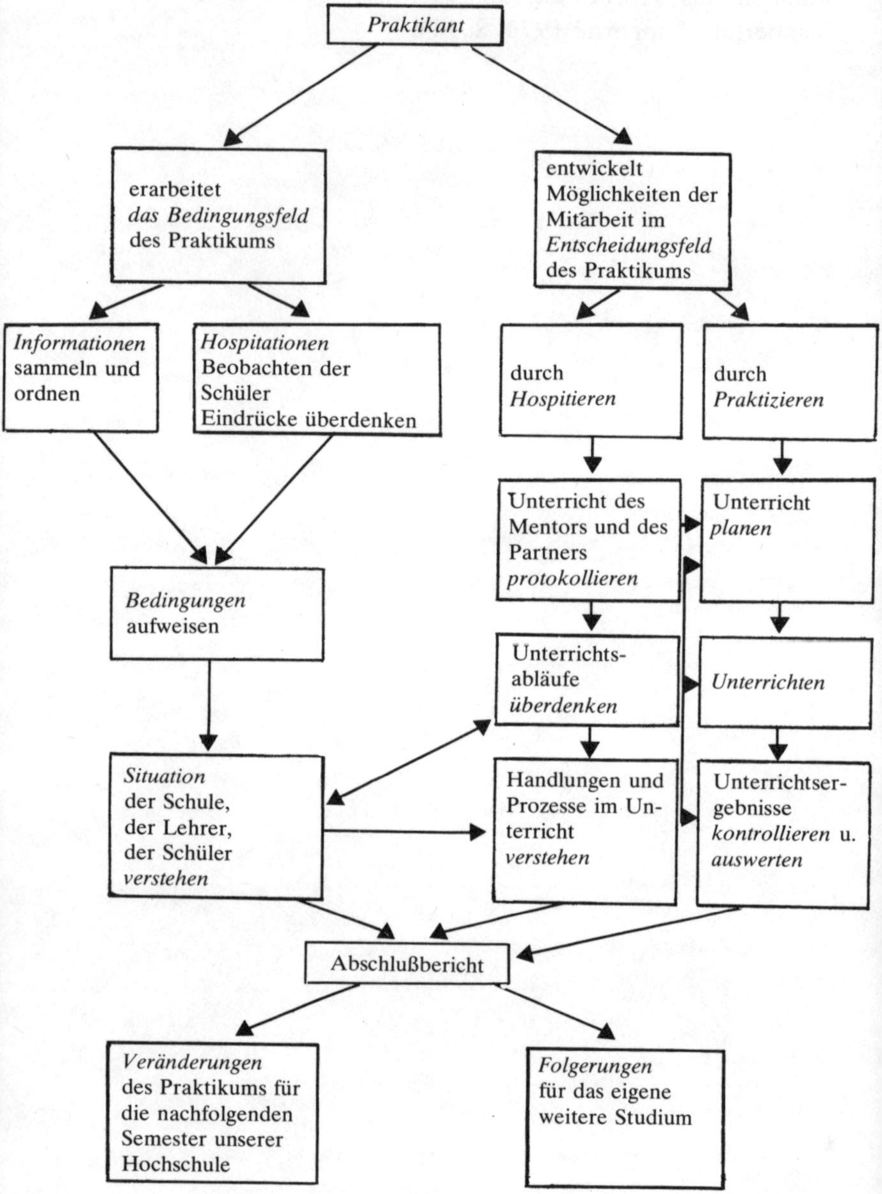

3.4. Das Schulpraktikum als schulpraktischer Kern des Studiengangs

Der „Pate"

Unter dem Stichwort „Pate" wollen wir auf ein Modell verweisen, nach welchem die schulpraktischen Studien von Lehrerstudenten in einem Patenschaftsverhältnis zwischen einem oder mehreren Studenten und einer Schulklasse mit ihrem Lehrer geregelt werden. „Pate" ist dabei der Student (für die Schulklasse) als auch die Schulklasse (für den Studenten). Dieses Modell wird gegenwärtig (1975/76) von einer Hamburger Gruppe erprobt, so daß wir auch auf erste Erfahrungen verweisen können. Die Patenschaftsbeziehung soll sich nicht auf das Schulpraktikum beschränken, sondern für den weiteren Studienverlauf bestehen, durch das Praktikum also nur eingeleitet und später dann fortgesetzt werden.

Nun ist allerdings dieses Modell nicht ganz unproblematisch. In der Diskussion um die Ausgestaltung der Lehrerausbildung (und dabei insbesondere des schulpraktischen Anteils) wird seit langem eine Auseinandersetzung um die Frage geführt, ob nicht eine allzu praxisorientierte Ausbildung zur Anpassung an die bestehende Schule verleitet und die Theorie vernachlässigt. Wir werden deshalb versuchen, diese Diskussion in ihren wesentlichen Zügen aufzuzeigen, bevor wir das Patenschaftsmodell selbst vorstellen und von praktischen Erfahrungen berichten sowie Empfehlungen für seine Übertragung vortragen. Wir wollen dabei vor allem versuchen, das theoretische Anspruchsniveau für ein solches Ausbildungsmodell zu bezeichnen, es also zu begründen.

Studenten und ihr zukünftiger Arbeitsplatz

Sie wollen wahrscheinlich später einmal in einer Grundschule unterrichten. Gewiß ist diese Absicht auf ein Motiv oder auch mehrere Motive gegründet. Vielleicht glauben Sie, daß Sie mit kleinen Kindern gern (und auch gut) umgehen, vielleicht haben Sie sich überlegt, daß man pädagogische Ideen am besten dort verwirklichen kann, wo die Kinder noch nicht auf die Anforderungen der Erwachsenenwelt eingeschworen werden müssen usw. Eine über diese und andere Motive hinausgehende Frage ist aber die, auf welche Kenntnisse von der Grundschul- und Kinderwelt sich Ihr Motiv und Ihre Entscheidung gründet. Sie haben aller Wahrscheinlichkeit nach vor kurzem Ihr Abitur abgelegt, sind also selbst Schüler in einem Gymnasium (oder einer Gesamtschule) gewesen. Sie dürften also schon seit Jahren nicht mehr in einer Grundschule gewesen sein. Sie bereiten sich also auf einen Beruf vor, dessen Arbeitsplatz Sie noch genauer kennenlernen sollten. Hier allerdings tut sich ein entscheidendes und folgenreiches Problem auf, das sich mit einem verfremdenden Beispiel vielleicht am besten verdeutlichen läßt:

Stellen Sie sich vor, daß ein Student der Medizin eine Reihe von Seminaren besucht, in denen er mit anderen Studenten und einem Dozenten diskutiert. Die Diskussionen selbst sind durch die Themen der Seminare vorstrukturiert: z. B. „Die Angst des Patienten", „Methodik des Heilens", „Ziele der chirurgischen Praxis" usw. Zu diesen Diskussionen liest man Bücher und Aufsätze, in denen z. B. über eine erfolgreiche Methode des Heilens berichtet wird; andere beziehen sich auf die Frage, ob das Heilen in einer umweltverschmutzten Kultur überhaupt noch möglich ist usw. Nach einigen Semestern wird der Student für etwa 4 Wochen zu einem Praktikum an ein Krankenhaus abkommandiert, in dem der während verschiedener Operationen und Behandlungen zuschaut, gelegentlich unter Aufsicht des Chefs auch einmal das Skalpell ergreift und Hand an den Patienten legt. Nach Abschluß des Studiums wird er verschiedenen Krankenhäusern für weitere Operations- und Behandlungsversuche zugewiesen und lernt im übrigen in speziellen Seminaren weiteres zur Methodik des Heilens. Die Ausbildung schließt dann ab mit einer theoretischen und praktischen Prüfung in Operations- und Behandlungstechnik.

Das Beispiel dürfte verdeutlicht haben, daß in der pädagogischen Ausbildung (die grob Züge dieses Beispiels trägt) vieles so beschaffen ist, wie man es sich in anderen Wissenschaften kaum vorstellen könnte, denn eine solche Ausbildung von Medizinern würde uns gewiß erschrecken. Was wir monieren, ist dieses: *Das praktische Arbeitsfeld ist in der Ausbildung des zukünftigen Lehrers entweder nur Gesprächsthema an einem von der Praxis weit entrückten Ort oder aber reales Handlungsfeld in aller Komplexität der zu vollziehenden Vorgänge.* Das folgenreiche Ergebnis dieser Trennung ist eine theorielastige Spekulation über den Arbeitsplatz einerseits und eine schockierende Komplexität des praktischen Handelns (sofern nur der Versuch unternommen wird, praktische Tätigkeiten zu vollziehen) andererseits. Innerhalb dieser Extreme bewegen sich auch die Vorschläge, die in bezug auf eine Reform der Lehrerausbildung vorgetragen werden. Entweder wird eine stärkere Betonung der wissenschaftlichen Ausrichtung der Lehrerbildung (auch an die Fachwissenschaften der Unterrichtsfächer angelehnt) gefordert, oder man hält die Fahne der Praxis hoch und fordert mehr „learning by doing".

Wo aber wäre der goldene Mittelweg, der beiden Aspekten hinreichenden und angemessenen Anteil gewährleistet? Er wird dort sein, wo folgende Prinzipien verwirklicht sind:

– Die Theorie selbst ist praxisrelevant.
– Die Praxis ist stärker theoretisch begründet und analysiert.
– Der Auszubildende hat aus der Kenntnis der Praxis Orientierungen für seine theoretische Ausbildung gewonnen.
– Der Auszubildende hat die praktische Tragweite von Theorie erfahren.

Ein Ansatzpunkt dafür wird von uns darin gesehen, daß wesentliche Gesichtspunkte der praktischen Tätigkeit im Rahmen der theoretischen Arbeit als selbst erfahren behandelt werden können. Wenn Referendare und Junglehrer nach der theoretischen Phase einen „Praxisschock" (vgl. *Bürmann* u. a. 1972) erleben, muß die Konsequenz die sein, daß die Erfahrungen, die zu diesem Schock führen können, antizipiert werden, also noch in der Phase der eher theoretischen Ausbildung zur Diskussion gestellt werden können.

Schulpatenschaften – ein Ausbildungsversuch in Hamburg

Zu Beginn des Wintersemesters 1975/76 starteten 15 Lehrerstudenten der Universität Hamburg, ein Dozent (einer der Autoren dieses Buches), ein Rektor einer Grund-, Haupt- und

Realschule und 6 Lehrer dieser Schule einen Ausbildungsversuch, der eine neue Form des Schulpraktikums erproben soll: die Schulpatenschaften. In Hamburg ist mit der neuen Lehrerprüfungsordnung und der Einführung der Ausbildung von Stufenlehrern vorgesehen, das Schulpraktikum von 4 Wochen Dauer um eine vorbereitende und eine nachbereitende Seminaraktivität zu ergänzen, und zwar als sogenanntes Integriertes Schulpraktikum.

Diesem Versuch waren längere Vorbereitungen seitens der Studentengruppe vorausgegangen, die sich dabei eine Fragestellung und Orientierung für dieses Praktikum „erarbeitet" hatte. Es wurden Berichte über die herkömmliche Form des Praktikums gelesen und Zielsetzungen für die eigenen Aktivitäten formuliert. Die Gruppe beschloß dabei, ihr Praktikum konzentriert zu absolvieren, d. h. sich nicht auf verschiedene Schulen aufzuteilen, sondern mit einer einzigen Schule zusammenzuarbeiten. Diese Schule war bald gefunden – eine in jeder Hinsicht eigentlich „normale" Schule, die sich aber durch kooperationswillige Lehrer, Elternvertreter und Schulleitung auszeichnete. Die Schulvertreter gingen davon aus, daß es bei einem Patenschaftsmodell darauf ankomme, daß die Studenten sich auf die Problemsituation einer Schule einlassen müßten, hier lernschwache Schüler. Man erwartete also eine gewisse Hilfestellung von den Studenten und ihrem Dozenten bei den Ausbildungsdefiziten. Lernschwache Schüler zu betreuen, würde vor allem die Behandlung von Lese-Rechtschreib-Schwächen (LRS) erforderlich machen. Diese Aufforderung traf allerdings nicht ganz die Interessen der Studenten, die ja aus verschiedenen Fächern stammten und so mit dem Ziel angetreten waren, etwas für ihr Fach zu lernen. Sie sahen aber ein, daß LRS in jedem Fach eine Bedeutung aufweisen kann; zudem wurden im weiteren Verlauf des Versuchs auch die besonderen fachlichen Interessen durch Hospitationen in den verschiedenen Unterrichtsstunden berücksichtigt.

In der ersten Phase des Patenschaftsversuchs hospitierten die Studenten in ihren Schulklassen jeweils als Team von 2 oder 3 Studenten. Sie wollten so und durch zusätzliche Gespräche an Nachmittagen die Schüler näher kennenlernen und Ursachen ihrer Leistungsfähigkeit erschließen. Die ersten Nachmittagsbetreuungen wurden in einer eher spielerischen Form durchgeführt. Die Projektgruppe traf sich weiterhin einmal wöchentlich und besprach ihre ersten Erfahrungen; vor allem wurde dabei auch die Literatur zur LRS behandelt. In dieser Phase stießen drei ältere Studenten zu der Projektgruppe, die im Rahmen dieses Betreuungsversuches eine Examensarbeit vorbereiten und anfertigen wollten. So konnten jetzt erste gezielte

Maßnahmen zur Betreuung der LRS-Schüler durchgeführt werden: Partner-Diktate, Rollenspiele, Kreuzworträtsel usw.

Während aller Beratungen und Hospitationen sowie Betreuungsstunden an Nachmittagen wurden von den Studenten Protokolle geschrieben. Wir geben einen kurzen Auszug aus einem Protokoll wieder. *Ute* und *Inge* berichten:

„Problematisch ist nicht nur, was man in den Nachmittagskursen mit den Kindern macht, sondern auch, wie man die Kurse macht. In einigen Kursen stören die schlechten Schüler, die ja unsere Zielgruppe sind, die etwas besseren Schüler, die von uns Nachhilfeunterricht erwarten. Es ist ratsam, zwei Gruppen zu bilden; eine Gruppe mit den besseren Schülern, denen man praktisch Nachhilfeunterricht gibt, und eine zweite Gruppe mit den schlechteren Schülern, mit denen man nun konzentriert arbeiten kann. Die Arbeit in dieser Gruppe sollte so wenig wie möglich dem Schulunterricht angepaßt sein, sondern mehr spielartigen Charakter haben. Besonders wichtig ist das persönliche Gespräch, die Einzelarbeit mit den Schülern. Man sollte kein schulisches Anspruchsniveau stellen, um die Schüler so im Gegensatz zur Schule mehr Zuwendung und Erfolgserlebnisse erfahren zu lassen. Diktate und Übungen sollten im Partnertausch gemacht werden. Die Dauer des Förderkurses muß auf die Klassenstufe abgestimmt werden.

Im Laufe unseres Gespräches sind wir dazu gekommen, über die Funktion der Theorie innerhalb des Studiums der Erziehungswissenschaft zu sprechen. *Reinhold* meinte, daß für ihn die Beschäftigung mit Theorie das sei, was er unter Studium verstehe. Durch sie könne man zu einer Grundhaltung kommen (z. B. Marxismus). Andere jedoch äußerten, daß Theorie ohne Erfahrungshintergrund einen nicht befähige, über einen Sachverhalt zu urteilen, und so einigten wir uns darauf, daß eine Beziehungsstruktur zwischen realen Erfahrungsmustern und theoretischen Erkenntnissen bestehen müßte.

Anschließend ging das Gespräch um den Versuch, neue Handlungsmuster für uns selbst zu entwickeln. Wir waren uns darüber einig, daß eine bloße Diskussion auf theoretischer Grundlage viele Probleme nicht lösen kann. Eine Möglichkeit wäre ein Planspiel, das sich vom Rollenspiel insofern unterscheidet, als es sich um eine Repräsentation von realen Ereignissen handelt. In einem Planspiel könnte man eine Schulsituation simulieren, in der eine Gruppe Schüler, eine andere Lehrer und wieder eine andere Studenten spielt. Man könnte so versuchen, alle Aspekte unserer Probleme in der Schule darzustellen und ihre Lösung zu beginnen. Der Vorschlag von *Ingrid,* Unterrichtssituationen nachzuspielen, stieß jedoch auf Widerspruch. Lehrerverhalten kann nicht in einer gespielten Situation erprobt werden, die Situation ist vollkommen anders. Auch die Übernahme einer Schülerrolle schien vielen in der Gruppe unmöglich, da die eigene Schulsituation nicht mehr gegenwärtig sei. Die einzige Möglichkeit, sich als Lehrer auszuprobieren, sei unser Nachmittagsunterricht in der Schule. Dort können wir versuchen, das in die Praxis umzusetzen, was wir theoretisch ausarbeiten, können uns selbst in bestimmten Situationen erfahren und Reaktionen einüben, denn Verhalten und dessen Flexibilität muß erprobt werden. Um diese Schulsituation völlig auszuschöpfen, schlugen einige vor, daß einer unterrichten und der andere ihn beobachten sollte, um so eine Kontrolle des Verhaltens zu schaffen. Auch sollte man sich die Technik zunutze machen und den Unterricht mit dem Tonbandgerät und mit der Kamera aufzeichnen. Dieser Einsatz ermöglicht dem einzelnen von uns, sich selbst in der Situation zu beobachten und sein Verhalten zu überprüfen."

Es ist vorgesehen, dort, wo sich die Beziehungen enger gestalten, eine längere Betreuung zu entwickeln. Der Versuch läuft aber gegenwärtig noch, so daß sich nichts über die Erfolgschancen sagen läßt. Wir wollten dem Leser Anregungen für die Gestaltung von Schulpraktika geben. Als Planungshilfe ein Ablaufschema:

1. *Projektgruppe bilden;* schließen Sie sich zu ca. 12-15 Studenten mit ähnlichen Voraussetzungen (Semesterzahl und Fächer) und Interessen zusammen.

2. *Betreuer finden;* suchen Sie einen Dozenten bzw. Professor Ihrer Hochschule, der bereit ist, die Projektgruppe zu betreuen und notwendige Abweichungen von der normalen Form des Schulpraktikums zu rechtfertigen.

3. *Vorarbeiten leisten;* beginnen Sie Ihre Projektarbeit mit vorbereitenden Diskussionen über die normale Situation des Schulpraktikums an Ihrem Hochschulort, gemeinsame Zielperspektiven usw.

4. *Patenschule finden;* suchen Sie eine Schule – möglichst zentral gelegen –, in der Lehrer, Eltern und Schulleitung zu einem Patenschaftsversuch bereit sind, evtl. durch Anschreiben mehrerer Schulleiter und unter Mitwirkung des Betreuers.

5. *Zeitplan ausarbeiten;* fassen Sie Ihre zeitlichen Planungen zusammen, so daß deutlich wird, welche Belastung von jedem einzelnen Mitglied der Projektgruppe erbracht werden muß; klären Sie, ob Sie das Praktikum durch einen Arbeitstag pro Woche oder im Block (in den Semesterferien) ableisten wollen.

6. *Anspruchsniveau abgrenzen;* seien Sie nicht zu anspruchsvoll im Hinblick auf die Dinge, die Sie in der betreffenden Patenschaftsschule leisten zu können glauben; sichern Sie aber Ihre Minimalansprüche.

7. *Einleitungsphase;* beginnen Sie Ihre Projektarbeit in den Schulklassen mit einer Hospitationsphase, in der Sie im wesentlichen nur Unterrichtsstunden beobachten; klären Sie aus diesen Erfahrungen Ihre gemeinsame Zielperspektive neu.

8. *Anwendungsphase;* ersetzen Sie nach und nach die Beobachtung durch eigenes Handeln (Assistenz in den Stunden, Freizeit- und Nachmittagsbetreuung der Schüler).

9. *Bestandsaufnahme;* halten Sie Ihre Erfahrungen in Diskussionen und Protokollen fest. Wenn die Protokollierung zu aufwendig wird, verliert man leicht die Lust daran; schreiben Sie also direkt und ohne nachherige Überarbeitung. Es ist auch gut möglich, Eindrücke kurz auf ein Tonband zu sprechen und so festzuhalten.

10. *Arbeitsmappen;* stellen Sie gemeinsam Arbeitsmappen her, in denen Spiele, Lernübungen und andere Arbeitshinweise für die Teams gesammelt sind, so daß man jederzeit schnell für die Betreuung der Schüler Materialien verfügbar hat.

11. *Begleitaktivitäten;* versuchen Sie, Ihre Arbeit nicht auf die unmittelbare Betreuung der Schüler zu beschränken; sprechen Sie Eltern an, organisieren Sie in Übereinkunft mit dem Lehrer Klassenfeste, Ausflüge, Klassenzeitungen u. ä.

12. *Weiterbildung;* versuchen Sie, Ihre Erfahrungen für die weitere Ausbildung nutzbar zu machen, z. B. durch den Besuch entsprechender Seminare in Ihrer Hochschule; bringen Sie dort Ihre Erfahrungen und Fragestellungen ein.

13. *Abschluß;* bereiten Sie Ihren Abgang aus dem Projekt genauso gut vor wie das Projekt selbst; sprechen Sie neue Studenten an, die vielleicht das Unternehmen weiterführen können und die von Ihnen „angelernt" werden; verschwinden Sie nicht sang- und klanglos aus der Schule; vielleicht haben Sie auch Lust, mit reduziertem Aufwand an der weiteren Entwicklung teilzunehmen.

Und noch etwas: *Konflikte regeln;* während der gesamten Zeit eines solchen Projektes können zahlreiche Konflikte aufteten, zwischen Ihnen und den Lehrern sowie den Schülern, unter Ihrer eigenen Gruppe usw. Bringen Sie solche Konflikte zur Sprache und versuchen Sie, eine gemeinsame Lösung zu finden. Eine offene Aussprache dürfte immer besser und zufriedenstellender sein als ein schwelendes Mißtrauen!

Schule als Erfahrungs- und Erlebnisraum – nicht nur für Schüler

Die erziehungswissenschaftliche Diskussion hat sich in den letzten Jahren wieder stärker dem Lebensbezug des schulischen Lernens gewidmet; dabei wird Schule zwangsläufig als Lebensraum eigener Art erkannt. Sie ist nicht nur Durchgangsstation, auf der man Wissen und Einstellungen für sein späteres Leben erwirbt (oder auch nicht), sondern sie entfaltet eigene Handlungsmaximen. Sie stellt Schüler wie Lehrer vor besondere Anforderungen, die sich nicht aus ihrem Bildungsauftrag ableiten, sondern eher aus der Notwendigkeit, diesen Mikrokosmos in Betrieb zu halten.

Unter dem Stichwort *„heimlicher Lehrplan"* ist von verschiedenen Autoren darauf aufmerksam gemacht worden, daß hinter solchen – gewissermaßen inoffiziellen – Maximen eine Systematik und Absicht stecke, daß es sich nämlich um „heimliche" Lernziele der Schule handele. Wir lernen als Schüler nicht nur Mathematik (oder ein anderes Fach) und die Liebe oder den Haß diesem Fach gegenüber, sondern auch, daß man unabhängig vom eigenen Wollen oder Nichtwollen aufgetragene Ansprüche erfüllen muß.

Ein solcher „heimlicher Lehrplan“ besteht aber auch für die Lehrer. Für den zukünftigen Lehrer ist es dabei von besonderer Bedeutung, wie er Schule erfährt, sich in den Spielregeln zurechtfindet und möglicherweise anpaßt.

Der amerikanische Soziologe *Paul F. Lazarsfeld* hat sich in seinem Land diesen Vorgängen der Anpassung von Lehrern an die in ihren Schulen vorherrschenden Maximen in einer größeren empirischen Untersuchung gewidmet und eine über dieses Beispiel hinausreichende *Kontexttheorie* entwickelt. Der institutionelle Kontext eines Menschen, insbesondere sein Arbeitsfeld, prägt ihn in einer gewissen Weise, so lautet der Kernpunkt dieser Aussage. Damit wird die Forderung erhoben, „Gesamtsituationen“ zu berücksichtigen:

„Das Wesen einer Kontextaussage besteht darin, daß sie gleichzeitig auf zwei Ebenen vor sich geht. Sie verbindet Individualeigenschaften untereinander und berücksichtigt zu gleicher Zeit auch Änderungen der Merkmale eines Kollektivs höherer Ebene, dem diese Individuen angehören.“ (*Lazarsfeld* 1976, S. 114)

Die Kontextanalyse über Lehrer und Schulen wurde an 165 amerikanischen „Colleges“ durchgeführt, die (als Kollektiveigenschaft) aufgrund vieler Einzelheiten danach unterteilt wurden, ob sie als konservativ, progressiv oder irgendwo zwischen beiden Extremen einzustufen waren. Ebenso wurden die einzelnen Lehrer (als Individualeigenschaft) nach diesen Merkmalen unterschieden. Es zeigte sich nun, daß die Individualeigenschaft in Abhängigkeit von der Kollektiveigenschaft zu sehen ist, d. h. daß progressive „Colleges“ auch einen Trend zu progressiven Lehrern aufwiesen und umgekehrt. Nun kommt noch ein weiteres Faktum hinzu: man weiß, daß ältere Menschen weniger progressive Einstellungen aufweisen als jüngere. Es war also interessant festzustellen, ob sich die Altersabhängigkeit ebenfalls unter den Kontexttrend stellte. Dies war in der Tat der Fall, wie die folgende Tabelle zeigt, die den jeweiligen Grad der Progessivität in den verschiedenen „Colleges“ wiedergibt (je höher die Zahl, desto größer die durchschnittliche Progressivität der Personen):

Durchschnittsniveau der Progressivität, nach dem Alter, in drei Gruppen von Colleges

College-„Einstellung“	Alter der Professoren		
	bis 40	41 bis 50	51 und älter
Progressiv	3.13	2.98	2.76
Zwischenstufe	2.81	2.49	2.13
Konservativ	1.90	1.54	1.46

(aus: *Lazarsfeld* 1967, S. 113; Original: *Lazarsfeld/Thielens* 1958)

Welche Überlegung führte uns dazu, diese Theorie und empirische Untersuchung hier zu referieren? Nun, wenn es tatsächlich so ist, daß der institutionelle Kontext „Schule“ die dort arbeitenden Lehrer in ihren allgemeinen Einstellungen prägt, so gilt es, diesen Prozeß dem Lehrer und dem zukünftigen Lehrer bewußt zu machen, nicht zuletzt auch dadurch, daß die Erwartungen und Mechanismen, die diese Anpassung auslösen, präsentiert werden. Schule in diesen Wirkungen erfahrbar zu machen, ist also eine Aufgabe des Schulpraktikums. Wird es aber genügen, diese Aufklärung zu leisten, um die betreffenden zukünftigen Lehrer in die Lage zu versetzen, sich frei zu halten oder wenigstens in gewisser Weise die Abhängigkeit zu verringern?

Eine weitere empirische Untersuchung zur Frage der *Lehrereinstellungen* und der Wandlungen, die diese durchlaufen können, gibt uns zusätzliche Hinweise. Eine Arbeitsgruppe an der Universität Konstanz hat seit einigen Jahren ebenfalls an diesen Problemen gearbeitet und u. E. recht bedeutsame Befunde aufgewiesen. Es handelt sich dabei um den folgenden Sachverhalt: Einstellungen von Abiturienten, die sich als in der Tendenz vornehmlich konservativ kennzeichnen lassen, wandeln sich während des Lehrerstudiums zu großer Progressivität und Reformbereitschaft, werden dann aber während des Referendariats und der ersten Dienstjahre im Lehrerberuf wieder in eine konservative Richtung gelenkt:

Die Befunde dieser Untersuchung machen deutlich, daß in den Phasen unterschiedliche *Einflüsse* wirksam geworden sind, von denen lediglich die konservativen eine überdauernde Funktion haben. Damit ist nicht gesagt, daß es nicht möglich sei, sich progressive Einstellungen zu bewahren, doch gilt diese Entwicklung für die meisten Lehrerstudenten und Lehrer. Wir

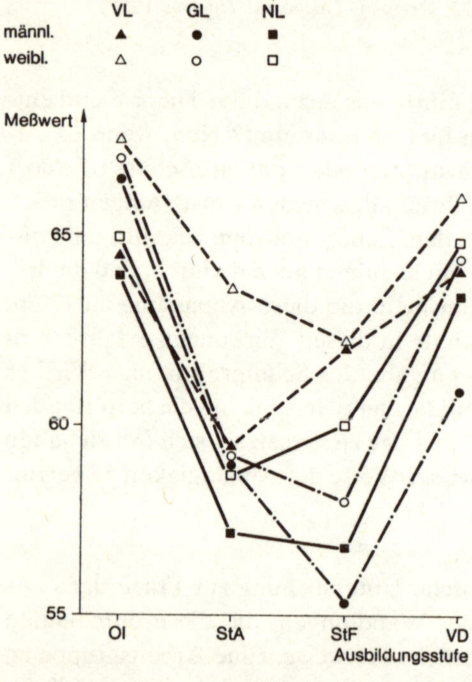

Abb. 1. (aus: *Cloetta* u. a. 1973, S. 932)
Entwicklung konservativer Einstellungen verschiedener Lehrerstudenten-Gruppen in verschiedenen Ausbildungsstufen.
Abkürzungen:
OI = Oberprima, StA = Studienanfänger,
StF = fortgeschrittene Studenten,
VD = Vorbereitungsdienst,
Berufsabsichten:
VL = Volksschullehrer,
GL = Gymnasiallehrer,
NL = kein Lehrerberuf

müssen dazu erkennen, daß nicht nur der konservative Einfluß zu Beginn des Referendariats und der Berufstätigkeit als ein Problem anzusehen ist, sondern bereits der auf Progressivität drängende Einfluß in der theoretischen Phase der Ausbildung. Offensichtlich sind diese Umorientierungen nicht so, daß die betreffenden Studenten aus ihnen die Kraft schöpfen könnten, unter gegenläufigen Einwirkungen standhaft zu bleiben. Ein Grund hierfür mag der mangelnde Praxisbezug in der theoretischen Ausbildungsphase sein, in der diese spätere Entwicklung somit nicht antizipierbar wird. Auch wenn in der theoretischen Ausbildung Phänomene der Anpassung behandelt werden, fehlt doch der praktische Erfahrungsraum. Wir sehen daher im Schulpraktikum eine Möglichkeit, für den Lehrerstudenten die institutionellen Anpassungszwänge des Lehrerberufs erfahrbar zu machen und die im Studium bisher gewonnenen Einsichten zu überprüfen.

Auch dazu bedarf es gewisser Voraussetzungen. Dazu gehört vor allem eine *Integration des Praktikums in die Ausbildungsaktivitäten der theoretischen Phase.* Das Schulpraktikum darf nicht vom einzelnen Studenten isoliert und ohne Bezug zu den Lehrveranstaltungen an den Hochschulen durchgeführt werden. Eine soche Integration muß allerdings nicht immer in formellen Lehrveranstaltungen geschehen, sondern kann auch durch begleitende Arbeitszirkel gewährleistet werden. Zudem können auch spezielle studentische Arbeitsgruppen, die im Rahmen von Lehrveranstaltungen anderer Art (d. h. nicht ausdrücklich auf Vor- und Nachbereitung von Schulpraktika bezogene Veranstaltungen) gebildet werden, den besonderen Aspekt des Praktikums aufgreifen – schon diese Möglichkeit deutet an, wie wichtig die Arbeit in Gruppen ist, die gemeinsam und in denselben Institutionen ihr Praktikum absolvieren, da solche Gruppen ihre Interessen gewiß besser durchsetzen können als Einzelne. Zu den Voraussetzungen eines Praktikums in der realen Erfahrungswelt gehört auch eine *Zielperspektive* und Orientierung der Praktikanten. Gewiß wird man als Praktikant nicht am ersten Tag in „seine“ Schule gehen sollen und im Gefühl des „Hoppla, jetzt komme ich“ alles verändern wollen.

Dennoch sollte die Arbeit im Schulpraktikum von einer längerfristigen Zielsetzung getragen sein, mit der sukzessiv der Versuch unternommen wird, eigene Vorstellungen in die Tat umzusetzen.

Im dargestellten Fall der Hamburger Patenschaftsgruppe ist der Abbau von Lernhemmungen und Lernschwächen bei benachteiligten Schülern eine solche Zielvorstellung, die sich die Gruppe gegeben hat. Dieses Ziel organisiert die Erfahrungen der Studenten, sie haben Wahrnehmungen und können diese auf ihren Maßstab beziehen: Was sind die Ursachen von Lernschwächen, wie werden sie verstärkt oder verringert oder gar ganz abgebaut? Solche Fragen sind Leitlinien der alltäglichen Arbeit und zeigen die Schwierigkeiten auf, Veränderungen zu bewirken; sie kennzeichnen aber auch die Hoffnungen und die erkannte Notwendigkeit, alltäglichen Enttäuschungen zum Trotz das Ziel weiter zu beachten.

Literatur

Bürmann, Ilse u. a.: Zum gegenwärtigen Stand der Lehrerbildung. Universität Hamburg, Interdisziplinäres Zentrum für Hochschuldidaktik. Vervielf. Msk. o. J.

Cloetta, Bernhard u. a.: Berufsrelevante Einstellungen als Ziele der Lehrerausbildung. In: Zeitschrift für Pädagogik, Heft 6, 1973, S. 919 – 941.

Lazarsfeld, Paul F.: Methodische Probleme der empirischen Sozialforschung. In: *H. Hartmann* (Hrsg.): Moderne amerikanische Soziologie. Stuttgart 1976, S. 95 – 117.

Lazarsfeld, Paul F., Thielens, Wagner: The Academic Mind. Glencoe, III. (Free Press) 1958.

3.5. Das Projektstudium

Im Rahmen ihres Konzepts einer integrierten Gesamthochschule hat die *Bundesassistentenkonferenz* den Begriff des „*forschenden Lernens*“ geprägt. Um diesen Begriff inhaltlich zu entfalten, wurde die Konzeption des Projektstudiums entwikkelt. Forschendes Lernen und Projektstudium stehen in einem sich wechselseitig erhellenden Zusammenhang: Die Arbeit in fächerübergreifenden, problemorientierten und berufsbezogenen Projekten ist die primäre Arbeitsform des forschenden Lernens.

Die Entwicklung des Projektbegriffs in der Didaktik[1])

Der didaktische Begriff des Projekts entstand zu Beginn unseres Jahrhunderts in der amerikanischen Pädagogik. *C. C. Richards* vom Teacher‘s College der Columbia-Universität (New York) forderte um die Jahrhundertwende für den Werkunterricht die selbständige Lösung von Arbeitsaufgaben durch die Schüler und bezeichnete diese Art von Werkarbeit als Projekte. *J. A. Stevenson*[2]) verwendete den Begriff etwa zehn Jahre später im Sinne einer Arbeitsaufgabe für die Schüler, die diese als Hausaufgabe im Anschluß an das im Unterricht theoretisch Erlernte praktisch durchzuführen hatten. Im pädagogischen Pragmatismus von *John Dewey* (1859 - 1952) und *W. H. Kilpatrick* nahm die Projektmethode als die Möglichkeit, „wertvolles Leben“ zu verwirklichen, eine zentrale Stellung ein: „Ein Projekt ist nach *Dewey* und *Kilpatrick* ein planvolles Handeln, das von dem gesamten personalen Impetus getragen wird und in einer sozialen Umwelt abläuft. Das planvolle Handeln wird als die typische Einheit des wertvollen Lebens betrachtet ... Dieses soll daher als Modell für das unterrichtliche Geschehen dienen. Das Lernen wird damit zurückgeführt auf seine ursprüngliche Funktion der Daseinsdeutung und Daseinsgestaltung, ausgerichtet auf ein erstrebenswertes Ziel“[3]).

Die Projektmethode erzeugt vor allem eine ursprüngliche und langandauernde Motivation und hat eine Fülle sekundärer, nicht unmittelbar initiierter Lernakte zur Folge (Begriff des „concomitant learning" von *Kilpatrick).* In den zwanziger Jahren fand der Begriff Eingang in die deutsche Reformpädagogik. Man vergleiche dazu insbesondere die Begriffe ‚Vorhaben'[4]) und ‚Unterrichtsleben'[5]).

Auf einen allgemeinen Nenner gebracht, geht es bei der Projektmethode darum, Erkennen und Tun, Theorie und Praxis wirkungsvoll zu verbinden. Dabei sollen nicht lebensnahe Situationen im Unterricht geschaffen werden, vielmehr soll der Unterricht selbst zur Lebenssituation umgewandelt werden.

Projekte können in Einzel- oder Gruppenarbeit durchgeführt werden. Sie entfalten sich an von den Schülern selber gefundenen Fragestellungen. Sie sind handlungs- und praxisorientiert und daher notwendig fächerübergreifend. Wenn auch die Projektmethode als Kritik an der herkömmlichen Buchschule entstand, so ist sie doch vom Ansatz her keineswegs auf manuelles Tun beschränkt. Auch geisteswissenschaftlich – ästhetische Projekte sind denkbar.

Der hochschuldidaktische Projektbegriff

Wenn man die Wurzeln des oben angedeuteten didaktischen Projektbegriffes sucht, so wird man zurückverwiesen an *Rousseau* und *Pestalozzi.* Dort liegen die Anfänge einer sozialen Arbeitsschule, deren Ziel eine Stärkung der Arbeiterklasse und – auf demokratischem Weg über den Stimmzettel – eine Vergesellschaftung der Produktion ist[6]). Die Umformung der Gesellschaft, ihre Hebung durch gesellschaftliche Arbeit wird zum zentralen Projekt. Begriffe wie Emanzipation und Demokratisierung, die heute als Leitbegriff über allen Schul- und Hochschulreformen stehen, entstammen letztlich demselben historischen Kontext und sind mit denselben politisch-gesellschaftlichen Interessen verknüpft. Es ist deshalb nicht verwunderlich, daß der Projektbegriff als ein Mittel, die Trennung von wissenschaftlicher Theorie und gesellschaftlicher Arbeit bzw. Praxis zu überwinden, in der neueren Hochschuldidaktik Eingang gefunden hat.

Zum Begriff des forschenden Lernens

Man kann drei Formen des Lernens nach dem jeweiligen Grad der Beteiligung des Lernenden am Erkenntnisprozeß unterscheiden: (1) Das rezeptive Lernen (die passive Aufnahme vorstrukturierten, systematisierten Wissens, (2) das genetische Lernen (ein vom Lehrenden initiierter und unterstützter, jedoch vom Lernenden vollzogener Erkenntnisprozeß, in den wissenschaftlich bereits gelöste Probleme in ihrer Lösung nachvollzogen werden), (3) das forschende Lernen (aktive Teilnahme der Lernenden am Wissenschafts- bzw. Forschungsprozeß). Wesentliche Kriterien des forschenden Lernens sind Problembezogenheit, Aktivierung und Selbstbestimmung der Lernenden.

Studienorganisatorisch ist für das forschende Lernen eine Arbeit in Kleingruppen (5-7 Personen), sowie eine Kompaktorganisation (Zeitdauer 5-6 Wochen) zu empfehlen. Notwendige Randbedingungen sind dabei offene, nicht zu stark reglementierende Studiengänge und angemessene Formen der Lernkontrolle (Gruppenarbeit, Kolloquien etc.).

Forschendes Lernen setzt das, was es errreichen will – nämlich intrinsische Motivation, Selbständigkeit des Arbeitens, Kommunikationsfähigkeit und Teamarbeit – immer schon voraus. „Forschendes Lernen steht also in einem interdependenten Verhältnis zu bestimmten Fähigkeiten, die es gleichzeitig fordert und voraussetzt. Es darf deshalb nicht als idealtypisches Ziel für ‚fortgeschrittene' Studenten gesehen, sondern muß von Anfang an als Methode eingesetzt werden"[7]. Wollte man vor den Beginn des forschenden Lernens eine Phase rezeptiven

Grundstudiums vorschalten, so würden die Probleme des forschenden Lernens dadurch eher verschärft als abgebaut.

So effektiv forschendes Lernen auch immer sein kann, man sollte seine Nachteile nicht übersehen:

– Forschendes Lernen ist mit relativ großem Zeitaufwand verbunden.

– Forschendes Lernen stellt höhere Anforderungen an den Lernenden als rezeptives und genetisches Lernen.

– Die systematische Bewältigung umfangreicherer Wissensgebiete kann nicht allein durch forschendes Lernen erfolgen. Eine Beschränkung auf exemplarische Probleme ist unumgänglich.

Definition des Projektstudiums

Ausgehend vom didaktischen Projektbegriff und in der Absicht, ein Hochschulreformkonzept zu entwickeln, das die Trennung von wissenschaftlicher Theorie und gesellschaftlicher Praxis überwinden soll, wurde der Begriff des Projektstudiums in die hochschuldidaktische Situation eingeführt. Das Konzept des Projektstudiums kann als Konkretisierung des Begriffs ‚forschendes Lernen' betrachtet werden. Die Definition und Verwendung des Begriffes Projektstudium ist recht unterschiedlich, man kann jedoch davon ausgehen, daß in allen Varianten des Projektbegriffes folgende vier Komponenten enthalten sind:

– *„Forschungsvorhaben"*, d. h. die methodische und rationale Bearbeitung eines komplexen Problemfeldes mit prinzipiell offenem Ergebnis („Forschendes Lernen"),

– *„Gruppenarbeit"*, d. h. kollegiale Beschäftigung mit Wissenschaft, bei der soziale Motivationen und gruppendynamische Prozesse bewußt genutzt werden,

– *„Praxisbezug"*, d. h. bewußte Reflexion auf die soziale Relevanz der Ausbildung und auf spätere Tätigkeitsfelder sowie Einbeziehung eines ersten Verhaltenstrainings in das Studium,

– *„Selbstbestimmung"*, d. h. Einlösung der Studienfreiheit

und Organisation der Lernstrategien, Gegenstände und Methoden durch die Studenten selbst[8]).

Dies bedeutet im einzelnen: Bei einem Projekt müssen die Lernschritte in einem offenen Verfahren, nicht simuliert ablaufen. Damit ändert sich die Funktion des Lehrenden: Er wird zum Mitarbeiter mit Spezialkenntnissen und tritt aus seiner führenden Position heraus. Voraussetzung für eine sinnvolle Gruppenarbeit beim Projektstudium ist ein Mindestmaß an Heterogenität bezüglich der Interessen, der Semesterzahl und der fachlichen Schwerpunkte. Nur dann ist eine echt arbeitsteilige Gruppenarbeit möglich. In zu homogenen Gruppen kommt es nur zu einer simulierten Arbeitsteilung. Die Frage ob, in welchem Ausmaß und in welcher Form, vor, im oder parallel zum Projektstudium Phasen der Information bzw. des rezeptiven Lernens notwendig sind, wird – je nach der zugrundeliegenden Konzeption von Projektstudium – ganz unterschiedlich beantwortet.

Verschiedene Konzeptionen des Projektstudiums

Wenn man den Begriff Projektstudium näher bestimmen möchte, zeigen sich zwei gegensätzliche Grundkonzeptionen:
1. Projektstudium als praktisch werdende Kritik gegenwärtiger gesellschaftlicher Verhältnisse

Die bürgerliche Hochschulorganisation ist gekennzeichnet durch das Auseinanderfallen von wissenschaftlicher Theorie und gesellschaftlicher Praxis. Aufgabe des Projektstudiums ist es, die derzeit gesellschaftlich gesetzten Grenzen einer Theorie-Praxis-Integration sichtbar werden zu lassen. Dabei zeigt sich, daß das Theorie-Praxis-Problem nicht allein von den Universitäten aus gelöst werden kann, da diese bei ihren Reformbewegungen immer an die Beschränkung der gesellschaftlichen Wirklichkeit stoßen.

Konkret geht es um folgende Einzelprobleme:

– Das Projektstudium ist eine metadisziplinäre Organisationsform des Studiums.

– Das Projektstudium ist an gesellschaftlich relevanten Problemen bzw. an einem Feld der Berufspraxis orientiert. „Projekt ist die Vermittlung von Wissenschaft als Form qualifizierter Arbeit und als Form der Reproduktion qualifizierter Arbeit mit den Formen ihrer Verwertung und den Bereichen der Anwendung“[9]).

– Das Projektstudium ist eine institutionalisierte Kritik an der traditionellen Fächerabgrenzung. Entgegen dem desintegrierten Realitätsbezug dieser Abgrenzung wird ein überfachlicher Realitätsbezug angestrebt. Ziel ist die Überwindung der verselbständigten Einzelwissenschaften zugunsten einer integrierten Gesamtwissenschaft.

– Das Projektstudium muß durch Wissenschaftstheorie, die an einer kritischen Gesellschaftstheorie orientiert ist, fundiert werden.

– Das Projektstudium ist eine umfassende Form der Studienorganisation und damit mehr als bloß ein hochschuldidaktisches Reformprinzip unter anderen.

Eine Reform der Universitäten durch das Modell des Projektstudiums ist nicht möglich, da jede solche Reform ohne Änderung der gesamtgesellschaftlichen Verhältnisse Stückwerk bleiben muß. Aufgabe des Projektstudiums ist es daher, die Abhängigkeit universitärer Strukturen von der Gesellschaftsstruktur differenziert aufzuzeigen, um dadurch die Motivation für eine praktisch werdende Reflexion des Theorie-Praxis-Bezuges zu erhöhen. Nur wenn es gelingt, die politische Perspektive der Veränderung der Gesellschaft ständig und praktisch folgenreich zu thematisieren, kann eine technokratische Vereinnahmung dieses Ansatzes verhindert werden.

Es ist nicht weiter verwunderlich, daß ein Projektstudium dieser Art politisch dogmatisch sein muß. So formuliert *Thomas von der Vring,* der Gründungsrektor der Universität Bremen, im Hinblick auf Projektstudium und Reformuniversität: „Die Entscheidung für eine progressive Reformuniversität impliziert eine politische Entscheidung, die den Pluralismus der politischen Richtungen an der Reformuniversität einschränkt“[10]).

2. Projektstudium als hochschuldidaktisches Reformprinzip

Wenn man die Kriterien „Berufsfeldbezug“, „Problemorientierung“ und „Interdisziplinarität“ aus dem politisch-ökonomischen Begründungszusammenhang löst, kann man Projektstudium als bloßes hochschuldidaktisches Prinzip auffassen. Projektstudium ist dann ein technologisches Mittel, um den Hochschulbetrieb zu rationalisieren und die Studienleistungen zu maximieren. In diesem Ansatz werden nur die technokratisch verwertbaren Elemente der Projektidee aufgenommen: „Es ist damit zu rechnen, daß eine ‚systemimmanente‘ Projektgruppenarbeit, die ausschließlich an vorgegebenen Leistungszielen orientiert ist, im Verlauf der weiteren Entwicklung deutscher Hochschulen mindestens im gleichen Maße, wenn nicht in größerem Maße eine Rolle spielen wird als die … ‚systemkritische‘ Projektgruppenarbeit, wie sie von den Ausschüssen der Bundesassistentenkonferenz intendiert wird“[11]). Anstelle eines politisch-emanzipatorischen Ansatzes wird Projektstudium zur leistungsorientierten Gruppenarbeit umgedeutet. Es werden nur die Reformelemente des Projektstudiums realisiert, die eine Maximierung der meßbaren Studienleistungen versprechen.

Die Praxis des Projektstudiums

Im folgenden Kapitel soll die praktische Durchführung von Projektstudiengängen allgemein und anhand einiger konkreter Hochschulprojekte dargestellt werden.

Die Ablauforganisation von Projekten
Da das Projektstudium auf die Lösung relativ komplexer und praxisbezogener Probleme angelegt ist, kann sein Ablauf nicht linear und eindimensional erfolgen. Die folgende Ablaufskizze ist deshalb nur als erster Anhaltspunkt zu verstehen. Je nach Art des zugrundeliegenden Projekts ist der Ablauf unterschiedlich strukturiert. Die Ziele des Projekts sollten nicht vorgegeben sein, sondern im Laufe der Projektarbeit immer klarer von allen Beteiligten herausgearbeitet werden.
Folgende Projektphasen können unterschieden werden:[12])

– Anregungsphase	(Erste Fassung des Problems, Grobzielformulierung).
– Informationsgewinnungsphase	(Untersuchung der Problembedingungen, Möglichkeiten der Bewältigung).

– Informationsverdichtung und Datenselektion	(Auswahl der Daten nach übergeordneten Gesichtspunkten).
– Weiteres Vorgehen organisieren	(Aufstellung eines detaillierten Arbeitsplanes, gegebenenfalls neue Informationsphase).
– Alternativversuche	(Aufzeichnung mehrerer Lösungswege des komplexen Problems).
– Bearbeitung der Alternativen	(Teilweise Realisierung, um eine vergleichende Bewertung der Alternativen durchführen zu können.

– Vorauswahl der Alternativen,
Prognose über wahrscheinliche Nebenwirkungen.
– kritische Prüfung.
– Entschluß über die günstige Lösung und die endgültige Durchführung.
– Evaluation.

Beispiele für Projekte

1. Universität Oldenburg

Modellversuch zur einphasigen Lehrerausbildung[13]). Die gesamte Lehrerausbildung soll auf der Grundlage des Projektstudiums durchgeführt werden.

Phasen des Modellversuchs:
1. *Problemfindung*
Analyse von Anforderungssituationen im Hinblick auf:
– Mängel in bezug auf objektive gesellschaftliche Bedürfnisse.
– Probleme der von der Anforderungssituation Betroffenen.
– Interessen an Verwertung und Verwendung der Mängel und Probleme.
– Möglichkeiten struktureller Veränderung.
Notwendige wissenschaftliche Qualifikationen für Problemfindung (und -lösung): Subjektive Möglichkeiten und Interessen der am Projekt Beteiligten.
Materielle, personelle und organisatorische Möglichkeiten.
Formulierung des Problems.
2. *Problemlösung*
Hypothesenbildung durch Analyse
– institutioneller und curricularer Rahmenbedingungen
– von Erfahrungen im Berufsfeld
– von Interessen
– von gesellschaftlich relevanten Ansätzen zu alternativen Problemlösungen.
Analyse der Hypothesen über Problemlösungsrichtungen einzelner Wissenschaftsdisziplinen, Analyse der Hypothese aufgrund subjektiver Interessen.
Analyse der materiellen, personellen, organisatorischen Möglichkeiten zur Hypothesenüberprüfung:
– Arbeitsplanung durch Abgrenzung verschiedener Aspekte der Problemlösung (wissenschaftliche Ansätze, Methoden, Bereitstellung von Instrumenten, Zuordnung von Arbeitsformen, z. B. Plenum, Gruppen- und Einzelarbeit, Organisation des zeitlichen Verlaufs)

– Gruppenbildung
– Erstellung eines Arbeitsplanes
– Realisation.

3. *Auswertung*

– Auswertung der Problemlösungen bzw. Defizite im Hinblick auf alternative Handlungsstrategien, Verwertbarkeit spezifischer wissenschaftlicher Ansätze, wissenschaftstheoretische Konsequenzen.

– Motivationen und Qualifizierungen der am Projekt beteiligten Personen. Kollektive Arbeits- und Entscheidungsprozesse, Art der Bereitstellung wissenschaftlicher Ansätze, Methoden etc.

– Zeitliche und räumliche Verlaufsplanung, personeller und materieller Bedarf, Koordination und Information, Selbstverwaltung.

– Zuordnung, Effektivität und Ergebnisse einzelner Arbeitsformen (Einzel-, Gruppen- und Plenumsarbeit).

– Erstellung eines Abschlußberichtes/neue Probleme.

Das nach diesem Entwurf geplante Studienmodell sieht 3 Studienabschnitte vor):

1. Studienabschnitt (1.-3. Semester:
Orientierung, Studienmotivation, Berufsvorstellungen, Entwicklung eines fachspezifischen Problembewußtseins. Am Ende dieser Phase: Vorentscheidung, ob Lehramt/Diplom und welche Unterrichtsfächer.

2. Studienabschnitt (3.-7. Semester):
Lösung fachspezifischer Fragestellungen und deren Umsetzung im Berufsfeld. Am Ende dieses Studienabschnitts Entscheidung für den Stufenschwerpunkt.

3. Studienabschnitt (8.-10. Semester):
Auswertung, Vertiefung und Spezialisierung der bisherigen Arbeit im Hinblick auf die Berufspraxis.

Alle drei Studienabschnitte können in sich unterteilt werden nach Phasen der Problemfindung, Problemlösung und Auswertung.

2. Das Projektstudium an der Universität Osnabrück[14])

Während das Bremer Modell Studienbereiche (projektorientiert) und Fachsektionen (orientiert an der traditionellen Wissenschaftssystematik) vorsieht, sieht das Osnabrücker Modell eine Zweiteilung von Projektbereichen und Studiengangsausschüssen vor; Fachsektionen sind unerwünscht.

Auch Studiengangsausschüsse sind nur zu bilden wenn ein bestimmter Studiengang durch mehrere Projektbereiche führt. „Forschung, Lehre und Studium werden ... an der Univerität Osnabrück in Projekten realisiert und in Projektzentren (PZ) organisiert“[15]).

Kriterien eines Projektzentrums sind:

– Studienrelevanz
– Forschungsrelevanz
– Berufsfeldorientierung
– Interdisziplinarität
– Einbeziehung der Sozialwissenschaften

Wenn ein Thema für ein Projekt gefunden ist, bildet die *Projektgruppe* den organisatorischen Rahmen für die Bearbeitung. Sie kann prinzipiell schon von 13 Personden konstituiert werden, sinnvolle Arbeitsmöglichkeiten ergeben sich jedoch erst ab ca. 25 Personen. Aus Gründen der Übersichtlichkeit und Kooperationsmöglichkeit sollten es nicht mehr als 70 sein.

Folgende Zusammensetzung wird vorgeschlagen:
3-10 Hochschullehrer (H1-H4).
3-10 Graduierte (Aufbau- und Kontaktstudenten).
20-50 Studenten.

Als Mittelwert könnte man 3 : 5 : 30 ansetzen, womit sich ein Verhältnis Hochschullehrer zu Studenten von 1 : 11,7 ergäbe.

Der *Projektbereichsrat* bewilligt die zur Durchführung notwendigen Mittel.

Mehrere Projektgruppen sind organisatorisch in einem Projektbereich zusammengefaßt. Projektgruppen haben eine relativ kurze Lebensdauer (ab 1 Jahr), Projektbereiche eine längere (etwa 10-20 Jahre).

Ein Projektbereich umfaßt Projekte
– mit gemeinsamem Berufsfeld bzw. Studiengang
– mit gemeinsamen Forschungs-, Bearbeitungs- oder Zielobjekten
– mit gemeinsamem Instrumentarium.

Er sollte nicht mehr als 30-40 Projektgruppen umfassen. Ein voll ausgebauter Projektbereich hätte demnach:
30 - 40 Projektgruppen
90 - 120 Hochschullehrerstellen (H1-H4)
150 - 200 Graduiertenplätze (Aufbau- und Kontaktstudenten)
900 - 1200 Studienplätze.

Diese Zahlen sind für die Planungs-, Organisations- und Verwaltungsgremien des Projektbereichs noch überschaubar.

Weitere Darstellung von bereits durchgeführten Projekten im Hochschulbereich finden sich u. a. im 11. Beiheft der Zeitschrift für Pädagogik (1972): „Schulpraktische Studien in der Lehrerbildung“ und in dem Bändchen „lehrerausbildung durch projektstudium“ (Reinbek b. Hamburg) hrsg. vom Göttinger Kollektiv.

Möglichkeiten der Realisierung fächerübergreifenden Lehrens und Lernens

Nach Darstellung der theoretischen Grundlagen und einiger praktischen Konkretisierungen des Projektstudiums ist deutlich geworden, daß die weitaus größere Anzahl der bislang geplanten und realisierten Projekte im Hochschulbereich eine marxistische wissenschaftstheoretische Basis aufweisen. Dennoch gibt es Versuche, Begriff und Sache des Projektstudiums auch in die nicht-dogmatisch-marxistische Hochschulreform zu integrieren.

Der folgende Überblick über Vor- und Nachteile des Projektstudiums bezieht sich vorwiegend auf das Prinzip der Interdisziplinarität, schließt jedoch Prinzipien wie Berufsfeldbezogenheit, Gruppenarbeit u. ä. mit ein.

Vorteile und Nachteile fächerübergreifender Veranstaltungen

Als *Vorteil* eines fächerübergreifenden Studiums werden genannt:

– Erhöhung der Motivation der Lernenden. Steigerung der intrinsischen Motivation.

– Bezug der Ausbildung zur Berufspraxis;
Verhindern einer unkritischen Spezialisierung.

– Einübung in kooperative Arbeitsformen;
Lernen sozialer Fähigkeiten.

– Rationalisierung der Studiengänge, Verkürzung der Studienzeiten und Entrümpelung der Fachcurricula.

Die Kritiker nennen folgende *Nachteile* fächerübergreifender Studiengänge:

– Fächerübergreifendes Arbeiten in Gruppen ist erst nach einem fachorientierten Grundstudium möglich bzw. sinnvoll.

– Fächerübergreifendes, forschendes Lernen und dazu erforderliche rezeptive Informationsphasen sind schwer aufeinander abzustimmen.

– Bei einem ausschließlich fächerübergreifenden Studienaufbau droht die Gefahr, daß die Studenten entweder zu bornierten Spezialisten oder zu oberflächlichen Dilettanten werden.

– Fächerübergreifende Studien bzw. Gruppenarbeit innerhalb dieser Studien benachteiligt die fleißigen Einzelarbeiter und bevorzugt die cleveren, redegewandten Mitläufer unter den Studenten.

Ein Hauptproblem fächerübergreifenden Lehrens ist die Kooperation der Lehrenden. Zur fachwissenschaftlichen Problematik fächerübergreifenden Lehrens kommen also noch die Probleme des Kontakts und der Kommunikation zwischen den Lehrenden. Ideal wäre die Durchführung fächerübergreifender Veranstaltungen durch nur einen Lehrenden, der kompetent für zwei oder mehrere Fachbereiche ist, zumindest hinsichtlich der speziellen Problemstellung des einzelnen Seminars. Andernfalls droht immer die Gefahr, daß fächerübergreifende Veranstaltungen nur additiven Charakter haben und eine Überwindung der Fachgrenzen Theorie bleibt.

Konsequenzen für die Primarlehrer-Ausbildung

Die folgenden Überlegungen sind nur als erster Diskussionsentwurf zu verstehen.

– Bei fachwissenschaftlichen und fachdidaktischen Seminaren soll der Praxisbezug als praktisch werdende Reflexion auf die Schul- bzw. Lehrsituation stärker als bisher betont werden.

– Neben gemeinsamen additiven Seminaren sollen mehr fächerübergreifende Einzelveranstaltungen durchgeführt werden, damit die Lehrenden Erfahrungen für künftige, gemeinsame, metadisziplinäre Seminare sammeln können.

– Die Einführung metadisziplinären Unterrichts, wie z. B. Sachkunde in der Primarstufe, legt die Einführung eines Fachgruppenlehrers nahe.

– Detaillierte Aussagen zum Stellenwert fächerübergreifender Veranstaltungen im Studiengang eines Primarstufenlehrers sind erst dann möglich, wenn durch die Ausarbeitung von Curricula geklärt worden ist, wie das Verhältnis von rezeptivem und forschendem Lernen in den einzelnen Fächern aufgrund fachwissenschaftlicher und fachdidaktischer Kriterien aussehen müßte.

Anmerkungen

1. vgl. dazu: *C. Nelson L. Blossig:* Die Projekt-Methode, in: *G. Geißler* (Hrsg.): Das Problem der Unterrichtsmethode in der pädagogischen Bewegung. Weinheim, Berlin, Basel, 8. Auflage 1970, S. 123 ff.
2. *J. A. Stevenson:* The Project Method of Teaching, New York 1921.
3. *Lexikon der Pädagogik:* Neue Ausgabe, Freiburg/Basel/Wien 1972, Band 3, S. 352.
4. vgl. dazu die Schriften von *A. Reichwein, O. Haase, J. Kretschmann.*
5. *P. Petersen* hat in seinem Jenaplan den Begriff des Unterrichtslebens geprägt, der Ideen der Projektmethode in sich aufnimmt. Er übersetzte 1935 *Kilpatricks* Aufsatz über die Projektmethode (1918) zusammen mit einigen Arbeiten von *Dewey* und *Collings* unter dem Titel „Der Projektplan, Grundlegung und Praxis".
6. vgl. dazu *F. Karsen:* Sinn und Gestalt der Arbeitsschule, in: Wesen und Wege der Schulreform, hrsg. von *Adolf Grimme,* Berlin 1930, S. 111 ff.
7. *Irene Kehler:* Didaktik eines Studienreformmodells, Weinheim, Basel 1973, S. 76
8. Materialien der *Bundesassistentenkonferenz* (BAK) 6, Beiträge zur Studienreform, Bonn, Dezember 1970, S. 72.
9. Materialien der *Bundesassistentenkonferenz* (BAK) 11, Materialien zum Projektstudium, Bonn, November 1973, S. 156.
10. zitiert nach Materialien der *BAK* 11, Materialien zum Projektstudium, Bonn, November 1973, S. 74.
11. Materialien der *BAK* 11, Materialien zum Projektstudium, Bonn, November 1973, S. 13.

12. vgl. dazu Materialien der *BAK* 11, Materialien zum Projektstudium, Bonn, November 1973, S. 48/49.
13. vgl. dazu: Materialien der *BAK* 11, Materialien zum Projektstudium, Bonn, November 1970, S. 108 ff.
14. vgl. dazu: Materialien der *BAK* 11, Materialien zum Projektstudium, Bonn, November 1973, S. 142 ff.
15. a. a. O., S. 145.

Bibliographie

1. Schriften der *BAK* 5, Forschendes Lernen – Wissenschaftliches Prüfen. (Blaue Reihe) Bonn, Januar 1970.
2. Materialien der *BAK* 6, Beiträge zur Studienreform. (Weiße Reihe) Bonn, Dezember 1970.
3. Materialien der *BAK* 11, Materialien zum Projektstudium. (Weiße Reihe) Bonn, November 1973.
4. Konferenz der *Pädagogischen Hochschulen:* Vorschläge zur Reform von Schule und Hochschule Weinheim/Berlin/Basel 1970.
5. *Elin-Birgit Berndt u. a.:* Erziehung der Erzieher: das Bremer Reformmodell. Reinbek bei Hamburg 1972.
6. *Göttinger Kollektiv* in der GEW: Lehrerausbildung durch Projektstudium. Reinbek bei Hamburg 1973.
7. *Irene Kehler:* Didaktik eines Studienreformmodells. Weinheim/-Basel 1973.
8. *Haag / Krüger / Schwärzel / Wildt:* Aktionsforschung. Forschungsstrategien, Forschungsfelder und Forschungspläne, München 1972.

3.6. Team teaching

Team teaching ist eine Form der Zusammenarbeit von Lehrern, die in den fünfziger Jahren in den USA entwickelt worden ist. Wesentliche Kennzeichen dieser Konzeption sind die Zusammenarbeit von zwei oder mehr Lehrern mit unterschiedlichen Kompetenzen und Funktionen und eine variable Unterrichtsorganisation (Zusammenfassen mehrerer Klassen zu Großgruppen, Bildung von Kleingruppen entsprechend der didaktischen Notwendigkeit).

Da Lehrer in ihrem Beruf vorwiegend mit Kindern und Jugendlichen umgehen, fehlt ihnen das in anderen Berufsgruppen selbstverständliche Korrektiv der Erwachsenenwelt. Dies und nicht allein die Erfordernisse einer fachlichen Spezialisierung verweisen darauf, daß Kooperation für Lehrer besonders wichtig ist.

Innerhalb eines Teams von Lehrern bildet sich eine Hierarchie heraus, die es erlaubt, daß qualifizierte, erfahrene Lehrer ihre Erfahrungen weitervermitteln und Berufsanfänger eine Möglichkeit der Einarbeitung finden. In den amerikanischen Versuchen mit Team-teaching haben sich folgende Rollen innerhalb des Teams herauskristallisiert:

– Der *Teamleiter,* ein Lehrer mit größerer Erfahrung und speziellen Fähigkeiten der Menschenführung. Er koordiniert die Arbeit im Team.

– Die *Teamlehrer,* Lehrer, die voll qualifiziert und eingearbeitet sind.

– Die *Lehrassistenten,* Junglehrer, die im Rahmen des Teams Erfahrungen sammeln und Fertigkeiten erwerben sollen.

– Der *Hilfslehrer,* ein außerhalb des Teams stehender Lehrer, der für Spezialaufgaben herangezogen wird.

– Die *Lehrerhilfskraft,* eine nichtprofessionelle Person, die den Lehrer von Verwaltungs- und anderen Routinearbeiten entlasten soll.

Dazu kommen noch *technische Hilfskräfte* und *Schreibkräfte.* Neben dem Willen der am Team beteiligten Lehrer, miteinander zu arbeiten, müssen auch technische- und Raumausstattung an der Schule gegeben sein.

Die Arbeit im Team ermöglicht den Lehrern eine fachliche Spezialisierung. Sie kann vertikal (Über- und Unterordnungsverhältnisse) wie auch horizontal (Gleichordnung) sein. Jeder Teamlehrer ist zuständig für sein Fachgebiet und kann seine Kollegen darin entlasten. Durch die Notwendigkeit der Zusammenarbeit im Team kann die sozial-integrative Einstellung der Lehrer gefördert werden. Dies überträgt sich möglicherweise auf die Schüler. Der Lehrer, der im Team die Erfahrung des Aufeinander-Angewiesenseins erfährt,wird auch gegenüber den Schülern autoritäre Steuerpositionen aufgeben.

Im Rahmen eines Teams erhöht sich die curriculare Entscheidungskompetenz, der ständige Erfahrungsaustausch erweitert den Horizont der Teamlehrer. Für die Schüler ergibt sich Unterrichtsqualität. Durch den Unterricht in Großgruppen wird ökonomischer gelehrt, technische Medien können effizienter eingesetzt werden. Die hierarchische Strukturierung des Teams bietet dem einzelnen Lehrer Möglichkeiten der Qualifizierung und Profilierung. Darüber hinaus können im Team Modelle zur Berufseinführung und Lehrerfortbildung entwickelt und erprobt werden.

Allerdings sind nicht alle Lehrer zur Teamarbeit bereit. Vor allem ältere, berufserfahrene Lehrer werden sich schwertun, da sie an eine andersartige Form des Lehrens gewöhnt sind. Auch die Übernahme von Kompetenzen durch das Team, die bisher der Schulverwaltung, Schulaufsicht, Curriculumplanern etc. vorbehalten waren, kann Schwierigkeiten erzeugen.

Die unterschiedlichen Bedingungen der Schulverwaltung in USA und Deutschland haben dazu geführt, daß das Teamteaching-Konzept bei uns nur in modifizierter Form übernommen worden ist. Eine rangmäßige, nicht nur fachspezifische Differenzierung innerhalb des Teams, wie sie in Amerika angestrebt wird (Möglichkeiten des einzelnen, Führungsrollen zu erreichen als Laufbahnanreiz!) ist jedoch nicht unbedingt erstrebenswert.

Bibliographie

Baumhauer, Joachim: Team-Teaching und seine psychologischen Probleme, in: Unterricht heute, 20 (1969) Heft 8, S. 297-306.

Bönsch, Manfred: Unsere Möglichkeit eines „teaching in teams", in: Ganzheitliche Bildung, 18 (1967) Heft 10, S. 353-356.

Brinkmann, G.: Team Teaching. Erfahrungen, Modelle,Praktische Beispiele. Ratingen 1973.

Brownell, John A., Taylor, Harris S.: Theoretische Perspektiven für den Unterricht in Teams, in: Bildung und Erziehung, 21 (1968) Heft 5, S. 329-342.

Christian, Wolfgang, Schneider, Ernst: Team-Teaching und politische Bildung. Frankfurt a. M. 1970.

Cordt, Willy: Teaching in teams, in: Die Deutsche Schule, 55 (o. J.) Heft 4, S. 201-212.

Correll, Werner: Zur Theorie und Praxis der Methode des team-teaching, in: Aula (1969) Heft 1, S. 5-11.

Dechert, H.-W. (Hrsg.): Team Teaching in der Schule. Texte, München 1972.

Flechsig, Karl-Heinz: Zur Umgestaltung der Unterrichtsorganisation, in: Sonderheft der Neuen Sammlung, Göttingen1966.

Freemann, J.: Team Teaching in Britain, London 1969.

Glaser, H. (Hrsg.): Team Teaching – konkret. Schulversuche auf dem Weg zum Beweglichen Unterricht, Freiburg i. B. 1968.

Karow, Willi: Das Projekt variierende Größe der Schülergruppen und Team Teaching, in: *Otto Peters:* Differenzierung und Individualisierung des Unterrichts, Berlin 1969, S. 23-50.

Kroner, Walter: Team Teaching und Schulbau, in: Bildung und Erziehung, 21 (1968) Heft 5, S. 353-363.

Lau, H.: Ein Team-Teaching-Projekt an der 6. Hauptschule Neukölln, in: Unterrichtsplanung Beispiel Hauptschule. Hrsg. v. U.J. Kledzik, Schroedel, Auswahl Reihe B, Heft 22, S. 210-214.

Lovell, K.: Team Teaching. Leeds 1967.

Lovell, K.: An Experiment in Team Teaching. Exeter 1968.

Meyer, Ernst: Unterricht durch Lehrergruppen – Erfahrungen mit team-teaching, in: Unsere Volksschule, 19 (1968) Heft 8, S. 358-370.

Meyer, Ernst (Hrsg.): Team Teaching. Versuch und Kontrolle. Heidelberg 1971.

Muth, Jakob: Team Teaching im 1. Schuljahr, in: Bildung und Erziehung, 21 (1968) Heft 5, S. 346-353.

Muth, Jakob: Team Teaching im 1. Schuljahr. in: Die Grundschule, 1 (1969) Heft 2, S. 17-23.

Preibusch, W.: Team-teaching, in: Unterrichtsplanung Beispiel Hauptschule. Hrsg. v. U.J. Kledzik, Schroedel, Auswahl Reihe B, Heft 22, S. 207-209.

Rodhe, Birgit: Lehrerrolle im Wandel. Teamunterricht – eine kommende Revolution, in: Differenzierung und Individualisierung des Unterrichts. Hrsg. *v. W.-P. Teschner,* Göttingen 1971, S. 211-217.

Schlicht, Rüdiger: Team teaching – die Schule von morgen – der Norwalk-Plan in den USA, in: Die Scholle, 37 (1969) Heft 5, S. 268-277.

Schmidt, Ulrich: Großgruppenunterricht und team teaching, in: Gesamtschulen in Nordrhein-Westfalen. Hrsg. v. *Günter Bechert,* Weinheim 1971, S. 46-59.

Shaplin, J. T., Olds, H. F. (Hrsg.): Team Teaching. New York 1964.

Söntgerath, Alfred: Postulate des Team Teaching an die Lehrerbildung, in: Welt der Schule, 22 (1969) Heft 3, S. 97-107.

Söntgerath, Alfred: Wandlungen der Schülerrolle beim Team Teaching, in: Bildung und Erziehung, 21 (1968) Heft 5, S. 363-371.

Straube, Harald: Team-teaching und beweglicher Unterricht, in: Die demokratische Schule, 14 (1967) Heft 8/9, S. 155-165.

Teschner, Wolfgang-P.: Pädagogische Forschungs- und Entwicklungsarbeit in Schweden – Der Pädagogische Entwicklungsblock Malmö (PUM), in: Gesamtschulen Informationsdienst, 1969, Heft 3, S. 12-27 und Heft 4, S. 12-25.

Trump, J. Lloyd: Team Teaching – es könnte auch Ihnen begegnen, in: Bildung und Erziehung, 21 (1968) Heft 5, S. 343-346.

Trump, J. Lloyd: Was ist Team Teaching? In: Bildung und Erziehung, 21 (1968) Heft 5, S. 322-328.

Wellendorf, Franz: Formen der Kooperation von Lehrern in der Schule, in: *Fürstenau* u. a.: Zur Theorie der Schule, Weinheim 1969, S. 91-113.

Wellendorf, Franz: Team-teaching.

Veränderung der Rolle des Lehrers in der Schule, in: betrifft: erziehung, 1968, Heft 1, S. 21-23.

Winkel, Rainer: Team Teaching – was ist das? In: Westermanns Pädagogische Beiträge, 1972, Heft 8, S. 407-414.

Winkel, Rainer: Theorie und Praxis des Team Teaching. Eine histor.-system. Untersuchung als Beitrag zur Reform der Schule, Braunschweig 1974.

Worral, P. u. a.: Teaching from Strength. An Introduction to Team Teaching, London 1970.

Warwick, D.: Team Teaching, London 1971, übersetzt u. bearbeitet von: *Winkel, R.,* Team Teaching. Grundlegung und Modelle, Heidelberg 1973.

3.7. Unterrichtstechnologie/Medien

Wenn man Unterricht als Vermittlungsprozeß zwischen Lehrenden und Lernenden beschreibt, wird deutlich, daß die Träger dieses Prozesses personaler oder technischer Art sein können. Die Unterscheidung personaler Medien (Lehrer, Schüler) und technischer Medien (Bücher, Tafel, technische Geräte) geht von einem ganz allgemeinen Medienbegriff aus. Im engeren Sinn werden jedoch unter Medien zumeist technische Mittler verstanden.

Technische Medien können unter zwei Aspekten betrachtet werden:

– unter dem Aspekt, welchen didaktischen Stellenwert sie bei der Planung und Durchführung von Unterricht besitzen,

– unter dem Aspekt, wie Schüler zum sinnvollen Umgang mit Medien erzogen werden können.

„Somit stellen sich der Erziehungswissenschaft zwei Aufgaben: (1) Sie muß erforschen, welche Funktionen die Medien in didaktischen Prozessen zu erfüllen vermögen; dieser Bereich von Bildung durch Medien wird als Mediendidaktik bezeichnet. (2) Sie hat sich auseinanderzusetzen mit Bedeutung und Wirkung der Medien als Bestandteil jener Wirklichkeit, in die der Heranwachsende einzuführen ist; dieser Bereich einer Erziehung zu den Medien heißt Medienpädagogik“[1]).

Seit dem Ersten Weltkrieg hat die Entwicklung technischer Medien wie Schallplatte, Tonbandgerät, Film und Fernsehen

---

[1]) Ziffern verweisen auf Anmerkungen am Ende des Kapitels.

immense Fortschritte gemacht. Allein die fast überall mögliche einfache und billige Kopie von Texten auf fotomechanischem Wege hat der Unterrichtsarbeit in Schule und Hochschule zahlreiche neue didaktische Möglichkeiten eröffnet. Seit der Veröffentlichung des lerntheoretischen Unterrichtsmodells der Berliner Schule[2]) werden die Medien zunehmend nicht mehr als eine Randbedingung, sondern als eines der zentralen Entscheidungsfelder der Unterrichtsplanung betrachtet. Der Einsatz von Medien soll mehr sein als eine technologische Garnierung des herkömmlichen Unterrichts. Er soll vielmehr die didaktische Strukturplanung von Unterricht mitbestimmen. Die Kombination verschiedener Medien zu „multimedialen Lehrsystemen" bzw. zu einem „Medienverbundsystem" hat Möglichkeiten des Fernstudiums, der Individualisierung und Objektivierung von Lernprozessen eröffnet.

Objektivierung und *Individualisierung* von Unterricht sind die charakteristischen Merkmale beispielsweise beim Programmierten Unterricht und beim Sprachlabor. Programmierter Unterricht ist eine Lehrform auf technologischer Grundlage, wobei es sich bei den verwendeten Medien um Buchprogramme, Lehrautomaten oder elektronische Lehrmaschinen (Computer assisted instruction, CAI) handeln kann. „Das Sprachlabor ist ein Verbundsystem von Tonquellen und Empfängern, das als technologisches Medium vorwiegend im Unterricht moderner Fremdsprachen eingesetzt wird"[3]).

Der Einsatz von technischen Medien zunächst einzeln, sodann im Lehrverbundsystem hat zur Ausbildung einer regelrechten Unterrichtstechnologie geführt. Unterrichtstechnologie meint dabei zwei nicht unbedingt deckungsgleiche Bereiche: Einmal den Medieneinsatz im Unterricht im Sinne einer Entwicklung von medienbezogenen bzw. medienbestimmten Lehrsystemen. Dann aber auch die theoretische Annahme, man könne sich Unterricht als technologisch steuerbaren Prozeß vorstellen, als Prozeß der Erreichnung von fest vorgegebenen Zielen, so daß Unterrricht und Unterrichtsziel auf eine bloße Zweck-Mittel-Relation reduzierbar seien[4]).

Unterrichtstechnologie als Einbezug technischer Medien

muß nicht unbedingt diese zweite Konsequenz haben. Unterrichtstechnologie im zweiten Sinne ändert die Lehrerrolle grundlegend: Anstelle eines Organisators von offenen Lehr- und Lernprozessen wird der Lehrer zum Technologen, der nach vorgegebenem Verhaltensmuster zu reagieren hat.

Wenn anstelle des individualisierenden Aspekts von CAI lediglich der objektivierende Aspekt gesehen wird, indem beispielsweise Lehrmaschinen zum Klassenunterricht eingesetzt werden, dann wird die herkömmliche oft kritisierte Dominanz des Lehrers nur unkritisch durch eine Mediendominanz ersetzt.

Eine Einteilung der technischen Medien nach der Funktion ihres Einsatzes läßt sich am umfassendsten vielleicht so vornehmen:

– Medien zur Realisation von Unterricht.

Film, Fernsehen, Tonband, Schallplatte, Projektoren , Sprachlabor, Programmierter Unterricht.

– Medien zur Dokumentation von Unterricht.

Film- und Fernsehaufzeichnungen, Unterrichtsmitschau, Microteaching.

Diese Einteilung zeigt, daß dem Einsatz von Medien sowohl für den Unterricht an Schulen als auch für die Lehrerausbildung Bedeutung zukommt.

Die Tatsache, daß technisch vermittelter Unterricht – nie mit realem Unterricht identisch sein kann, wiegt weniger schwer, als die Möglichkeit, durch die technische Reproduktion von Unterricht typische Strukturzwänge hervorheben zu können.

Anmerkungen

1. *Merkert, Rainald:* Stichwort „Medien und Erziehung“, in: *Wehle, Gerhard* (Hrsg.): „Pädagogik aktuell“ Bd. 1, S. 129, München 1973.
2. vgl. dazu *Heimann, Paul, Gunter Otto u. Wolfgang Schulz:* Unterricht – Analyse und Planung, Hannover 1975.
3. *Künne, Wulf:* Stichwort „Sprachlabor“, in: „Pädagogik aktuell“ Bd. 3, S. 122, München 1973.
4. vgl. dazu insbesondere die Absätze der kybernetischen Didaktik (*v.Cube, Frank)* und ihrer Fortentwicklung, der systemtheoretischen Didaktik (*König/Riedel)*.

Bibliographie

Bertram, H. u. a.: Moderne Unterrichtstechnologie. Situationsanalyse und Basisinformationen zur Forschung und Anwendung in der BRD. München 1972.

Dohmen, G.: Fernstudien im Medienverbund. Tübinger Beiträge zum Fernstudium. Bd. 4. Weinheim 1970.

Dohmen, G. u. O. Peters (Hrsg.): Hochschulunterricht im Medienverbund. Bonn 1971.

Döring, K. W. (Hrsg.): Unterricht mit Lehr- und Lernmitteln. Weinheim 1971.

Eigler, G.: Auf dem Weg zu einer audiovisuellen Schule. München 1971.

Flechsig, K.-H.: Die technologische Wendung in der Didaktik, in: *Dohmen, G.* u. a.: Unterrichtsforschung und didaktische Theorie, München 1970, S. 243-262.

Frank, H. u. *B. S. Meder:* Einführung in die kybernetische Pädagogik. München 1971.

Freibichler, H.: Computerunterstützter Unterricht – Stand und Perspektiven. Hannover 1974.

Gerbaulet, S. u. a.: Schulnahe Curriculumententwicklung. Stuttgart 1972.

Gerlach, V. S. u. *D. P. Ely:* Teaching and media. Englewood Cliffs 1974.

Glaser, R. (Hrsg.): Programmiertes Lernen und Unterrichtstechnologie. Bielefeld 1971.

Heinrichs, H. (Hrsg.): Lexikon der audio-visuellen Bildungsmittel, München 1971.

Heinrichs, H.: Audio-visuelle Praxis in Wort und Bild. München 1972.

Kerstiens, L.: Medienkunde in der Schule. Bad Heilbrunn 1968.

Klafki, W. u. a.: Funk-Kolleg Erziehungswissenschaft 2. Frankfurt 1970, S. 207-271.

Müller, D. D., F. Rauner (Hrsg.): Bildungstechnologie zwischen Wunsch und Wirklichkeit. Döffingen 1972.

Peters, O.: Was leistet das Konzept der Unterrichtstechnologie? in: Aula (1971) 6, S. 498-505.

Rhöneck, Ch. v.: Unterrichtstechnologie. Stuttgart 1973.

Rollett, B., K. Weltner (Hrsg.): Fortschritte und Ergebnisse der Unterrichtstechnologie. Bde. 1 u. 2. München 1971-1973.

Schmid, F. (Hrsg.): Audiovisuelle Arbeitsmittel im Unterricht. München 1967.

Schöler, W.: Pädagogische Technologie I. Frankfurt 1971.

Zifreund W. (Hrsg.): Schulmodelle, Programmierte Instruktion und Technische Medien. München 1968.

Zimmer, D. E.: Ein Medium kommt auf die Welt. Hamburg 1970.

3.8. Unterrichtsdokumentationen: Kann ein Film über Unterricht die Erfahrung im Unterricht ersetzen?

Seit einigen Jahren sind an verschiedenen Hochschulen der BRD Versuche unternommen worden, Unterrichtssituationen mit Fernsehkameras aufzunehmen und mit Videorecordern aufzuzeichnen. Zielsetzung dieser Versuche war und ist es, Unterrichtsabläufe zu konservieren und so für einen raschen Einsatz in Seminaren usw. verfügbar zu halten. Die Studenten sitzen dann in einem Filmvorführraum oder auch einem normalen Veranstaltungsraum, betrachten die entsprechenden Unterrichtsdokumentationen und können dann mit ihrem Ausbilder über das Geschehene und Gehörte diskutieren. Zum Teil sind diese Unterrichtsdokumentationen Eigenproduktionen der betreffenden Hochschulen, zum Teil werden sie auch über Landesbildstellen vertrieben. Ein umfangreiches Projekt steht derzeit vor dem Abschluß; es handelt sich um die Produktion von ca. 150 Unterrichtsdokumentationen von jeweils einer Unterrichtsstunde, die dann auf eine halbe Zeitstunde gekürzt werden.

„Unterricht in Dokumenten“
Dieses unter Beteiligung aller Länder vom Bund geförderte Großprojekt soll einen Beitrag zur Vorbereitung der Lehrer auf die ihnen innerhalb der Schulreform zugedachten Aufgaben leisten. Geplant ist (bis 1975/76) die Produktion von 155 je etwa halbstündigen Filmen von beispielhaften Unterrichtsaufzeichnungen mit dazugehörigen Begleitheften und anderem ergänzenden Material. Damit soll vor allem auch den Junglehrern geholfen werden, Anregungen für den Aufbau einer guten Unterrichtsstunde zu erhalten.

Die geplanten Produktionen gliedern sich in drei Bereiche:

● 90 Unterrichtsaufzeichnungen aus allen Schulstufen unter Einfluß des Elementarbereichs.
Beispiele für Einzeltitel:
Sprachförderung in der Vorschule
Schülerverhalten und soziales Umfeld
Projektunterricht in der Orientierungsstufe
Soziologische Literaturbetrachtung (Kollegstufe)
Politische Bildung in der Berufsschule: Jugendarbeitsschutzgesetz
Rechtschreibunterricht bei Legasthenikern.

● 30 Einzelvorhaben, die vorbildliche Entwicklungen oder diskussionsreife Modelle neuer Schul- und Unterrichtsformen in den Bundesländern dokumentieren. Die Themen werden von den Ländern vorgeschlagen.
Beispiele für Einzeltitel:
Großraumunterricht an einer Gesamtschule
Berufliche Bildung am Übergang zwischen allgemeinbildender und berufsbildender Schule
Unterrichtseinheiten mit umweltbezogener Thematik in der Orientierungsstufe
Medienunterstützter Unterricht für Gastarbeiterkinder.

● 35 systematische Phänomen-Kombinationen.
Diese werden aus den vorgenannten 120 Produktionen hergestellt. Sie stellen vergleichbare Situationen aus verschiedenen Aufzeichnungen unmittelbar gegenüber.
Beispiele für Einzelthemen:
Fallstudien zum Schülerverhalten
Lehrerfrage und -impuls
Formen der Selbsttätigkeit der Schüler.

Es ist vorgesehen, das Gesamtprojekt durch wissenschaftliche Begleituntersuchungen auch daraufhin zu testen, wie die produzierten Medien in der Lehrerbildung aller Phasen optimal genutzt werden können. Die Produktionen entstehen im wesentlichen an drei Instituten: Institut für Unterrichtsmitschau und didaktische Forschung München, Lehrfilmstudio der Pädagogischen Hochschule Heidelberg, Audiovisuelles Zentrum des Fachbereiches Erziehungswissenschaften der Universität Hamburg.

Die inhaltliche Planung des Projekts liegt bei einem Beirat, dem neben dem Vertreter des Bundesministeriums für Bildung und Wissenschaft Vertreter der Kultusministerien der Länder und Medienfachleute angehören.

(aus: Informationen - bildung/wissenschaft, 10/1974, S. 145 f)

Gewiß kann eine solche oder andere Unterrichtsdokumentation nicht die reale Erfahrung einer Unterrichtssituation ersetzen. Man sieht und hört bei der Unterrichtsdokumentation nur die Ausschnitte, die von der Kameraführung erfaßt worden sind; die Schüler werden sich nicht wie im normalen Unterricht verhalten, wenn sic gcfilmt werden (die Lehrer wohl auch nicht); die Studenten fühlen sich in einer realen Schulklasse eher „mitten drin" als wenn sie distanziert einen Film betrachten usw. Aber die Unterrichtsdokumentation kann doch als eine Ergänzung zu den schulpraktischen Realerfahrungen angesehen werden, vor allem dann, wenn Bezüge zu theoretischen Aspekten hergestellt werden.

Generell kann man also die Empfehlung aussprechen, den an vielen Hochschulen bereits vorhandenen technischen Apparat zu nutzen, um in den Seminaren mehr Beispiele und Illustrationen schulpraktischer Arbeit einzuspeisen. Studentische Arbeitsgruppen können sogar selbst Aufnahmen in Schulklassen herstellen und mit entsprechenden Kommentaren ihren Kommilitonen vorspielen. Die notwendigen tragbaren Aufzeichnungseinrichtungen sind an vielen Hochschulen vorhanden. Fehlen Initiativen der Dozenten, diese Einrichtungen zu nutzen, so kommt es wesentlich auf die Studenten an, die entsprechende Forderungen stellen sollten. Im übrigen sei darauf hingewiesen, daß solche selbst erstellten Unterrichtsdokumentationen auch für die Lehr- und Lernsituationen in der Hochschule selbst gelten, d. h. daß man über die Vorgänge in Lehrveranstaltungen ebenfalls Dokumentationen herstellen kann, um so die hochschuldidaktische Diskussion zwischen Studenten und Dozenten anzureichern; eine Seminarkritik, welche durch eine filmische Seminardokumentation gestützt ist, dürfte ihre Wirkung gewiß nicht verfehlen.

Bei allen diesen Aktivitäten sollte der Student jedoch die allgemeineren Aspekte nicht aus den Augen verlieren. Immer gilt es zu fragen, warum ein Lehrer sich autoritär verhalten hat, warum ein als besonders gelungen beurteilter Unterricht nicht typisch ist für die Normalsituation usw.

Schließlich wollen wir noch auf ein Motiv hinweisen, welches unserer Meinung nach die Verwendung solcher Medien in der Lehr- und Lernsituation der Lehrerausbildung als notwendig erachten läßt. Es handelt sich um die Gewöhnung an technische Medien, die so – gewissermaßen nebenbei – erfolgt. Ein Lehrerstudent, der in seiner Ausbildung den Umgang mit Filmen erlernt hat, wird mit großer Wahrscheinlichkeit auch in seiner späteren Berufspraxis keine Scheu vor diesen Medien haben und ihren relativen Wert erkennen.

Zur Analyse von Unterrichtssituationen

Hospitations- und Praktikumsempfehlungen

In diesem Kapitel sollen Ratschläge für Hospitationen und Praktika gegeben werden, nicht im Sinne von allgemeingültigen Rezepten, sondern als Möglichkeit der selbständigen Einarbeitung in das Problemfeld.
Zunächst eine Aufzählung der Gesichtspunkte:

A) *Kennenlernen der Unterrichtswirklichkeit.*
Das Kennenlernen umfaßt folgende Aspekte:

1. Unterscheidung von sozialen Organisationsformen des Unterrichts (Frontalunterricht, Partnerarbeit, Gruppenarbeit, Einzelarbeit)

2. Unterscheidung von Unterrichtsstilen (autoritär, sozialintegrativ, laissez faire)

3. Unterscheidung von unterrichtlichen Interaktionsformen (Lehrer ←→ Schüler, Schüler ←→ Schüler)

4. Unterscheidung von unterrichtlichen Arbeitsformen (vortragend-darstellendes Verfahren, fragend-entwickelndes Verfahren, freies Lehrgespräch, genetisches Verfahren, Darbietungsstrategien etc.)

5. Medieneinsatz (Fotos, Zeitungen, Dias, Tafel, Overhead-Projektion, Filme, Tonbänder, Kassetten, Schallplatten, Video-Anlage, Sprachlabor etc.)

6. Einsatz von Arbeits-/didaktischen Materialien (Lehrbücher, Spiele, Landkarten, Unterrichtsprogramme etc.)

7. Störfaktoren, d. h. Einflüsse, die Änderungen in der ursprünglichen Planung bewirken können (z. B. Lautsprecherdurchsagen und die Reaktion der Schüler darauf etc.)

8. Heimliche Lernziele, d. h. versteckte Intentionen, die hinter den offiziellen Zielsetzungen durchblicken (z. B. man lernt nicht nur Mathematik, sondern auch, etwas erledigen zu müssen).

B) *Kennenlernen von Unterrichtsplanung und -analyse.*

1. Planungs- und Organisationsmodelle
(z. B. Didaktische Analyse nach *Klafki*[1]), lehr-lerntheoretisches Modell nach *Heimann/Schulz*[2]), Unterrichtsplanung nach dem Modell des Regelkreises (kybernetischer Ansatz[3])), lineare Unterrichtsplanung anhand operationalisierter Feinziele[4]) etc.).

2. Didaktische Organisationsformen des Unterrichts (z. B. Gesamtunterricht, fächerübergreifender Unterricht, exemplarischer Unterricht, fachübergreifender Unterricht).

3. Modelle der Unterrichtsbeobachtung, z. B. pädagogische Tatsachenforschung *Peter Petersens*[5]), Interaktionsanalyse, *Flanders/Zifreund*[6]), *Medley/Mitzel*[7]), *Bellack*[8]), Unterrichtsmitschau *A. O. Schorb*[9]), Hochschulinternes Fernsehen *Ernst Meyer*[10]), Strukturbild zur Erfassung von Unterricht, *Hans Maier*[11]).

C) *Kennenlernen verschiedener Schulinstitutionen und -arten.*

1. Elementarbereich, Primarbereich (Eingangsstufe/1. + 2. Schuljahr, Grundstufe/3. + 4. Schuljahr, ggf. Orientierungsstufe/5. + 6. Schuljahr), Sekundarbereich I (5. - 10. Schuljahr bzw. 7. - 10. Schuljahr).
In alter Terminologie: Vorschule, Grundschule, Hauptschule bzw. Realschule und Gymanasium.

2. Sonderschulen

3. Berufsbildende Schulen

D) *Kennenlernen von Formen der Kooperation zwischen Lehrern* (z. B. Team-Teaching, Curriculumplanung, Entwicklung von Evaluationskriterien, Transfer von Arbeitstechniken und -methoden).

E) *Analyse der anthropogenen sozialkulturellen Schülervoraussetzungen.*

(Primär- und Sekundärsozialisation, schulische Sozialisation, Fragen der Schülerauslese, -beratung und -förderung, Fallstudien)

F) *Berufsfeldanalyse des Lehrers.*
1. Analyse der Realsituation
2. Hochschuldidaktische Konsequenzen (Studienerwartungen, interdisziplininäre Orientierungsseminare, Entwicklung von Berufsperspektiven, längerfristige Erkundungsprojekte[12])

G) *Erstellung eines Fragenkatalogs.* (Fragen der Schulpraxis, Reflexion des eigenen Studienganges, Erfahrungsaustausch, freie Diskussion)

H) *Veränderungen gegenüber der eigenen Schulzeit.*

I) *Curriculare Perspektiven.* (In welchem größeren Zusammenhang steht die Stunde?)

J) *Erwartungsperspektiven der Lehrer und Schüler.*

K) *Verlaufsskizze des Unterrichts.* (Z. B. Organisationsprobleme [Rückgabe einer Klassenarbeit], Einführung in ein neues Thema etc., zugehörige Unterrichtsvariablen, s. Pkte. A und B)

L) *Evaluation.* (Z. B. Wie vergewissert sich der Lehrer, ob die Lernziele erreicht sind, bzw. die Schüler den Stoff beherrschen?)

Wir können in diesem Rahmen nicht alle genannten Aspekte differenziert ausführen; sie sollen als Orientierungsrahmen verstanden werden.

Ein Beispiel aus dem Sektor A) 2. - 4. soll die Möglichkeit einer ausführlichen Behandlung zeigen:

Analyse der Lehrerfrage.
– Echtheit der Lehrerfrage
– Formen der Lehrerfragen (isoliert, aufeinander bezogen, emotional, sachbezogen, suggestiv, Verständlichkeit)
– Möglichkeiten der Schüler bei der Beantwortung (enge/weite Fragen, steuernd-entwickelnde/eröffnende Fragen, Fragefunktionen im Sinne *Wagenscheins)*
– Fiktive und reale Beispiele für Lehrerfragen und deren Interpretation
– Bedeutungsaspekte der Lehrerfrage für das Sozialklima der Klasse (Eingehen auf Schülerfragen und -interesse, Fragen wachsen lassen – Abfragen, Fragen, die auf Konkurrenz zwischen den Schülern oder auf Kooperation zielen etc.)
– Anteile in Fragen; wieviel stellt der Lehrer, wieviele stellen die Schüler?

Eine solche Analyse kann sowohl von der in der Hospitation

erlebten Schulpraxis als auch von theoretischen Erörterungen in der Fachliteratur ausgehen.

Ziel ist es, dem Studenten aufzuzeigen, welche Lernmöglichkeiten bestehen und welche Bedeutung sie für die zukünftige Berufspraxis aufweisen.

Auch hier soll noch einmal der Bezug zur Projektarbeit angesprochen werden. Unterrichtssituationen sollen einmal aus der Perspektive der Schülersituation, die man als Student der Anfangssemester noch besser vor Augen hat, beurteilt werden. Zum anderen können sie mit der eigenen hochschuldidaktischen Situation verglichen werden. Man soll also einen Lehrerstudenten nicht nur im Praxisfeld Schule ausbilden, sondern ständig auch die Relation zum Praxisfeld Hochschule herstellen. Dazu wäre es wünschenswert, Hospitationen und andere Praktika mit Begleitseminaren zu verbinden.

Da die meisten Pädagogischen Hochschulen und Universitäten nicht über eigene Labor- bzw. Übungsschulen verfügen und es bei der wachsenden Studentenzahl immer schwieriger wird, ausreichend viele Beobachtungsfelder in Ausbildungsschulen zu finden und zu organisieren, sollten auch *Formen des hochschulinternen Lehrertrainings* berücksichtigt werden. Ein weiterer Punkt, der dafür spricht, ist die wachsende Angst der Schulen, daß ihnen gerade durch die Abhaltung fachdidaktischer Praktika zuviel Zeit für die Erfüllung ihrer curricularen Verpflichtungen verloren geht. Insofern ist man u. a. gezwungen, immer stärker auch das Hochschullernfeld als einen Praxisbereich zu nutzen. Außerdem kann durch Training von Lehrfertigkeiten innerhalb studentischer Gruppen die spätere Praxissituation reduziert vorweggenommen werden und ein „Praxisschock" vermieden werden.

Es besteht einerseits die Gefahr einer zu starken Ausprägung vorgenormter Lehrtätigkeiten durch die Modellvorstellungen des Hochschullehrers. Andererseits muß man bedenken, daß Unterrichtsformen, die nur verbal vermittelt werden (z. B. Gruppenarbeit) und nicht im hochschuldidaktischen Interaktionsprozeß selbst, vom Studenten nicht in seiner späteren

Berufspraxis durchgeführt werden. Insofern kann auf das Modellernen nicht völlig verzichtet werden.

Um ein weiteres Beispiel zu nennen: Studenten können die Aufgabe bekommen, Synopsen über das Lernen in der Schule und Hochschule anzufertigen (Ziele, charakteristische Kennzeichen etc.), um aus dieser Gegenüberstellung Anregungen und Kriterien für die Beurteilung von schulpraktischen Veranstaltungen zu bekommen. Der Blickwinkel der Studenten darf dabei nicht nur auf die Tätigkeit des Unterrichtens beschränkt sein, sondern soll die gesamte schulische Situation erfassen; also auch die ökologische Struktur, den internen Aufbau, die Aufteilung in Fachklassen, die speziellen Schwerpunkte der Grundschule unter Zurückgreifen auf die Ergebnisse der Grundschulforschung und die Analyse der Sozialsituation der Schüler (Wohnviertel etc.).

Ein wichtiger Punkt, der in die Analyse einbezogen werden muß, ist der Umwechslungsprozeß, den die Kinder schon in der Grundschule vollziehen. Schüler der ersten und zweiten Klasse gehen noch gern in die Schule, lieben ihre Lehrer, identifizieren sich mit ihnen und sind noch lernbegierig. In der dritten und vierten Klasse schlägt diese Sympathie meist schon in Antipathie um (didaktische Sozialisation). Die Schule erzeugt Aversionen gegen sich selbst, die ursprünglich gar nicht vorhanden waren. Die Erwartungshaltung des Kindes wird enttäuscht; dies liegt offensichtlich auch am Druck der Übergangsauslese, die bevorsteht, und an ähnlichen Kriterien wie z. B. zwanghaftes Lernen.

Für solche Phänomene (Erkundungsprojekte[12]) müssen differenzierte Beobachtungsinstrumente bereitgestellt werden. Dazu reichen Erfahrungen nur auf der Erscheinungsebene einzelner Unterrichtsstunden nicht aus, es müssen vielmehr Beobachtungen über einen längeren Zeitraum angesetzt werden. Gerade das Problem, Verschiedenartigkeit zu registrieren, ist an empirische Verfahren gebunden. Hierzu ist ein *Begleitseminar zur Einführung in die empirische Unterrichtsforschung* erforderlich. Einflußstrukturen und die Varianz von Bedingungen lassen sich nur empirisch erfassen.

Dazu ein Beispiel für die Darstellung einer Unterrichtsvariablen: Wenn man erfassen will, ob autoritärer Unterricht von autoritätsabhängigen oder -fixierten Lehrern autoritäre Schüler bewirkt, dann kann man dies empirisch nur feststellen, wenn man die Variable „Autorität" wirklich variabel gefaßt hat. Angenommen, alle Lehrer der Untersuchungspopulation wären autoritär, dann ließe sich das Merkmal Autorität erfahrungswissenschaftlich nicht mehr erfassen. Erst wenn wenige nichtautoritäre Lehrer vorhanden sind, kann aus eventuell unterschiedlichem Schülerverhalten auf den Einfluß der Variablen „Autorität" geschlossen werden.

Daraus folgt, daß Beobachtungen Variabilität voraussetzen, um die Merkmale, die variabel sind, zu erfassen und aus Unterschieden lernen zu können. Für die Schulpraxis bedeutet dies, daß Studenten bei möglichst verschiedenartigen Lehrern (andere Lehrervariablen!) hospitieren, verschiedene Sozialstrukturen des Einzugsbereichs (Schulen mit Kindern unterschiedlicher Sozialschichten) kennenlernen sollten. Solche Variabilität kann aus zeitlichen Gründen nicht durch einen einzelnen Studenten erfaßt werden. Deshalb muß diese Praxiserkundung arbeitsteilig in einer Studentengruppe durchgeführt werden.

Wir stehen vor der Schwierigkeit, Studienziele ohne ausreichende Berufsfeldanalysen und -qualifikationsforschungen systematisch darzustellen und zu begründen.[13]) Mit Hilfe wissenschaftlich begleiteter schulpraktischer Veranstaltungen in einem angemessenerem Verhältnis zur reinen Theorie könnte ein Entwicklungsweg aufgezeigt werden. (Abb. 2-13)

Die soeben angesprochenen Variablen von Unterricht sollen nun in einem deskriptiven Modell zuammengestellt werden. Es handelt sich hierbei um ein Modell, das nicht empirisch abgesichert, doch in sich logisch konstruiert ist.

Vorspann zu den Abbildungen

Der enormen *Komplexität des erziehungswissenschaftlichen Reflexions- und Handlungsbereiches* Rechnung zu tragen, ist heutzutage kaum noch möglich. Vor knapp 100 Jahren war dieses noch anders gewesen, was sich in wiederholten Versuchen niederschlug, die Systematik der Disziplin durch *formale Darstellungsweisen* zu entfalten. Dagegen wäre ein solches Unterfangen heute nicht nur durch die *inzwischen zusätzliche* Kompliziertheit (neue Bereiche haben sich herausgestellt, die Beziehungen zu Nachbardisziplinen werden oftmals anders gesehen – und auch diese haben sich ja inzwischen gewandelt) problematisch, sondern auch durch einen in der gesamten Disziplin *fehlenden gemeinsamen Bezugsrahmen,* der als Konsensus aller Beteiligten begriffliche Basis und Inhalt des durch Bezeichnungen Gemeinten erforderlich machen würde. So ist z. B. die Frage zu stellen, ob die zahlreichen Beiträge der pädagogischen Pyschologie (insbesondere zum Entwicklungs- und Lernprozeß) es rechtfertigen, von einer eigenständigen Sparte „Pädagogische Psychologie" zu sprechen, oder ob es nicht vielmehr besser und angemessener wäre, diese Ansätze der traditionell bezeichneten Pädagogischen Anthropolgie (Menschenkunde) zuzuschlagen und sie lediglich als interne Erweiterung dieser Tradition auszuweisen. Versuche zu einer *Systematik der Erziehungswissenschaft* haben zudem die Tendenz, in den Versuch einer „Theorie der Schule" auszuufern, der sich dann die Fachwelt mit sarkastischen Bemerkungen über den gutgemeinten, aber doch überhöhten Anspruch eines solchen Unternehmens widmet.

Genau dieses führt indessen doch zu einer vielleicht noch fataleren Konsequenz: *die Spezialisierung der Wissenschaftler liefert den Studenten der Hilflosigkeit aus.* Für ihn muß eine – wie exemplarisch auch immer gemeinte – Einführungsveranstaltung notgedrungen ein *Versatzstück* in der weiteren Menge von Stücken aus seiner Ausbildung bleiben. Wie denn sollte *er* gerade dieses leisten, wovor die gesammelte Disziplin sich so scheut: die Versatzstücke in einen Zusammenhang zu tragen und Verbindungslinien auszumachen? Ansatzweise wird dieses bei vielen Studenten wenigstens als Desiderat deutlich, wenn sie ihre Prüfungsvorbereitungen abgeschlossen haben; oft genug ist es dann passiert, daß ein Student gesagt hat: Ja, jetzt weiß ich, was ich eigentlich alles hätte studieren und lernen sollen, jetzt erst sehe ich überhaupt Anknüpfungspunkte bei solchen Dingen, die mich auch für später interessieren würden.

Wir haben deshalb nach langen Diskussionen den Versuch unternommen, ein *strukturelles Gliederungsschema* in diesem Buch vorzulegen, welches zunächst für unsere eigenen Bedürfnisse entwickelt worden war. In diesem Schema sollen die für die Schulpädagogik wesentlichen Bereiche und Fragestellungen unserer Disziplin angedeutet werden. Gewiß kämen andere Personen auf viele andere Schemata oder doch wenigstens Teilaspekte. Insofern wäre aber das von uns vorgelegte Schema wenigstens als eine *Diskussionsgrundlage* geeignet, in der in Lehrveranstaltungen Alternativen entwickelt würden, sofern dazu ein Anlaß verspürt wird. Eine weitere Diskussionsmöglichkeit richtet sich auf die Arbeit informeller studentischer Gruppen. Schließlich wäre die Bearbeitung und Ausfüllung dieses Schemas auch für die unmittelbaren Examensvorbereitungen denkbar, wo es neben den eigentlichen Themenstellungen ja immer auch auf deren weitere Beziehungspunkte ankommen kann.

Der Leser – zumal, wenn er am Beginn seines Studiums steht – soll sich also durch dieses Schema *nicht* in Erschrecken versetzen lassen; er soll *nicht* der Meinung sein und befürchten, daß er das alles nun recht bald lernen und beherrschen müsse. Er möge sich vielmehr in aller Ruhe ein wenig anregen lassen und zu gegebener Zeit erneut in dieses Schema schauen, um zu sehen, welche Fortschritte ihm inzwischen schon gelungen sind!

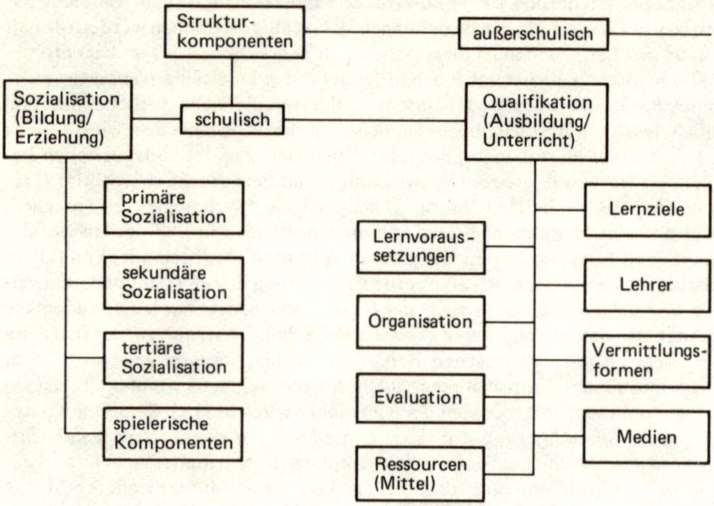

Abb. 2. Strukturkomponenten.

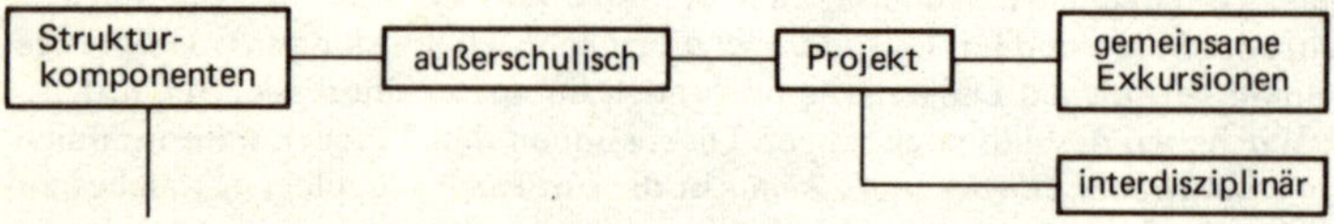

Abb. 3. Außerordentliche Strukturkomponenten.

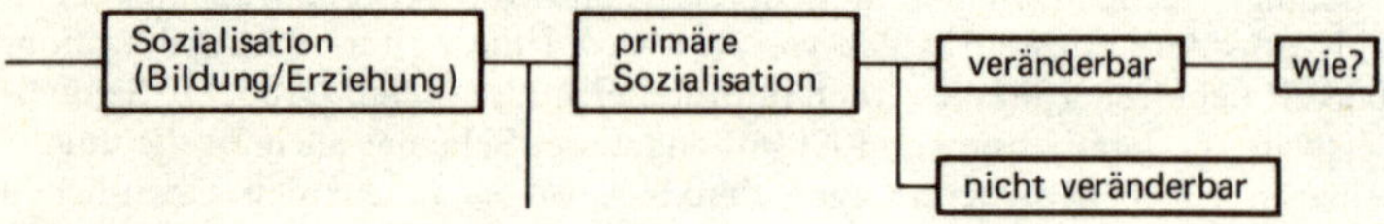

Abb. 4. Primäre Sozialisation.

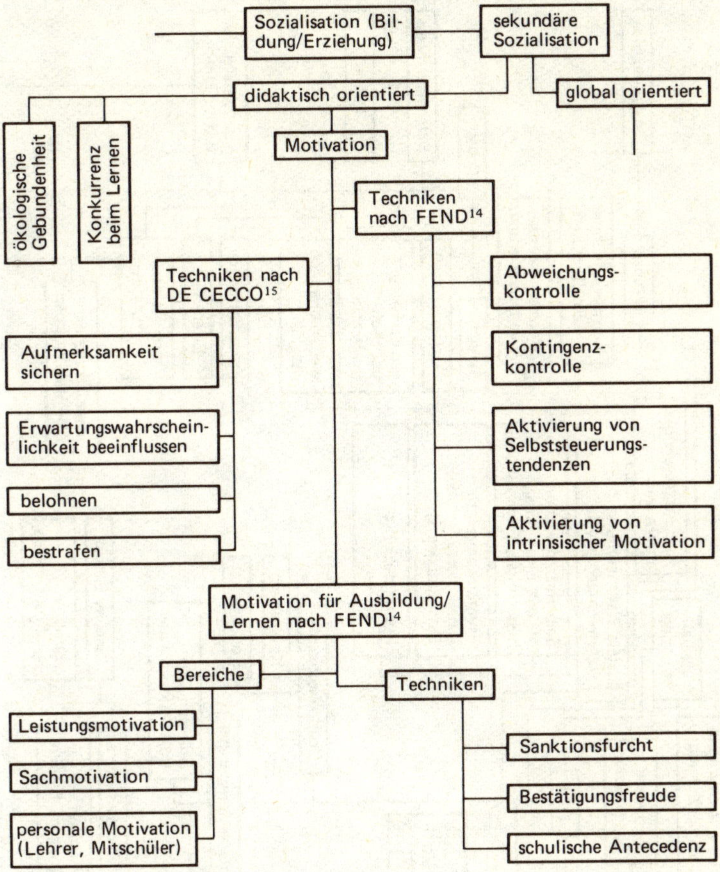

Abb. 5. Sekundäre Sozialisation, didaktisch orientiert.

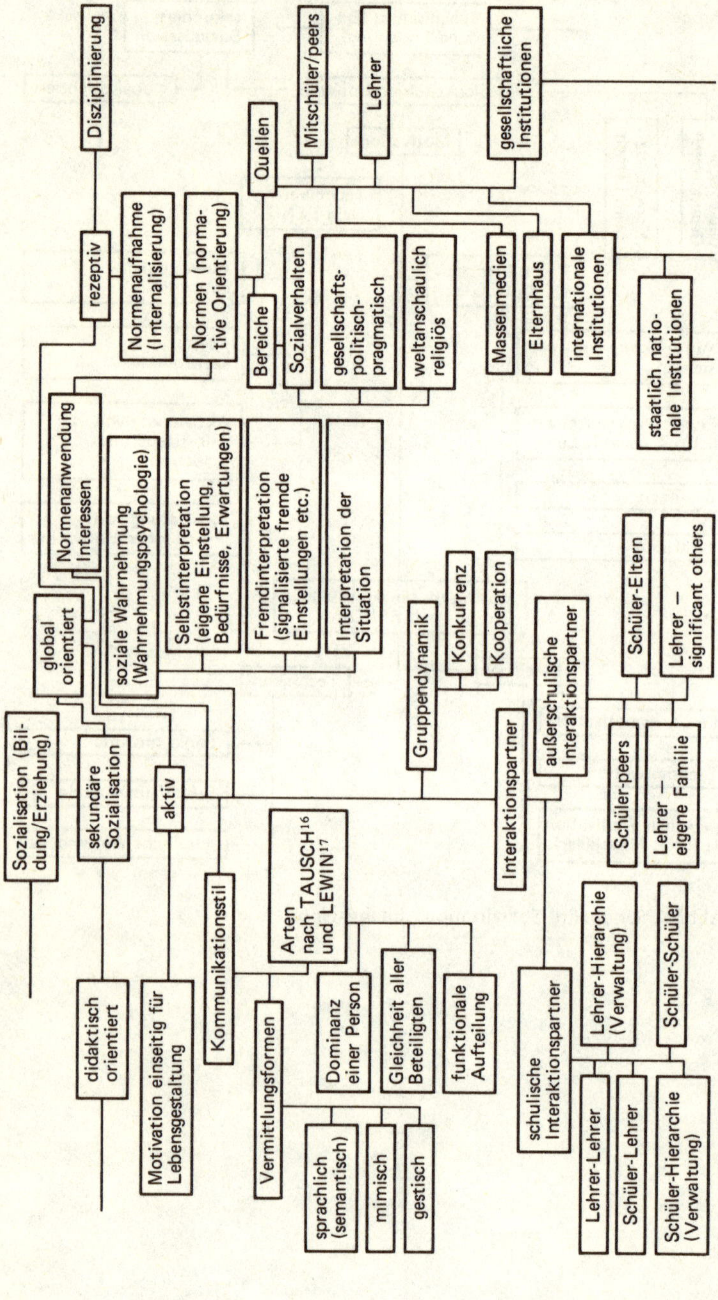

Abb. 6. Sekundäre Sozialisation, global orientiert.

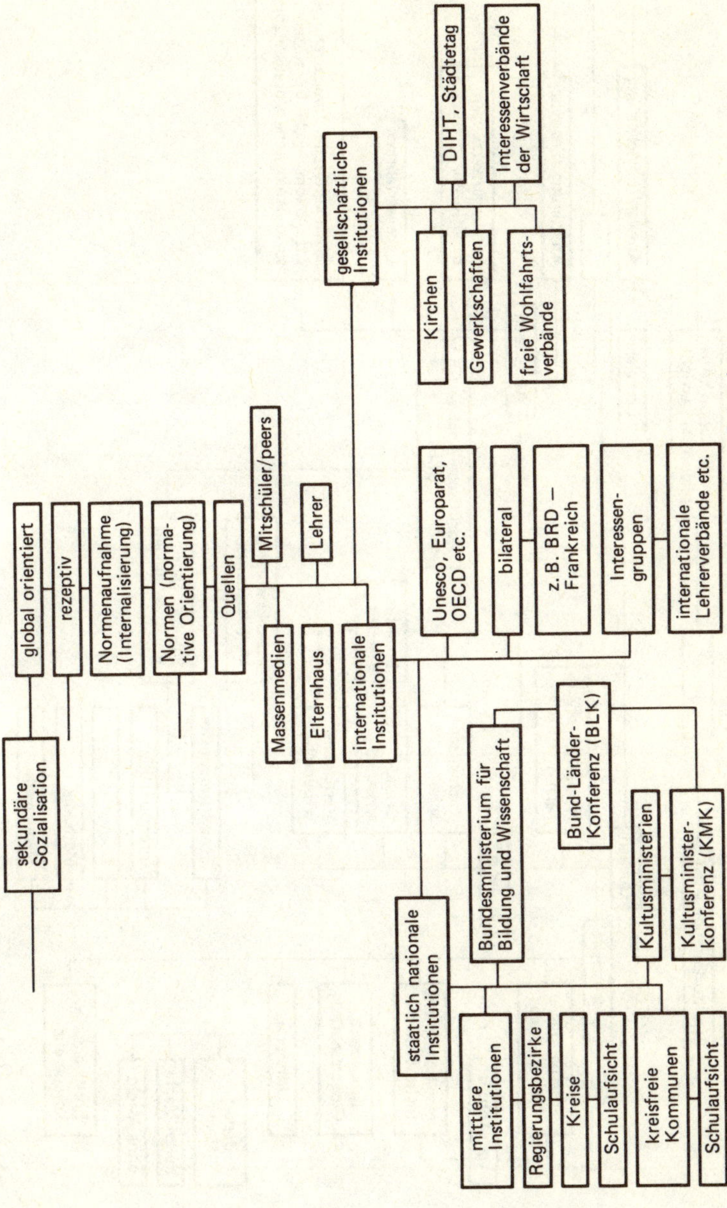

Abb. 7. Sekundäre Sozialisation, Fortsetzung. Quellen der rezeptiven globalen Orientierung.

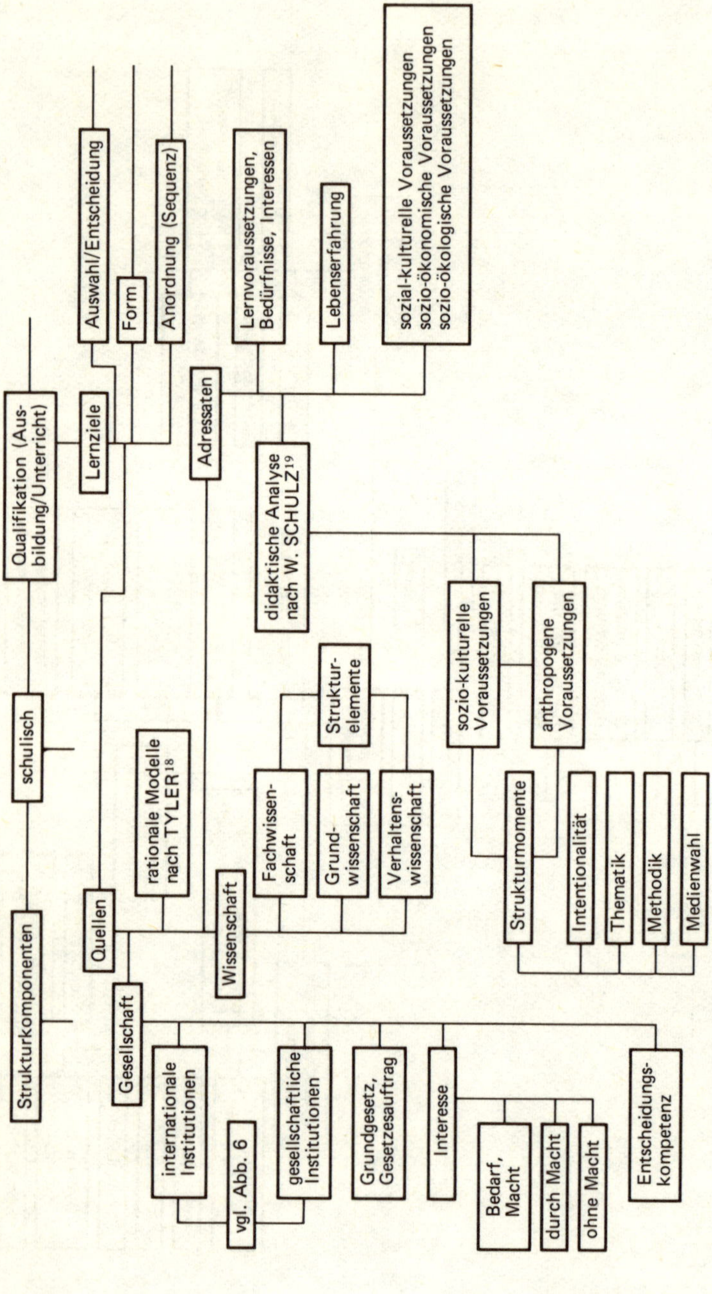

Abb. 8. Qualifikation, Lernziele, Quellen.

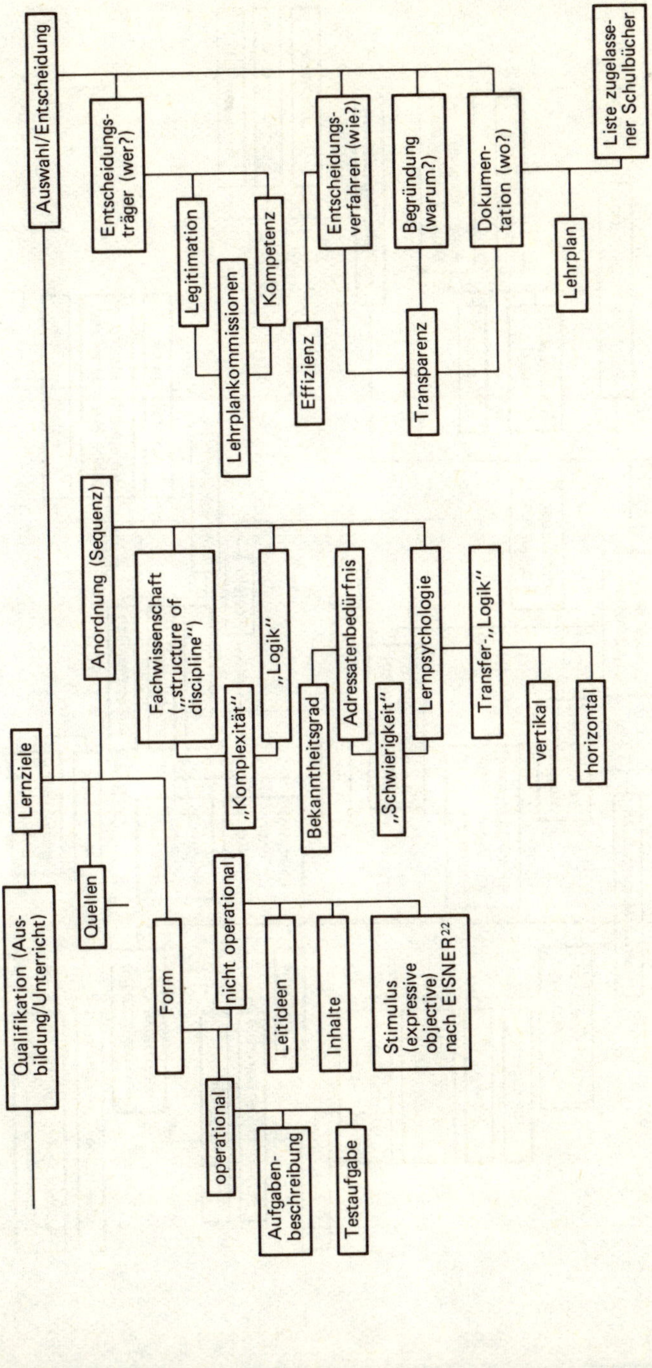

Abb. 9. Qualifikation, Lernziele, Fortsetzung: Auswahl/Entscheidung, Form, Anordnung, Sequenz.

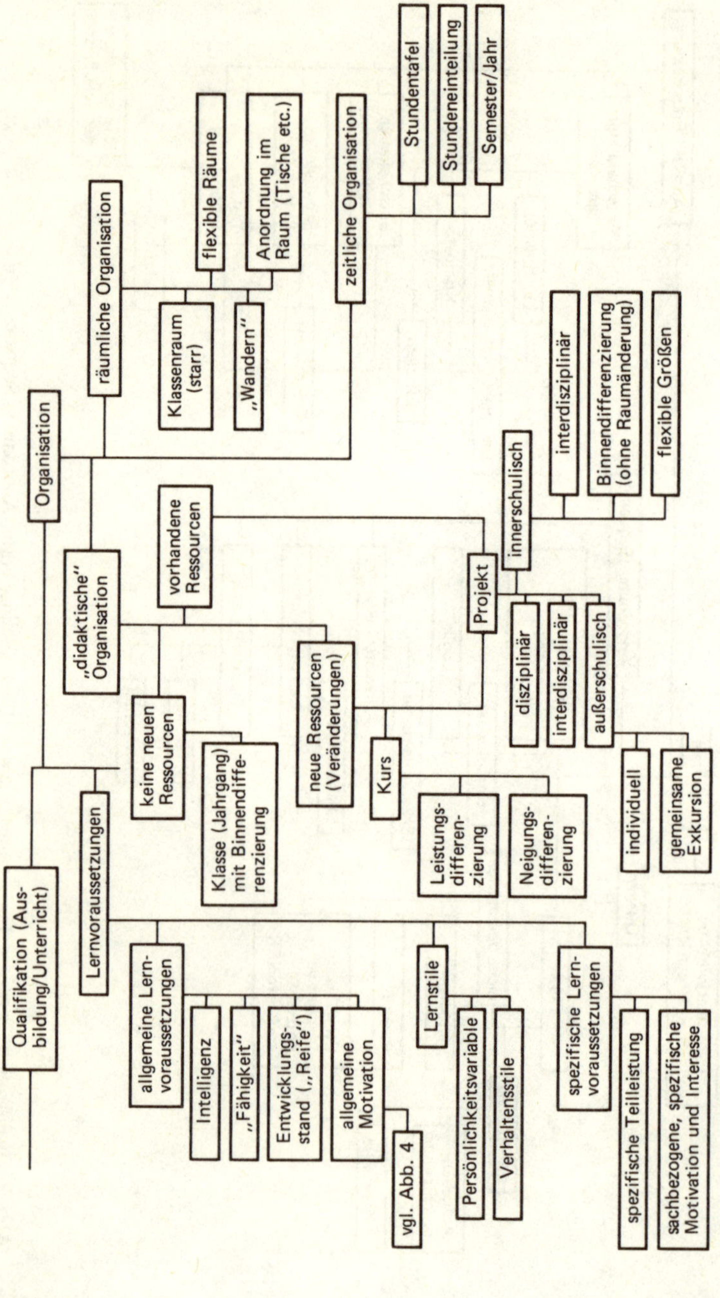

Abb. 10. Qualifikation, Lernvoraussetzungen, Organisation.

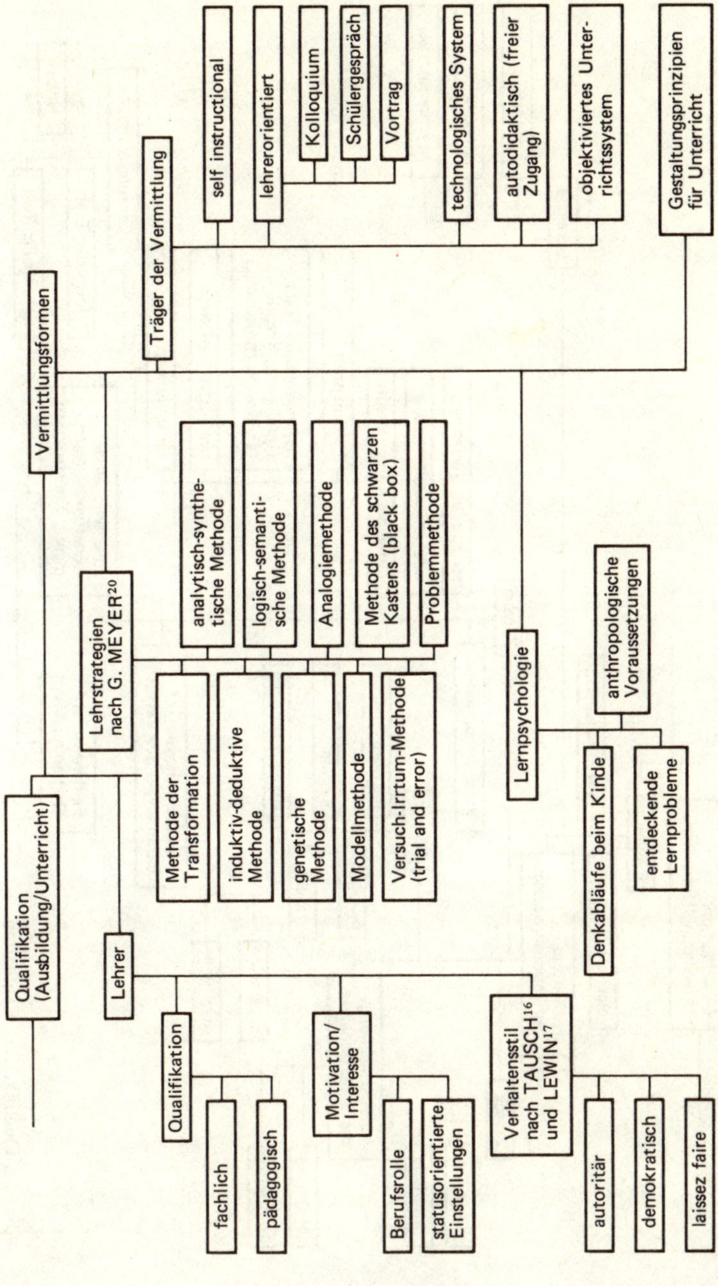

Abb. 11. Qualifikation, Lehrer, Vermittlungsformen.

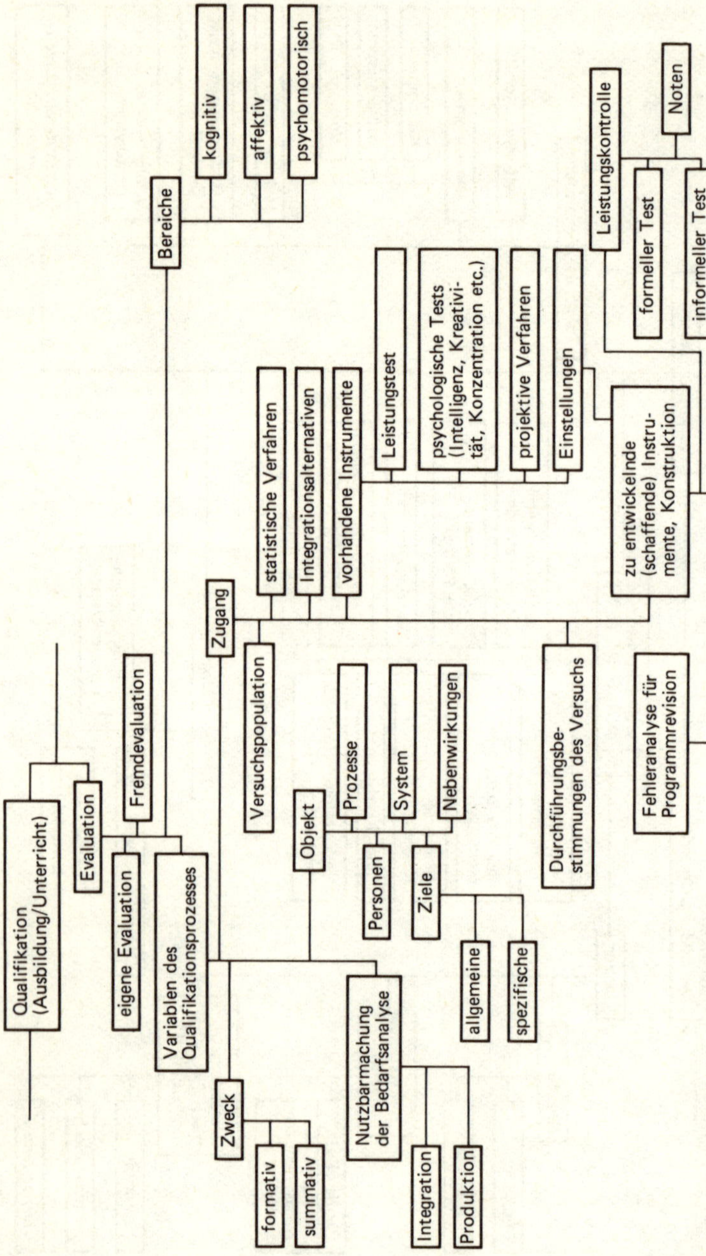

Abb. 12. Qualifikation, Evaluation.

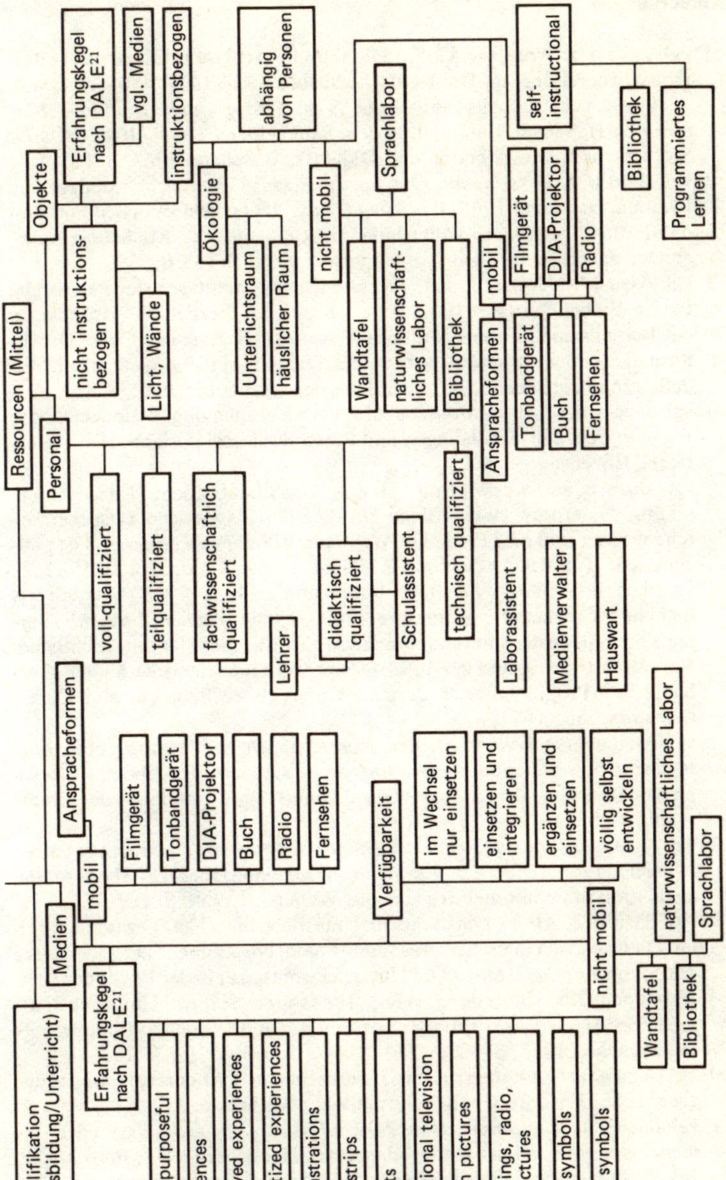

Abb. 13. Qualifikation, Medien, Ressourcen (Mittel).

Anmerkungen

1. vgl. dazu u. a. *Wolfgang Klafki:* Didaktische Analyse als Kern der Unterrichtsvorbereitung, in: Die Deutsche Schule, 1958/10, S. 450 – 471; wieder abgedruckt in: „Auswahl“ Reihe A Bd. 1, hrsg. von *H. Roth* u. *A. Blumenthal,* Hannover 1962; und in dem Sammelband von *Wolfgang Klafki:* Studien zur Bildungstheorie und Didaktik, Weinheim 1963, S. 126 ff.
2. vgl. dazu u. a. *P. Heimann, G. Otto, W. Schulz:* Unterricht. Analyse und Planung, Hannover 1965; *Wolfgang Schulz:* Unterricht zwischen Funktionalisierung und Emanzipationshilfe, in: Ruprecht u. a.: Modelle grundlegender didaktischer Theorien, Hannover 1972, S. 155 ff.
3. vgl. dazu u. a. *Helmar Frank:* Kybernetische Grundlagen der Pädagogik, Baden-Baden, Stuttgart 1962; *Felix von Cube:* Kybernetische Grundlagen des Lernens und Lehrens, Stuttgart 2. Aufl. 1968; *Felix von Cube:* Der informations-theoretische Ansatz in der Didaktik, in: *Ruprecht* u. a.: Modelle grundlegender didaktischer Theorien, Hannover 1972, S. 117 ff.
4. vgl. dazu u. a. *Christine Möller:* Technik der Lernplanung, Weinheim 1969; *Wilhelm Peterßen:* Grundlagen und Praxis des lernzielorientierten Unterrichts, Ravensburg 1974.
5. vgl. dazu u. a. *Theodor Rutt* (Hrsg.): Die Pädagogische Tatsachenforschung, Paderborn 1965; *Günter Slotta:* Die pädagogische Tatsachenforschung *Peter* und *Else Petersens,* Weinheim 1962; *Peter Petersen:* Die pädagogische Tatsachenforschung, in: Pädagogische Rundschau 16,1962.
6. vgl. dazu u. a. *Ned A. Flanders:* Interaction analysis in the classroom: A manual for observers, Minnesota 1960, ^{2}1966; *Walther Zifreund:* Verlaufsdarstellung der Interaktionsanalyse als Instrument für unterrichtliches Verhaltenstraining und zur Präzisierung von Unterrichtsmethoden überhaupt, in: Programmiertes Lernen, Unterrichtstechnologie und Unterrichtsforschung 1971, 8, S. 129 – 132.
7. vgl. dazu u. a. *Donald M. Medley, Harold E. Mitzel:* Measuring classroom behavior by systematic observation, in: *N. L. Gage:* Handbook of Research on Teaching, dt. *Karlheinz Ingenkamp* (Hrsg.): Handbuch der Unterrichtsforschung. Teil I 1970, S. 633 – 852.
8. vgl. dazu u. a. *Arno A. Bellack:* Methods of observing classroom behavior of teachers and students, in: *Karlheinz Ingenkamp* (Hrsg.): Methods for the evaluation of comprehensive schools, Weinheim 1969, S. 187 – 215.
9. vgl. dazu u. a. *Alfons Otto Schorb:* Unterrichtsmitschau. Fernsehanlagen im Dienste pädagogischer Ausbildung und Forschung, Bad Godesberg 1965; *Alfons Otto Schorb:* Die Unterrichtsmitschau in der Praxis der Lehrerbildung, Bad Godesberg 1966; *Alfons Otto Schorb:* Unterrichtsmitschau, in: H. *Heinrichs* (Hrsg.): Lexikon der audiovisuellen Bildungsmittel, München 1971, S. 327 – 330.
10. vgl. dazu u. a. *Ernst Meyer* (Hrsg.): Fernsehen in der Lehrerbildung, München 1966; *Ernst Meyer:* Schulpraktikum, Bochum o. J.
11. vgl. dazu u. a. *Hans Maier, Hans Jürgen Pfistner:* Die Grundlagen der Unterrichtstheorie und der Unterrichtspraxis, Heidelberg 1971; *Hans Maier:* Beobachtungs- und Beschreibungsdimensionen von Schulunterricht, in: Unsere Volksschule 17 (1966), S. 123; *Hans Maier:* Zur Beobachtung und Beschreibung von Unterricht, in: Westermanns Pädagogische Beiträge 18

(1966), S. 491; *Hans Maier, Hans Jürgen Pfistner:* Über die Repräsentation von Unterricht und die Stellung der Unterrichtsbeschreibung, in: *Ernst Meyer* (Hrsg.): Fernsehen in der Lehrerbildung, München 1966.

12. vgl. dazu u. a. *Karl-Heinz Flechsig* u. *Hans-Dieter Haller:* Einführung in didaktisches Handeln, Stuttgart 1975.

13. vgl. dazu u. a. *Ludwig Huber:* Fragen der Hochschuldidaktik an eine Berufsforschung im Bereich Lehrerbildung. Thesen zur Diskussion, in: Blickpunkt Hochschuldidaktik 32 (1974) S. 142 – 150.

14. vgl. dazu u. a. *Helmut Fend:* Sozialisierung und Erziehung, Weinheim 1973[6]; *Helmut Fend:* Schulorganisation als Makroorganisation von Lernprozessen, in: *Messner, R.* und *H. Rumpf:* Didaktische Impulse, Wien 1971, S. 197 – 237; *Helmut Fend:* Gesellschaftliche Bedingungen schulischer Sozialisation. Soziologie der Schule I. Weinheim 1974; *Helmut Fend:* Konformität und Selbstbestimmung, Weinheim 1973[2].

15. vgl. dazu u. a. *J. P. De Cecco:* The psychology of learning and instruction: Educational psychology. Englewood Cliffs, N. J.: Prentice-Hall, 1968.

16. vgl. dazu u. a. *Reinhard Tausch* u. *Anne-Marie Tausch:* Erziehungspsychologie, Göttingen 1971[6].

17. vgl. dazu u. a. *Kurt Lewin:* Feldtheorie in den Sozialwissenschaften. Bern 1963; *Kurt Lewin:* Die Lösung sozialer Konflikte. Bad Nauheim 1953; *Kurt Lewin:* Field theory in social science. Selected theoretical papers. Hrsg. von *D. Cartwright.* New York 1951; *Kurt Lewin:* Principles of topological psychology. London 1966; *Kurt Lewin, R. Lippitt* u. *Sibylle K. Escalona:* Studies in topological and vector psychology. Univer. Iowa Stud. Child. Welf., (1940) 16, No. 3; *Kurt Lewin, R. Lippitt* u. *R. K. White:* Patterns of aggressive behavior in experimentally created social climates, in: J. soc. Psychol. (1939) 10, S. 271 – 299; *Kurt Lewin:* Der reale Zusammenhang zwischen Quasibedürfnis und echten Bedürfnissen, in: *H. Thomae* (Hrsg.): Die Motivation menschlichen Handelns. Köln 1966[3].

18. vgl. dazu u. a. *Ralph. W. Tyler:* Curriculum und Unterricht. Düsseldorf 1973.

19. vgl. dazu u. a. *Wolfgang Schulz:* Unterricht – Analyse und Planung, in: *Paul Heimann, Gunter Otto* u. *Wolfgang Schulz:* Unterricht. Analyse und Planung, Hannover 1965, S. 13 – 47; *Wolfgang Schulz:* Umriß einer didaktischen Theorie der Schule, in: *Peter Fürstenau* u. a.: Zur Theorie der Schule, Weinheim 1969; *Wolfgang Schulz:* Unterricht zwischen Funktionalisierung und Emanzipationshilfe – Zwischenbilanz auf dem Wege zu einer kritischen Didaktik, in: *Horst Ruprecht, Hans-Karl Beckmann, Felix von Cube, Wolfgang Schulz:* Modelle grundlegender didaktischer Theorien, Hannover 1972; *Wolfgang Schulz:* Aufgaben der Didaktik. Eine Darstellung aus lerntheoretischer Sicht, in: *Detlef C. Kochan* (Hrsg.): Allgemeine Didaktik, Fachdidaktik, Fachwissenschaft, Darmstadt 1972.

20. vgl. dazu u. a. *Gerhard Meyer:* Kybernetik und Unterrichtsprozeß. Berlin 1966, S. 69 ff.

21. vgl. dazu u. a. *Edgar Dale:* Audiovisual Methods in Teaching, New York 1969[3], S. 107.

22. vgl. dazu u. a. *E. W. Eisner:* Instructional and Expressive Objectives: Their

Formulation and Use in Curriculum. In: Instructional Objectives, Monograph No. 3. Washington 1969 (American Educational Research Association).

3.10. Evaluation im Hochschulbereich

Die etwa Anfang der sechziger Jahre einsetzende Bildungseuphorie, die ihren Niederschlag u. a. in einer Erhöhung der Abiturientenzahlen bei nicht entsprechendem Ausbau der Hochschulen und Universitäten fand, hat zu einem ganz neuen hochschuldidaktischen Problembewußtsein geführt.

„Die Chronik der Fakten ist ebenso beredt wie bitter: In der Mitte der sechziger Jahre kommt es in der Medizin und Zahnmedizin erstmals zum Numerus clausus. Er greift in den folgenden Jahren auf immer neue Fächer und Studiengänge über..... Im Sommersemester 1974 sind es acht, im Wintersemester 1974/75 bereits 11 Fächer, die vom totalen, bundesweiten Numerus clausus betroffen sind, und 49 bzw. 46 Fächer oder Studiengänge, für die an einer oder mehreren Hochschulen eine Zulassungsbeschränkung besteht.... Der Trost, daß bislang noch jeder, der studieren will, wenngleich vielleicht nicht in seiner ersten Studienfachpräferenz, einen Studienplatz an einer deutschen Hochschule erhalten kann, währt nicht mehr lange. Schon für die Jahre 1977/78 müssen wir damit rechnen, daß die Studienplatznachfrage das Studienplatzangbot insgesamt übersteigt und möglicherweise 50 000 Studienbewerber keinen Studienplatz mehr finden werden. Spätestens zu diesem Zeitpunkt wird das zentrale Verfahren zur Vergabe von Studienplätzen auf alle Fächer und alle Hochschulen der Bundesrepublik ausgedehnt sein müssen“[1]).

Angesichts dieser wenig ermutigenden Fakten wäre es kein Wunder, wenn in naher Zukunft die *selektiv orientierten Evaluationsverfahren* im Bereich der Hochschulen an Bedeutung gewännen. Neben der gezielten Selektion der Studienbewerber durch Prüfungen ergibt sich in zunehmenden Maße eine sozial besonders ungerechte Selektion der unteren Gesellschafts- und Einkommensschichten. Gerade Angehörige dieser Schichten, deren Zugangsrate zu den Hochschulen man erklärterweise steigern wollte (Arbeiter- und Bauernkinder), werden sich das ein oder mehrere Jahre lange Warten auf die Zuteilung eines Studienplatzes am allerwenigsten finanziell leisten können.

---

[1]) Diese Ziffern verweisen auf Anmerkungen am Ende des Kapitels 3.10.

Zwei Aufgaben sollte sich die Evaluationsforschung stellen:
– die Entwicklung objektiver, zuverlässiger und gültiger Evalutionsinstrumente, die nicht einseitig an Bedarfszahlen, sondern primär didaktisch orientiert sind;
– die Aufdeckung und Analyse indirekter Selektionsmechanismen.

Es ist eine Illussion, daß durch Studien- und Prüfungsreformen und eine damit zusammenhängende höhere Ausbildung für einen höheren Prozentsatz der Bevölkerung Selektion und Leistungsdruck eo ipso verschwinden werden.

„Auch wer Gleichheit der Bildungschancen will, wird Selektion praktizieren müssen. Je mehr aber die Bildungsnachfrage das Bildungsangebot und das Bildungsangebot den Bildungsbedarf übersteigt, um so schärfer wird der Selektionsprozeß. Nicht ein finsterer Spätkapitalismus, sondern genau der Ruf nach Chancengleichheit unter den Bedingungen nicht unerschöpflicher Mittel hat den Leistungsdruck erzeugt, der von den überfüllten Hochschulen her schon heute in die Schulen zurückwirkt und sich in den Hochschulen von den überfüllten akademischen Berufen her noch steigern wird. Sagen wir es einmal deutlich: Die Massenbildungsgesellschaft könnte unter diesen Umständen statt der humaneren die gnadenlosere sein“[2]).

Das Problem der Evaluation muß im Zusammenhang mit der Planung und Realisierung von Studiengängen gesehen werden. Ein empirisch brauchbares Evaluationsmodell sollte die Erfassung bzw. Kontrolle aller Faktoren des (hochschulischen) Lehr- und Lernprozesses ermöglichen. Im herkömmlichen Prüfungsverfahren geht es um eine isolierte und punktuelle Feststellung von Leistungen der Lernenden. Dabei sind in der Prüfungspraxis die Leistungsmessung und die Leistungsbewertung von vornherein verschmolzen, so daß eine sinnvolle Verwendung von Meßinstrumenten (Erhebung der Lernvoraussetzungen, Einsatz objektivierter Verfahren, Offenlegung bzw. Analyse der Kriterien zur Dateninterpretation etc.) erschwert wird. Eine möglichst saubere *theoretische Trennung von Leistungsmessung und Leistungsbewertung* ist Voraussetzung für ein rational faßbares Evaluationskonzept, wenngleich man dabei stets bedenken muß, daß eine vollkommene Isolierung der Leistungsmessung nicht möglich ist, da jede Messung intentionalen Charakter hat. Es gilt also, das spezielle Verhältnis von

Leistungsmessung und Leistungsbewertung bei der Evaluation herauszuarbeiten.

Evaluation setzt die Interaktion von Lehrenden und Lernenden voraus und zielt deshalb auf mehr als bloße Fremdkontrolle. Es geht um eine kontinuierliche Überführung von Fremd- in Selbstkontrolle. Evaluation meint nicht nur (wie etwa Prüfung) die Messung und Bewertung von Lernerleistungen, sondern eine *Wertung des gesamten Interaktionsprozesse der Unterweisung,* d. h. auch der Lehrleistung, der Lehrmethode, der Lehrinhalte, der Lehrmittel und Medien und der Lehr- und Lernkontrolle selbst. In diesem Sinn ist Evaluation ein Teil der Unterweisung. Evaluation hat regelkreisartigen Charakter und kann als Steuerelement des gesamten Curriculumprozesses bezeichnet werden.

Zu einem nach *Bloom/Hastings/Madaus* und *Scriven* entworfenen Modell kann man sich die unterschiedlichen Formen und Funktionen von Evaluation etwa wie folgt verdeutlichen[3]):

Beschreibungsdaten	Art der Evaluation	Beurteilungsdaten
1) Intendierte Antezedenzien	initiale Evaluation	Beobachtete Antezedenzien
2) Intendierter Unterweisungsprozeß	formative Evaluation	Beobachteter Unterweisungsprozeß
3) Intendierte Ergebnisse	summative Evaluation	Beobachtete Ergebnisse

Ziel der Evaluation ist es, den Grad der Kongruenz auf allen drei Stufen zu ermitteln. Zwischen den drei Arten von Beschreibungsdaten besteht ein logischer Zusammenhang, der in der Unterrichtsplanung zum Ausdruck kommt. Zwischen den Beurteilungsdaten muß diese Kontingenz empirisch ermittelt werden.

Daß das bestehende Prüfungssystem an unseren Hochschulen reformbedürftig ist, hat verschiedene Gründe, die nicht nur im Prüfungssystem selbst, sondern auch in den Veränderungen des Lehrens und Lernens an der Universität zu suchen sind. *Brigitte Eckstein*[4]) weist darauf hin, daß Kenntnisse und Fähigkeiten, die in Hochschulprüfungen erfaßt werden sollen, sich auf Langzeitleistungen beziehen und deshalb durch nur punktuelle Prüfungen nicht angemessen erfaßt werden könnten. Die punktuelle Prüfung, wobei der Prüfling relativ anonym bleibt, ist eine Konsequenz der Entwicklung zur Massenuniversität. In früheren Jahren war das Verhältnis Lehrende zu Studierende so günstig, daß jeder Prüfling dem Prüfer bereits vor der Abschlußprüfung aus zahlreichen Seminaren und Vorlesungen genau bekannt war. Ein Versagen in der Prüfung war unter diesen Umständen zwar unangenehm, aber nicht unbedingt verhängnisvoll. „In einem gut organisierten Seminar oder Praktikum, einer gut betreuten Diplom- oder Doktorarbeit waren ‚forschendes Lernen' und ‚studienbegleitende Prüfung' von jeher weitgehend realisiert. Erst mit dem Übergang zum Massenfach eben brach diese Form der Lehre und der Lehr- und Lernkontrolle zusammen“[5]).

Eine Reform des Prüfungswesens kann also nicht unabhängig von einer Reform der Lehre an den Universitäten gesehen werden. Erst durch die extreme Verschlechterung der Bedingungen des Lernens und Lehrens im Hochschulbereich ist das Problem der Hochschulprüfungen so akut geworden. Der Grad der Individualisierung des Studiums ist dadurch notwendigerweise zurückgegangen, während die Bedeutung der Prüfungen als Selektionsinstrumente zugenommen hat. Die Überführung einmaliger, punktueller Abschlußprüfungen in kontinuierliche, studienbegleitende und studiensteuernde Teilprüfungen ist nur denkbar, wenn die einkalkulierte Versagerquote sehr gering ist und die Teilzensuren keine Bedeutung für Selektionsprozesse haben.

Ein *Dilemma der Prüfungsreform* ist darin zu sehen, daß die vier wichtigsten Reformtendenzen[6]): Objektivierung, verstärkte Kontrolle (Öffentlichkeit, Heranziehung mehrerer Prüfer etc.), Individualisierung und Entlastung (Aufsplitterung in Teilkontrollen) einander widersprechen und nicht gleichzeitig realisiert werden können. Durch objektivierte Prüfungsverfahren und differenziertere Kontrollen würde eine Stabilisierung des Prüfsystems erreicht, durch Individualisierung und Entlastung auf eine Abschaffung der Prüfung hingearbeitet.

Wollte man Hochschulprüfungen generell abschaffen, so wäre zweierlei erforderlich: Anstelle der sekundären Prüfungsmotivation müßte eine funktionsfähige Primärmotivation treten. Außerdem müßten Modi für die Rückmeldung an die Abnehmerinstitutionen (Wirtschaft, Staat etc.) der Hochschulabsolventen gefunden werden. Eine ersatzlose Streichung der Prüfungen ohne damit verbundene Änderungen im Lehr- und Lernsystem der Hochschulen würde zwangsläufig dazu führen, daß die Selektion für bestimmte Berufslaufbahnen ihren Öffentlichkeitscharakter verlöre und die Auswahl von Bewerbern von fragwürdigeren, weil weniger kontrollierbaren Auswahlmethoden abhängig gemacht würde. Prüfungen, die den Zugang zur Hochschule ermöglichen, können nur sehr schwer auf ihren prognostischen Wert hin untersucht werden[7]).

Speziell aus dem amerikanischen Raum gibt es eine Reihe von Untersuchungen zur Prognose des Studienerfolgs, deren Ergebnisse sich zum Teil widersprechen. *Schumann* und *Claus* nennen als Grund dafür, daß sich diese Untersuchungen meist in mindestens einer der vier folgenden Bedingungen unterscheiden:

Messung des gewählten Prediktors, Art des Kriteriums, Homogenität der Untersuchungspopulation, Zeitraum der Prognose.

Gewöhnlich bereitet schon die Definition und Messung von Prediktoren Schwierigkeiten. Dann ist es schwer, geeignete Kriterien zu finden.

So sind beispielsweise Abiturnoten bzw. der Abiturdurchschnitt keine geeigneten Prediktoren, um den Studienerfolg in bestimmten Fächern vorherzusagen. Ebenso unmöglich ist es, aus Examensnoten an der Universität Schlüsse zu ziehen. Selbst wenn Kriterien und Prediktoren operationalisierbar bzw. operationalisiert wären, liegen im korrelationsstatistischen Ansatz selbst Grenzen. Aus der Korrelationsdefinition resultiert, daß eine große Homogenität (d. h. geringere Varianz) des Merkmals A eine hohe Korrelation zwischen A und einem anderen Merkmal gewöhnlich verhindert. Eine Korrelation zwischen Begabung und Studienerfolg wird also nicht deutlich, wenn die Untersuchungsgruppe nur aus Hochbegabten besteht. Wenn also eine Population nach einem Merkmal (z. B. Begabung) homogenisiert ist, kann man dieses Merkmal mit dem korrelationsstatistischen Ansatz nicht mehr sinnvoll untersuchen.

Die Evaluation der Lernenden in Hochschulprüfungen vollzieht sich in Form von Eingangsprüfungen, Zwischenprüfungen und Abschlußprüfungen. Daneben gibt es eine Reihe von freiwilligen oder obligatorischen Leistungsnachweisen in Form von Kolloquien, Seminararbeiten, Referaten u. ä.. Zu manchen Studiengängen fehlen Eingangs- und Zwischenprüfungen völlig. Die Studiengestaltung ist inhaltlich und formal extrem offen, und oft ist die Promotion die einzige Möglichkeit des Studienabschlusses. Eine Einführung formativer Teilprüfungen bzw. eine Aufsplitterung des einen großen Abschlußexamens würde für diese Studiengänge auch eine genauere inhaltliche und formale Konkretisierung erfordern. Ob häufigere Leistungskontrollen die psychischen Pressionen der einmaligen Abschlußprüfung entschärfen können, ist jedoch fraglich. Man kann dagegen ebenso gut argumentieren, ein Netz vieler einzelner Teilprüfungen dehne den Prüfungsdruck auf das ganze Studium aus. Ein weiteres Argument gegen die Aufsplitterung in Teilprüfungen ist, daß dadurch der Erprobungscharakter der Prüfung verloren gehe. Problemlösungsverhalten in einer komplexen Situation sei durch eine umfangreichere Abschlußprüfung zu testen.

Ein weiteres wichtiges Problem der Prüfungsreform ist die Frage nach den Prüfungsformen. Man kann generell folgende Unterscheidungen treffen:

Prüfungsformen	frei	teilobjektiviert	objektiviert
Schriftliche Prüfungen	Aufsätze, Klausuren, Zulassungs-Diplomarbeiten etc.	gebundene Fragestellungen, Lückentexte etc.	lernzielorientierte Tests (informell oder standardisiert.
mündliche Prüfungen	Prüfungsgespräch (allgemein, Spezialgebiete).	Vorformulierte Prüfungsfragen, Protokollierung d. Antworten.	Vorformulierte Prüfungsfragen mit eindeutig vorausbestimmbaren Antworten.
praktische Prüfungen	Freie Aufgabenstellung	Genau definierte Aufgabenstellung mit offenen Lösungsmöglichkeiten.	Genau definierte Aufgabenstellung mit objektivierbaren Kontrollkriterien.

Schriftliche Prüfungen sind weitaus einfacher und besser objektivierbar als alle mündlichen Prüfungen und der größte Teil der praktischen Prüfungen, da sich informelle und standardisierte lernzielorientierte Tests entwickeln lassen. Die Durchführungs- und Auswertungsverfahren sind relativ leicht objektivierbar.

Mündliche Prüfungen sind erfahrungsgemäß weniger objektiv, valide und reliabel. Dies beruht auf der geringen Zeitdauer, der zufälligen Auswahl der Fragen und der Schwierigkeit einer distanzierten Bewertung. Es wäre jedoch voreilig, mündliche Prüfungen deshalb prinzipiell abwerten zu wollen. Die Qualität der mündlichen Prüfung ist stärker persongebunden; sie hängt ab vom Geschick, der Erfahrung und der Vorbereitung des Prüfenden. Im günstigsten Falle kann die mündliche Prüfung flexibler und diagnostisch aufschlußreicher sein als die schriftliche. Die Entscheidung, ob nur schriftlich oder schriftlich und mündlich geprüft werden soll, sollte nicht von vordergründigen Aspekten wie Zeit- bzw. Korrekturersparnis u. ä. bestimmt werden, sondern von der Art des Prüfungsgegenstandes und der Neigung des Prüflings. Wenn es gelingt, die mündliche Prüfung zum echten Dialog zu gestalten, besteht gegenüber schriftlichen Prüfungen die Chance, über die Festschreibung von Vergangenem hinauszukommen und ein für beide Teile befriedigendes Ergebnis zu erreichen.

Die Meß- und Bewertungsmöglichkeiten bei *praktischen Prüfungen* sind sehr unterschiedlich. Bei Prüfungsleistungen, die sich in gegenständlichen Werken niederschlagen, gibt es oft eindeutige, funktionale Bewertungskriterien. Bei künstlerischen Leistungen fehlen jedoch weitgehend intersubjektive Maßstäbe. Hier kann nur eine Einschätzung durch mehrere, voneinander unabhängige Bewerter die Reliabilität der Urteile erhöhen.

Eine Erhöhung der Objektivität und Validität von Prüfungen hat notwendigerweise eine stärkere Determinierung des Lernwegs zur Folge. Deshalb dürfte auch ein Evaluationssystem, das nur aus standardisierten Tests bestünde, mit der Zeit zu einer Erstarrung des Lehrprozesses führen. Auch die erhöhte Meßgenauigkeit (Reliabilität) könnte das Prüfungsproblem nicht zum Verschwinden bringen.

Die bisherigen Tests beruhen weitgehend auf einem Reliabilitätskonzept, das nur bei ausreichender Varianz der Leistungen sinnvoll ist. Das heißt, daß bei ausgelesenen Stichproben von Lernenden sowie bei einer nicht genügend großen Streubreite der Leistungen unter Umständen ungünstige Reliabilitätskoeffizienten zustandekommen, die jedoch nichts über die Genauigkeit der Messung aussagen. In dem Band „Lehrzielorientierte Tests“ mit Beiträgen von *Klauer, Fricke, Herbig, Rupprecht* und *Schott* (Düsseldorf ²1974) werden erstmals neuere teststatistische Ansätze, die den didaktischen Erfordernissen objektivierter Tests mehr entsprechen, vorgestellt.

Ein besonders heikles Problem ist die *Evaluation des Lehrens und der Lehrenden.* Untersuchungen über diese Komponente des Unterrichtsprozesses stoßen bei den Betroffenen bewußt wie unbewußt auf Widerstand. Schon für den Primar- und Sekundarbereich, aber auch im Tertiärbereich, haben empirische Untersuchungen in Amerika ergeben, daß die Lehrleistung eines Lehrers bzw. Dozenten keine Konstante ist, sondern mit der jeweiligen Klasse bzw. dem jeweiligen Seminar variiert. *Ruth Beard*[8]) berichtet über Versuche in Australien, in denen die Leistung im Unterrichten an Hochschulen beurteilt wurde. Erwartungsgemäß zeigte sich, daß die Hochschullehrer je nach

Fach, Klasse oder Lehrmethode unterschiedliche Leistungen erbrachten. Man darf wohl annehmen, daß eine Evaluation des Lehr- und Lernprozesses nur dann brauchbare Ergebnisse bringen kann, wenn die Faktoren Lernvoraussetzungen, Lehren und Lernen in ihrer Wechselwirkung gesehen und erfaßt werden. *Hans Meister* meint nach einer Analyse der bisherigen Ansätze in der hochschuldidaktischen Forschung:

„Lediglich drei Untersuchungsansätze versprechen praxisrelevante Ergebnisse: die Berücksichtigung von komplexen Untersuchungsansätzen, die die Erfassung von Wechselwirkungen zwischen Lernvoraussetzungen und Lehrmethoden ermöglichen; der Aufbau problemorientierter Lehr- und Studieneinheiten; die Überprüfung von abhängigen Variablen, die über die Verwendung von Kenntnistests hinausgehend auch überdauernde Interessen und Einstellungen erfaßt“[9]).

Ein methodisches Konzept zur Evaluation von Lehrenden und ihrer Wirkung sollte in jedem Fall auch die Defizite in der Dozentenausbildung hinsichtlich des Trainings der Lehrfähigkeit und des Prüfens sichtbar werden lassen. Didaktische Fähigkeiten werden zwar als Qualifikation für Hochschullehrer mittlerweile anerkannt und auch gefördert, nur gibt es bisher kaum Möglichkeiten, den Erwerb dieser Qualifikationen in den Ausbildungsgang der Hochschullehrer einzubeziehen.

Zusammenfassend läßt sich feststellten:

– Die Reform von Prüfungen muß im Zusammenhang mit der Studien- und Ausbildungsreform gesehen werden. Die Hochschulreform muß bei der Prüfung einsetzen.

– Studiengang und Prüfungsanforderungen sollten abgestimmt sein.

– Die Entwicklung individueller, vielfältiger Prüfungsformen ist anzustreben.

Folgende konkrete Verbesserungsmöglichkeiten bieten sich an:

– Freie Wahl der Prüfer.
– Frühzeitige Bekanntgabe der Prüfer und der Termine.
– Begründung der Ergebnisse in Anwesenheit des Prüflings.
– Einrichtung paritätisch besetzter Beschwerdeinstanzen.
– Jederzeitiges Rücktrittsrecht des Prüflings.

– Wiederholbarkeit der Prüfung – auch bei Bestehen –, um ein besseres Ergebnis zu erzielen.

– Bewertung von Übungs- und Seminarscheinen als Bestandteil der Hauptprüfung.

Anmerkungen

1. *Henning Kößler:* Bildungsreform und Bildungsplanung, in: Deutsche Universitätszeitung 16/1974, S. 675.
2. *Henning Kößler,* a. a. O., S. 677.
3. *Bloom/Hastings/Madaus:* Handbook on formative and summative evaluation of student learning. New York (Mc Graw Hill) 1971; *M. Scriven:* The methodology of evaluation, in: *R. W. Tyler:* Perspectives of curriculum evaluation. Chicago 1967.
4. *Brigitte Eckstein:* Studienbegleitende Prüfungen I, in: dies.: Hochschulprüfungen: Rückmeldung oder Repression, Blickpunkt Hochschuldidaktik 3, Hamburg 1971.
5. *Brigitte Eckstein:* a. a. O., S. 70.
6. vgl. dazu: Schriften der BAK 5: Forschendes Lernen, Wissenschaftliches Prüfen.
7. vgl. dazu: *Karl Schumann, Hans J. Claus:* Prognose des Studienerfolgs, Blickpunkt Hochschuldidaktik 10, Hamburg 1970.
8. *Ruth Beard:* Lehren und Lernen an der Hochschule, Düsseldorf 1972.
9. *Hans Meister:* Lehrmethoden, Lernerfolge und Lernvoraussetzungen bei Studenten, Düsseldorf 1974, S. 60.

Bibliographie

Ager, Margret, Weltmann, Judith: The Present Structure of University Examinations, in: University Quarterly, Bd. 21 (1967), Nr. 3, S. 272 – 285.

Balch, John: The Influence of the Evaluating Instrument on Students Learning, in: American Educational Research Journal, Bd. 1 (1964) Nr. 3, S. 169 – 182.

Biäsch, Hans: Psychologische Hintergründe des Examensverhaltens, in: Jahrbuch f. Psychologie, Psychotherapie und medizinische Anthropologie, 1 – 2, 1968, S. 115 – 129.

Brinkmann, Gerhard: Die Prognose des Studienerfolgs, in: Kölner Zeitschrift f. Soz. und Sozialpsychologie, 1967, S. 322 – 333.

Cox, Roy: Examinations and Higher Education, in: University Quarterly, Bd. 21 (1967), Nr. 3, S. 292 – 340.

Dressel, Paul (et. al.) Evaluation in Higher Education, Boston 1961.

Fend Helmut, Rudolf Messner: Erfahrungen bei der Konstruktion objektiver Leistungstests an der Universität (1. Teil), Hochschuldidaktische Perspektiven: Zielanalyse und objektive Leistungsmessung an der Universität (2. Teil), in: Zeitschrift für Erziehungswissenschaftliche Forschung (Stuttgart),

1970, S. 83 – 104 und S. 144 – 160.

Forschendes Lernen – Wissenschaftliches Prüfen Bonn 1970/Schriften der BAK 5.

Guhde, Edgar: Bibliographie zur Hochschuldidaktik. Blickpunkt Hochschuldidaktik 17, Hamburg 1971.

Herz, Otto: Prüfungen als hochschuldidaktisches Problem, in: Die Dt. Universitätszeitung 7 – 8, 1969, S. 1.

Jacobi, Klaus: Einige Überlegungen zur Praxis des Studiums und des Staatsexamens, in: Die Dt. Universitätszeitung 7. 1967, S. 16 – 19.

Kapuste, Johannes: Prüfungen in einem durchlässigen Bildungssystem. Sonderdruck aus: *Evers/Rau* (Hrsg.) Oberstufenreform und Gesamthochschule, Frankfurt 1970, S. 25.

Lauwerys, Joseph A., Scanlon, David G.: Examinations. The World Year Book of Education 1969, London 1969.

Meister, Hans: Lehrmethoden, Lernerfolge und Lernvoraussetzungen bei Studenten, Düsseldorf 1974.

Moeller, Michael Lukas: Untersuchungen zur Psychodynamik der neurotischen Prüfungsangst. Diss. Berlin 1967.

Moeller, M. L.: Angst und Prüfungsfeld, in: b:e 10, 1968, 19 – 22 Aspekte der Prüfungsangst, in: b:e 1, 1969, 16 – 20.

Prior, Harm: Kritische Bibliographie zur Hochschuldidaktik. Blickpunkt Hochschuldidaktik 17, Hamburg 1971.

Prüfungen als hochschuldidaktisches Problem (hrsg. von M. Schütz, H. Skowronek, W. Thieme) Blickpunkt Hochschuldidaktik, Heft 1, 1969.

Reese, Jürgen: Leistungsbewertung und Leistungsanerkennung, in: Konstanzer Blätter f. Hochschulfragen 3, 1969, S. 60 – 74.

Reese, Jürgen: Auf der Schwelle zwischen Universität und Berufswahl. Leistungsbewertung und Leistungsanerkennung, in: Frankfurter Hefte 2, 1970, S. 117 – 128.

Schumann, K. F., Claus, H. J.: Prognose des Studienerfolges, in: Blickpunkt HD (10), 1970, S. 41.

Sieber, Hugo: Ist das Examen besser als sein Ruf? in: Schweizerische Hochschulzeitung 1, 1965, S. 11 – 17.

3.11. Prüfung: Das Wichtigste ist die gute Vorbereitung

Die ideale Prüfung dürfte wohl diejenige sein, die überhaupt nicht stattzufinden braucht, weil das Ausbildungssystem so gut beschaffen ist, daß es durch die Qualität der Ausbildung den erwünschten Lernerfolg garantieren kann. Prüfungen sind also immer dann notwendig, wenn dies nicht der Fall ist und doch die Qualität des Gelernten kontrolliert werden soll. Dazu lassen sich zwei wesentliche Gesichtspunkte (vgl. *Flechsig/*

Haller 1975) unterscheiden: einmal eine *Adressatenevaluation* (= Lernkontrolle zur Bewertung des Lernenden, des Adressaten), zum anderen eine *Systemevaluation* (= Lernkontrolle zur Bewertung des Ausbildungssystems, darunter z. B. des Lehrenden). Die Frage ist, welche dieser Funktionen bei den Prüfungen der Lehramtsanwärter erfüllt wird. Schwerpunktmäßig ist es eben der Adressat, der geprüft wird und auch die möglichen Folgen eines ungünstigen Prüfungsergebnisses allein zu tragen hat.

Die über eine zu rechtfertigende Funktion (man denke an das Argument, daß niemand gern in einem Flugzeug mitfliegt, dessen Pilot die dazu erforderliche Qualifikation nicht besitzt) hinausgehenden Funktionen sind Gegenstand der in den letzten Jahren in der BRD verstärkt vorgetragenen *Prüfungskritik.* Insbesondere sind folgende Funktionen kritisiert worden:

– Prüfungen dienen der *Selektion* von Anwärtern für Berufe, bei denen das Angebot an Stellen geringer ist als die Nachfrage nach ihnen.

– Prüfungen dienen der *Disziplinierung* von Lernenden, da diese durch die Prüfungen zur Anpassung und zum Wohlverhalten gezwungen werden können.

– Prüfungen dienen als *Motivationsersatz* zum Lernen: man kann durch sie zu Lerninhalten hingeführt werden, die man nicht aus eigenen Stücken lernen würde.

– Prüfungen dienen der *Erzeugung von Angst,* die Autorität sichert: niemand lehnt sich ohne weiteres gegen einen potentiellen Prüfer auf.

– Prüfungen dienen damit der *Sicherung von Herrschaft.*

Daß diese und andere Kritikpunkte nicht erst in jüngster Zeit gesehen werden, zeigt das folgende Zitat von 1899:

„Als der moderne Staat Beamte brauchte, suchte er sich bezüglich ihres Wissens und Könnens nicht nur durch einen vorgeschriebenen Bildungsgang, sondern auch durch ein Abschlußexamen zu sichern, das ihm zugleich die Möglichkeit gab, die Kandidaten zu klassifizieren und das Urteil über den einzelnen in einer Nummer, der sogenannten Note, zu verdichten; er glaubte damit ebenso dem Staatsinteresse zu dienen wie eine Forderung der Gerechtigkeit zu erfüllen. Nun wird sich ja schwerlich etwas dagegen einwenden lassen, daß der Arbeitgeber sich über die Qualität der auszuwählenden Arbeiter zu unterrichten wünscht. Ob es aber auf dem traditionell überkommenen Wege mit jener beruhigenden Sicherheit, an die man zu glauben vorgibt, möglich ist, muß um so mehr angezweifelt werden, als gerade die Eigenschaften, auf welche der Staat besonders rechnet, z. B. Tatkraft und Willensenergie, Pflichttreue und Ausdauer, Selbständigkeit und Initiative gar nicht Gegenstand einer Prüfung werden können. Nimmt man hinzu, daß auch von dem intellektuellen Besitz vielleicht das Beste: Flüssigkeit, praktische Verwendbarkeit, Triebkraft etc. entweder gar nicht oder doch nur ungenügend erforscht werden kann, so muß das auf diesem Wege gewonnene Urteil über den ganzen Menschen als ein höchst problematisches erscheinen. (...)

Je mehr das Unterrichts- und Schulwesen die ordnende Hand des Staates zu spüren hatte, um so mehr wurde es von einem Netz von allerhand Examina überzogen. Hatte man die Universitäten nach oben durch Examina sozusagen gekrönt, so schloß man sie nach unten durch das Maturitätsexamen ab. Ausgehend von dem Gedanken, daß eine gewisse geistige Reife die unerläßliche Voraussetzung sei für eine ersprießliche Benutzung des Hochschulunterrichts, glaubte man sich sofort in der Lage, diese geistige Verfassung durch ein Examen feststellen zu können. Die weitere Ausbildung dieser Prüfungskontrolle war nur natürlich. Man entdeckte immer neue Einschnitte in der Lehrarbeit, schuf immer weitere Abschnitte: Abgangs- und Aufnahme-, Übergangs- und Zwischenprüfungen aller Art, und da es, genau genommen, keinen Grund gibt, mit diesem löblichen Geschäft irgendwo abzubrechen, so wurde das Prüfen und Examinieren, das Certieren und Extemporieren der regelmäßigen Schularbeit eingereiht und der Skriptionen, Schulaufgaben, Prolocos etc. mit Haupt-, Teil- und Nebennoten kein Ende, zu geschweigen von Semestral-, Jahres- und Schlußzeugnissen. Lehrer und Schüler seufzen unter der Last einer Arbeit, welche unter dem Scheine der kontrollierenden Überwachung in seltsamer Ironie der eigentlichen Arbeit nicht nur die Zeit raubt, sondern sie, wie wir noch sehen werden, in der bedenklichsten Weise beeinflußt."

(*Andreae* 1899, S 114 f)

Wir haben diese allgemeineren Bemerkungen zur Funktion von Prüfungen vorausgeschickt, um den theoretischen Hintergrund einer Praxis anzudeuten, die zunehmend größere Bedeutung für die Betroffenen hat. Ohne Zweifel wird die Entwicklung der nächsten Jahre mehr Hinweise und Erfahrungen bringen. Notwendig ist auf jeden Fall auch eine Verbesserung der Vorbereitungsmöglichkeiten für die Studenten, die inzwischen von manchen Hochschullehrern auch durchgeführt und unterstützt werden. Wir wollen diese Möglichkeiten zunächst aufführen, um Studenten eine Argumentationshilfe für ihre Forderungen zu liefern. Sodann wollen wir den Ablauf einer guten Examensvorbereitung skizzieren und dabei besonders wichtige Punkte herausstellen. Schließlich gilt es zu fragen, wie sich diese Vorbereitungen auf die allgemeine Situation auswirken.

Vorbereitungsmöglichkeiten, durch Hochschullehrer organisiert

Wenn Hochschullehrer eine größere Anzahl von Examenskandidaten betreuen, lohnt sich die Einrichtung spezieller Kolloquien. Diese sollten getrennt für schriftliche und mündliche Prüfungen angeboten werden. Eine Anrechnung auf die Deputate der Hochschullehrer ist allerdings nur in wenigen Fällen möglich. In den *Kolloquien für schriftliche Arbeiten* können allgemeine Hinweise gegeben werden (z. B. zur Themenwahl, Informationsbeschaffung, Anfertigung empirischer Untersuchungen, Stil- und Darstellungsfragen des Textes, Zitierweisen etc.), im Beisein aller Prüflinge können spezielle Hinweise für einzelne erfolgen (z. B. zur Eingrenzung eines Themas) und erste Produkte der Arbeitserstellung besprochen werden (z. B. Vorlage eines Entwurfs für eine Arbeit in Form eines Referates). Ähnliche Hilfen können in dem *Kolloquium für mündliche Prüfungen* in bezug auf Themenwahl, Informationsbeschaffung etc. gegeben werden. Darüber hinaus wäre hierbei auch eine Möglichkeit zur Simulation von Prüfungssituationen (als Rollenspiel) gegeben, wobei Prüfungskandidaten über ein Thema „probegeprüft" werden. Dadurch ist eine Verhaltenskontrolle möglich (besonders, wenn die Simulationen auf Tonbändern oder Videorecordern aufgezeichnet und somit für den Betreffenden selbst nachvollziehbar werden), z. B. in bezug auf Redefluß, Lautstärke, Mimik etc. Zudem lernen die Studenten so das Frageverhalten des Prüfers schon vorher kennen. Solche Simulationen können dazu beitragen, die Prüfungsangst zu verringern, die sich besonders dann einstellt, wenn die bevorstehende Prüfungssituation unbekannt ist. (Im übrigen ist – sofern Prüfungen öffentlich sind – auch der Besuch einer realen Prüfung möglich, d. h. also eine Hospitation.)

Vorbereitungsplan für den Prüfungskandidaten selbst

Die wohl gewichtigste Entscheidung zur Prüfungsvorbereitung dürfte die Wahl der Prüfer und der Themen sein. Was die *Prü-*

ferwahl anbetrifft, so dürften die jeweiligen Verhältnisse so speziellen Charakter haben, daß allgemeine Hinweise an dieser Stelle kaum möglich sind. Nur soviel sei gesagt: Letztlich sollte das Vertrauen zu der betreffenden Person und deren Kompetenz (gerade auch im Hinblick auf die u. U. gewünschte Thematik) ausschlaggebend sein. An den Hochschulen und Universitäten sind für gewöhnlich auf dem Wege der informellen Kommunikation zumeist zahlreiche Informationen über Prüfer und deren „typische" Verhaltensweisen im Schwange. Man verlasse sich aber nicht auf eine einzelne Information, sondern versuche, mehrere Stimmen zu hören. (Sofern von den studentischen Fachschaften Examensgruppen organisiert sind, bieten diese systematisch gesammelte Informationen an.) Das Gespräch vor der Entscheidung für einen bestimmten Prüfer kann dann die letzten Hinweise für die Wahl geben.

Für die *Themenwahl bei schriftlichen Arbeiten* sind ebenfalls große Unterschiede in den jeweiligen Orten und auch bei verschiedenen Personen eines Ortes zu verzeichnen. Im großen und ganzen läuft die Entscheidung darauf hinaus, ob eine Hausarbeit eher empirisch orientiert ist (mit Befragungen, Beobachtungen, Unterrichtsversuchen etc.) oder als Literaturstudie konzipiert werden soll. Diese Entscheidung sollte sehr stark auf die Arbeitsgewohnheiten des betreffenden Studenten bezogen werden. Wer es gewohnt ist, Berge von Büchern, Aufsätzen etc. zu wälzen und sich auch nicht aus der Ruhe bringen läßt, wenn er eine Woche vor Abschluß der Arbeit ein völlig neues Buch entdeckt, das seine bisherigen Ansätze über den Haufen wirft, ist mit einer Literaturarbeit gut bedient. Wer hingegen einen überschaubaren Sachverhalt näher verfolgen will und praktische Arbeit (Tabellen anfertigen, Fragebogen entwickeln, Personen interviewen, statistische Rechnungen durchführen etc.) gern verrichtet, dürfte in einem empirischen Thema die ihm entsprechende Arbeitsmethode finden. Eine Zwischenform stellen inhaltsanalytische Arbeiten (Analysen von Dokumenten wie Lehrpläne, Lehrbücher, Parteiprogramme etc.) dar, bei denen neben den qualitativen Aspekten (Intentionen, ideologische Funktion etc.) auch quantitative

Aspekte (Häufigkeiten verschiedener Lernziele, Inhalte von Übungsaufgaben etc.) eine Rolle spielen können. Gerade für solche Arbeiten werden die unter dem Stichwort „Inhaltsanalyse" zu findenden empirischen Methoden (vgl. z. B. *Friedrichs,* 1973) bislang noch wenig zur Anwendung gebracht. Generell sollte man bei allen empirischen Arbeiten sich nicht durch das methodische Anspruchsniveau der einschlägigen Lehrbücher verschrecken lassen. Diese sind eher für aufwendige Forschungsprojekte oder Dissertationen gedacht, so daß für die Examensarbeiten von Lehrerstudenten ruhigen Gewissens Abstriche (z. B. zur Repräsentativität, zur statistischen Absicherung durch Signifikanzberechnungen) im vorherigen Einvernehmen mit dem Betreuer gemacht werden können. Empirische Arbeiten bieten i. a. den Vorteil größerer Originalität (man hat nicht aus 100 Büchern ein ‚neues' zu schreiben versucht, sondern einen eigenen Beitrag geliefert), können also – wenn sie gelungen sind – mehr Eindruck erzeugen. Originalität ist auch ein gewichtiges Kriterium zur Wahl eines erfolgversprechenden Themas. Wählt man sich z. B. ein Thema wie „Empirische Untersuchungen zur Situation der Gesamtschule" für eine erziehungswissenschaftliche Hausarbeit, so können ausgewählte Aspekte durch eine eigene Befragung von ca. 100 Schülern hinzugetragen werden, wobei man entweder in diesen Aspekten eine Überprüfung vorgängiger Untersuchungsergebnisse anstrebt oder (noch besser) bislang unberücksichtigte Fragen aufnimmt und so einen eigenen Beitrag leistet, der nicht bloß im Nachvollziehen und Kombinieren vorgegebener Informationen besteht.

Für alle Arten von Arbeiten (wie auch für Klausurbearbeitungen mit einem Thema) gilt, daß man eine Anzahl von zentralen Fragestellungen herausstellen sollte, die man schwerpunktmäßig behandeln kann; es sind gewissermaßen die „Botschaften", die der Kandidat in seinem Text entwickelt und vorlegt.

Die *Vorbereitung mündlicher Prüfungen,* bei denen zumeist zuvor vereinbarte Schwerpunktthemen zur Sprache kommen, richtet sich am besten nach den Möglichkeiten, Fragen zu stellen, die ein Prüfer haben wird. Es klingt vielleicht absonderlich, ist aber eine Erfahrung, über die wir als frühere Prüflinge und jetzige Prüfer berichten können: Ein Prüfer hat zu einem vereinbarten Thema nur ein begrenztes Repertoire an Fragemöglichkeiten, und genau dieses sollte der Kandidat in seiner Vorbereitung zu antizipieren versuchen.

Nehmen wir als Beispiel das Thema „Leistungsmessung". Was kann dazu gefragt werden? Möglich sind: Praktiken der Leistungsmessungen, Kritik daran, empirische Untersuchungen dazu, Alternativen in der Leistungsmessung und deren Verfahrensweisen, Funktionen der Leistungsmessung, Zusammenhänge zwischen Leistungen und anderen Schülermerkmalen; viel mehr wird es wohl nicht sein. Bereitet sich ein Kandidat zunächst allgemein auf ein solches Thema vor, so wird er bald sehen, welche konkreten Fragemöglichkeiten es gibt. Dann kann er gezielt die Vorbereitung auf die Antworten zu diesen Fragen (eher Fragekomplexen) beziehen, indem er noch besonders nach einer prägnanten empirischen Untersuchung Ausschau hält, sich in Stichpunkten die wesentlichen Funktionen aufschreibt und merkt etc.

Dazu noch ein wesentlicher Hinweis: Viele Kandidaten haben in der Vorbereitung eine Fülle von Literatur verarbeitet, sind in der Prüfung selbst aber zum ersten Mal in der Situation, zusammenhängend darüber zu reden. Sie können dann oftmals die Komplexität ihrer Gedanken und Informationen zu diesem Thema nicht hinreichend ordnen, weil die Prüfungssituation ja ein einigermaßen schnelles Antworten verlangt. Sie verhaspeln sich dann leicht, machen Pausen, in denen unangenehme und verwirrende Zwischenfragen (die vielleicht hilfreich gedacht waren) des Prüfers erfolgen und „verkaufen sich so unter Wert". Unabdingbar ist daher eine vorherige Darstellung als ein Versuch, die gespeicherten Informationen in einem überschaubaren Zusammenhang verbal vorzutragen. Man hat es dann in der realen Prüfung leichter. Diese Übung kann z. B. dadurch geschehen, daß man Bekannten (vorteilhaft ist es sowieso, mit mehreren Kandidaten gemeinsam die Prüfungsvorbereitung zu absolvieren) einen kleinen Vortrag zu seinem

Thema hält und diese Fragen dazu stellen, oder man spricht seinen Text einmal auf ein Tonbandgerät und kann sich dann selbst noch kontrollieren.

Ein letzter Hinweis an dieser Stelle zur Vorbereitung der Prüfungen: Erfahrungsgemäß kommen viele Kandidaten, auch wenn sie schon sehr früh mit der Prüfungsvorbereitung angefangen haben, dann doch in zeitlichen Verzug und „ins Gedränge". Versuchen Sie daher schon recht früh, eine zeitliche Planung vorzulegen, in der sie die einzelnen Abfolgen der Vorbereitung aufführen und mit Termindaten versehen. Wenn dann durch irgendwelche Umstände eine Verzögerung zu einem Arbeitsgang eintrifft, können Sie sich kontrollieren und u. U. Vorsorge zum Aufholen der verlorenen Zeit treffen. Die Technik der Netzplanerstellung ist hierzu besonders geeignet, wenngleich man sie nicht dermaßen ausgefeilt anwenden muß, wie dies in der Literatur empfohlen wird, die ja für Forschungs- und Entwicklungsprojekte gedacht ist (vgl. *Möller* 1975, insb. zur „critical path method", d. h. einer Methode, in der für die verschiedenen Arbeitsgänge die denkbar längste Kombination herausgefunden wird, die dann als „kritischer Weg" die ungünstigste Gesamtzeit ergibt, die wiederum auf keinen Fall überschritten werden darf).

Zur weiteren Entwicklung der Prüfungssituation

Wenn gegenwärtig die Noten zum ersten Staatsexamen eine so gewichtige Rolle spielen, weil sie u. U. (wie in Hamburg) beim Numerus clausus für das Studienseminar und Referendariat ausschlaggebend sind, so ist die Frage zu stellen, ob sich diese Situation verschärft. Man kann geradezu ablesen, worauf die weitere Entwicklung hinsteuert, wenn sich keine einschneidenden Umorientierungen ergeben: Die Examensnote muß immer besser werden, damit eine Aufnahme möglich wird. Ganz allgemein gesprochen erfüllen ca. 80 bis 90% der Kandidaten die Anforderungen der Prüfungen mehr oder weniger gut. Wie die folgende Übersicht aus den letzten Jahren in Hamburg zeigt, weist das Gros der Kandidaten die Zensuren 2 und 3 auf. Der Numerus clausus liegt hier aber fatalerweise dazwischen. Testtheoretisch gesehen ist es eine ausgesprochen ungerechtfertigte Maßnahme, hier eine Trennlinie zu ziehen und zu sagen, die „Zweier" dürfen ins Studienseminar, die „Dreier" müssen warten. Die Wahrscheinlichkeit nämlich, daß diese Messung eine solche einschneidende Maßnahme rechtfertigt, ist gering, denn der Unterschied zwischen 2 und 3 dürfte nicht sehr groß sein; besonders bei der großen Zahl von „Dreiern" ist diese Selektionspraxis empörend.

Ergebnisse der I. Staatsprüfung für das Lehramt an Volks- und Realschulen in Hamburg	WS 70 Zahl der Bewerber	%	SS 71 Zahl der Bewerber	%	WS 71 Zahl der Bewerber	%	SS 72 Zahl der Bewerber	%	WS 72 Zahl der Bewerber	%	SS 73 Zahl der Bewerber	%	WS 73 Zahl der Bewerber	%	SS 74 Zahl der Bewerber	%	WS 74 Zahl der Bewerber	%
Die Prüfung legten ab	314	100	373	100	350	100	430	100	425	100	490	100	488	100	623	100	481	100
Wiederholer und Ergänzer	22	7	24	6	14	4	13	3	15	3	24	5	26	5	41	7	50	10
Die Prüfung bestanden	295	94	363	97	334	96	397	92	393	92	450	92	438	90	548	88	407	85
mit Auszeichnung (1)	22	7	25	6	16	4	19	5	22	5	26	5	27	6	22	4	16	3
gut (2)	132	42	155	42	160	46	212	49	209	49	249	51	234	48	281	45	200	42
befriedigend (3)	128	41	173	46	134	39	143	33	145	34	147	32	159	32	220	35	164	34
(ohne Prädikat) (4)	14	4	10	3	24	7	23	5	17	4	18	4	18	4	25	4	27	6
Die Prüfung bestanden n i c h t (5)	18	6	10	3	16	4	33	8	32	8	40	8	50	10	75	12	74	15

Literaturhinweise

Andreae, C.: Zur Psychologie der Examina. In: Zeitschrift für Pädagogische Psychologie, Heft 3, 1899, S. 113-126.

Flechsig, Karl-Heinz, Haller, Hans-Dieter: Einführung in didaktisches Handeln. Stuttgart 1975.

Friedrichs, Jürgen: Methoden empirischer Sozialforschung. Reinbek bei Hamburg 1973.

Möller, Ingrid: Einsatz von Netzplantechniken in der Curriculumreform am Beispiel der Entwicklung von Fernstudienlehrgängen. In: *K. Frey* u. a. (Hrsg.) Curriculum-Handbuch. München, Band 1, 1975, S. 503-511.

3.12. Das Verhältnis von Theorie und Praxis in der Lehrerausbildung

Mit der Reform des preußischen Schulwesens nach den Befreiungskriegen zu Beginn des 19. Jahrhunderts setzt die eigentliche Institutionalisierung des deutschen dreigliedrigen Schulsystems ein. Volks- und Gymnasiallehrerausbildung erhalten ihre institutionelle Gestalt in Studiengängen und Prüfungsordnungen. Die *Gymnasiallehrerausbildung* war im Humboldtschen Sinne als eine wissenschaftliche Universalbildung mit dem Ziel der Humanisierung, d. h. Versittlichung der Gesamtperson, konzipiert. Im Verlauf des 19. Jahrhunderts entwickelte sie sich zu einer spezialisierten fachwissenschaftlichen Ausbildung, die sie in den Grundzügen bis heute geblieben ist. Der Gymnasiallehrer, zunächst als Universalgelehrter philosophisch-philologisch orientiert, leitete sein berufliches Selbstverständnis von seiner fachwissenschaftlichen Qualifikation her. Er war nicht Lateinlehrer, sondern Altphilologe, nicht Geschichtslehrer, sondern Historiker etc. In den Kreisen der Gymnasiallehrer wurde aus diesem Grund wissenschaftliche Kompetenz und Lehrbefähigung in einem Fach gleichgesetzt.

Gegen dieses Verständnis wandten sich schon bald die Seminarlehrer, denen die *Ausbildung der Volksschullehrer* an den Lehrerseminaren aufgegeben war. Auch sie strebten, wenn auch unter anderen Bedingungen als die Gymnasiallehrer, eine

Bildung der Gesamtpersönlichkeit an und lehnten eine rein tätigkeitsbezogene Schulung des künftigen Lehrers ab. Während bei der Gymnasiallehrerausbildung jedoch wissenschaftliche Ausbildung und schulpraktische Einführung (Referendariat) in zwei getrennten Ausbildungsphasen hintereinander geschaltet waren, ergab sich bei der Volksschullehrerausbildung von Anfang an das Problem, fachliche Kenntnisse und schulpraktische Fertigkeiten in einem Ausbildungsgang zu integrieren. Die Theorie der Formalstufen des Unterrichts nach *Herbart,* vor allem von dessen Schülern *Ziller, Dörpfeld* und *Rein* ausgebaut, wurde zum Kern der unterrichtstheoretischen und praktischen Ausbildung an den Lehrerseminaren und blieb es bis zum Beginn unseres Jahrhunderts. Die Stufen Klarheit, Assoziation, System, Methode, die *von Herbart* nur als vorstellungspsychologisches Modell gedacht waren, wurden von seinen Schülern als fachunabhängige, objektiv-allgemeingültige Theorie und Methodik des Unterrichtens interpretiert. Damit wurde Unterrichten zu einem mechanisch zerlegbaren, formalisierbaren Ablauf. Für die Lehrerausbildung bedeutete dies konkret, daß man zwei Typen von Seminarschulen einrichtete:

– Musterschulen, in denen die Studierenden vorbildliche Lektionen dargeboten bekamen, und

– Übungsschulen, in denen sie versuchen sollten, das in den Musterlektionen Erfahrene selbst zu erproben und einzuüben.

Lehren war nicht mehr an die Vermittlung durch eine personengebundene Form der Meisterlehre, sondern durch eine methodenbezogene charakterisiert. Es war in einem schematisch-mechanistischen Modell erfaßt und daher auch beschreibbar, demonstrierbar und erlernbar.

Um die Jahrhundertwende zeichnete sich in der pädagogischen Theoriebildung eine entscheidende Wende ab. *Wilhelm Dilthey* hatte die Geisteswissenschaften als historische mit hermeneutischen Methoden des Verstehens im Gegensatz zu den Naturwissenschaften als positivistische mit empirischen Methoden des Erklärens arbeitende Wissenschaften begründet. In seiner Nachfolge konstituierte sich die historisch-hermeneutisch ausgerichtete *geisteswissenschaftliche Pädagogik,* deren führende Vertreter wie beispielsweise *Theodor Litt, Herman Nohl, Eduard Spranger* und *Erich Weniger* die erziehungswissenschaftliche Diskussion bis Anfang der sechziger Jahre maßgebend beeinflußt haben. Die geisteswissenschaftliche Pädagogik war zunächst eine Absage an alle normativen und deduktiven Systeme, welche annahmen, für den Erziehungsprozeß könnten aus obersten Zielen und Normen Handlungsanweisungen lückenlos abgeleitet werden. Diese Normierung des Erziehungsprozesses wurde abgelehnt, die Erziehungswirklichkeit als geschichtlich Gewordene und somit veränderbare aufgefaßt. Mit Hilfe hermeneutischer Interpretation sollte die Erziehungswirklichkeit erfaßt werden, sowohl durch Auslegung pädagogischer, historischer Texte als auch durch Hermeneutik der Erziehungssituation und ihrer Bedingungen.

Durch die hermeneutische Analyse der Erziehungswirklichkeit sollte nicht nur das Sein dieser Wirklichkeit, sondern auch die in ihr historisch vermittelten Sollensziele erfaßt werden. Das Verhältnis von Theorie und Praxis ist hier nach dem „klassischen Denkmodell" *(J. Habermas)* der Einheit von Theorie und Praxis gesehen. Im Lebensvollzug, im pädagogischen Handeln sind Theorie und Praxis vermittelt. Theoretische Erkenntnisse werden durch Klärung des (das eigene Handeln leitende) Vorverständnisses gewonnen. Die Lösung des Theorie-Praxis-Problems in der geisteswissenschaftlichen Pädagogik zielt auf eine Bildung der Lehrerpersönlichkeit zum Zwecke, eine allgemeine Handlungsfähigkeit als Integrationsfeld von Theorie und Praxis zu erzeugen. Institutioneller Ausdruck dieser Konzeption ist etwa die Pädagogische Akademie der zwanziger Jahre als „Bildnerhochschule" im Sinne *Eduard Sprangers.* Die dort entwickelten Formen der Integration von Theorie und Praxis, z. B. die Begründung der Fachdidaktiken und die Einrichtung von Schulpraktika parallel zu den pädagogischen Studien, sind bis heute in den meisten Pädagogischen Hochschulen institutionalisiert.

Ein zweiter Ansatz pädagogischer Theoriebildung, der sich etwa gleichzeitig zur geisteswissenschaftlichen Pädagogik entfaltete, aber zunächst von geringerem Einfluß blieb, ist die *empirisch-experimentelle Pädagogik. Ernst Meumann* und *August Wilhelm Lay* versuchten, die Pädagogik als exakte, empirische Erfahrungs- bzw. Tatsachenwissenschaft mit experimentellen Methoden zu begründen. Sie griffen dabei zunächst auf Methoden der experimentellen Psychologie (Beobachtung, Statistik, Experiment) zurück und forderten, daß das Schulkind zum Gegenstand psychologisch-pädagogischer Forschungen gemacht werden solle. Kennzeichen dieses Ansatzes ist es, daß die gegebenen Bedingungen von Erziehung und Unterricht experimentell erforscht werden sollen, um so zu einer hypothesenliefernden und gesicherten objektiveren Form der Theoriebildung zu gelangen. Ergänzt wurde dieser Ansatz durch die Bemühungen *Aloys Fischers* und *Rudolf Lochners* um eine deskriptive Pädagogik. In Anlehnung an *Husserl* ging es dabei um eine phänomenologische, d. h. nach Möglichkeit theoriefreie Beschreibung der Erziehungssituation. Die herkömmliche philosophische Pädagogik wurde abgelehnt zugunsten einer rein deskriptiven Erfassung der Erziehungswirklichkeit. *Peter Petersen* hat mit seiner „Pädagogischen Tatsachenforschung" in den dreißiger Jahren versucht, den geisteswissenschaftlichen und den experimentell-empirischen Ansatz zu vermitteln. Durch objektivierte Methoden der Beobachtung sollte eine Erfassung pädagogischer Tatsachen ermöglicht werden, die wiederum in einem Interpretationsprozeß, der von der bloßen statistischen Verrechnung bis zur deutenden Sinnerfassung reichte, in theoretische Aussagensysteme überführt werden sollte. Wenn sich auch die unmittelbare theoriefreie Erfassung pädagogischer Tatsachen als Illusion erwies, so war dieser Ansatz der Pädagogischen Tatsachenforschung doch interessant hinsichtlich des Verhältnisses von Theorie und Praxis. Die Studenten erwarben ihre theoretischen pädagogischen Kenntnisse im Rahmen der teilnehmenden, objektivierten Unterrichtsbeobachtung. Sie studierten gewissermaßen im Medium der Praxis, genauer gesagt einer Forschungspraxis. Abgesehen von der theoretischen Grundlage *Petersens* ist die wissenschaftlich kontrollierte Unterrichtsbeobachtung bis heute ein zentraler Ansatzpunkt für die Vermittlung von Theorie und Praxis im Studium des Lehrers geblieben.

Nach der in den sechziger Jahren erfolgten *„realistischen Wendung“ (H. Roth)* in der Erziehungswissenschaft wurden einerseits die angloamerikanischen Ergebnisse und Methoden experimenteller Forschung rezipiert, andererseits setzte eine fruchtbare wissenschaftstheoretische Diskussion ein. *Wolfgang Brezinka* versuchte in seinem vielbeachteten Werk „Von der Pädagogik zur Erziehungswissenschaft“ (1971) auf der Grundlage des empirisch-analytischen Ansatzes von *Popper, Albert* u. a. die Pädagogik als empirisch-analytische Wissenschaft zu begründen. Er teilt dabei in Philosophische Pädagogik (Bestimmung und Reflexion der Ziele und Normen der Erziehung), Erziehungswissenschaft (experimentell-empirische Tatsachenforschung) und Praktische Pädagogik (Aufstellung konkreter Handlungsanweisungen für die Unterrichtspraxis) ein. Wissenschaft in diesem positivistischen Verständnis ist für Brezinka nur die mit empirischen Verfahren der Hypothesenkontrolle arbeitende Erziehungswissenschaft. Die Vermittlung von empirischen Daten und Zielen erfolgt in außerwissenschaftlichen Handlungsanweisungen (Unterrichtslehren!) der Praktischen Pädagogik.

Für diesen Ansatz ist nur die theoretische Lehrerausbildung wissenschaftlich im engeren Sinne. Theorie und Praxis sind voneinander getrennt. Es verwundert nicht, daß bereits auf der Reichsschulkonferenz 1920 die Vertreter der empirischen Pädagogik gegen eigenständige Pädagogische Akademien zugunsten einer praxislosen Universitätsausbildung der Volksschullehrer eintraten.

Die Trennung verschiedener wissenschaftlicher Aussagensysteme, etwa Norm- und Zielreflexion von empirisch-experimentellen Verfahren, verweist auf ein technologisches Wissenschaftsverständnis, wie es sich etwa in der informations- und der systemtheoretischen Didaktik niederschlägt. Die schulpraktische Ausbildung der Lehrer wird nach diesem Ansatz oft als ein technologisches Problem gesehen. Die Tätigkeit des Lehrers wird als Summe trainierbarer Lehrfertigkeiten (teaching skills) betrachtet. Mit Hilfe technischer Medien, vor allem der Fernsehaufzeichnung, werden einzelne Lehrfertigkeiten isoliert und in Situationen, die die komplexe Unterrichtswirklichkeit reduzieren, eingeübt. Im Gegensatz zur geisteswissenschaftlichen Pädagogik, die Unterricht als ein sinnbezogenes prozessuales Interaktionsgeschehen beschreibt, wird Unterrichten hier als Verfügbarkeit von Lehrfertigkeiten und Handlungsmustern aufgefaßt.

Neben dem geisteswissenschaftlich-hermeneutischen und dem empirisch-positivistischen Ansatz der Erziehungswissenschaft bildete sich gegen Ende der sechziger Jahre eine *kritisch-emanzipatorische Richtung* heraus. Sie fußt auf der Dialektik *Hegels,* dem historischen und dialektischen Materialismus sowie dem Ansatz der sogenannten „Frankfurter Schule" *(Horkheimer, Adorno, Habermas).* Es können wegen des breiten Spektrums nur einige typische Vertreter dieses wissenschaftstheoretischen Ansatzes für die Pädagogik genannt werden: *Gamm, Giesecke, Mollenhauer, Schäfer, Schaller.*

Nach dem kritisch-emanzipatorischen Verständnis muß Erziehungswissenschaft von der Einheit von Theorie und Praxis als eines gesellschaftlichen Lebenszusammenhanges ausgehen. Diese Einheit ist jedoch nicht im ganzheitlichen Sinne der Lebensphilosophie zu verstehen, sondern dialektisch vermittelt. Der Erziehungswissenschaftler steht nicht als Erkenntnissubjekt der gesellschaftlichen Situation distanziert gegenüber, sondern gehört ihr immer schon an. Diese Tatsache, die man auch mit dem Begriff des erkenntnisleitenden Interesses näher bestimmen kann, ist konstitutiv für den gesamten Wissenschaftsprozeß. Forschung und Theoriebildung ist praktisch werdende Gesellschaftsanalyse bzw. gesellschaftliche Arbeit.

Nach dem *Habermas*schen Verständnis lassen sich drei Wissenschaftsmodelle unterscheiden:

– empirisch-analytische Wissenschaften (mit technischem Erkenntnisinteresse),

– historisch-hermeneutische Wissenschaften (mit praktischem Erkenntnisinteresse),

– kritische Wissenschaften (mit emanzipatorischem Erkenntnisinteresse)[1]).

Pädagogik im dritten Ansatz kann als kritische Handlungswissenschaft mit emanzipatorischem Erkenntnisinteresse definiert werden. Das emanzipatorische Erkenntnisinteresse führt zu einer kritischen Theorie, welche mit permanenter Gesellschaftskritik identisch ist. Dabei kann der Emanzipationsbegriff sowohl im Sinne der kritischen Theorie von Habermas als auch im Sinne von *Karl Marx* verwendet sein.

Die vielfache Verwendung des Emanzipationsbegriffs legt die Vermutung nahe, daß es sich hierbei um eine bloße Leerformel handle. Dies ist im Einzelfall kritisch zu analysieren, da den Leitbegriffen dieses Ansatzes, wie Kritik, Rationalität, Humanisierung, Emanzipation, Engagement u. ä., verschiedenartigste politische Inhalte und Interessen unterschoben werden können.

Ein Beispiel für die Rückwirkung des kritisch-emanzipatorischen Ansatzes auf die empirische Pädagogik zeigt sich beispielsweise bei *Wolfgang Schulz* und seiner lerntheoretischen Didaktik. Zunächst erfahrungswissenschaftlich konzipiert, nennt er in neueren Veröffentlichungen[2]) ‚Engagement' als theoretischen Bestandteil von Unterrichtswissenschaft. In dem Eintreten für volle Rationalität der didaktischen Reflexion zeige sich ein Engagement, das sich näher als emanzipatorisches Interesse bestimmen lasse. Emanzipatorisches Interesse zielt nach *Schulz* auf die Aufhebung der gesellschaftlichen Einteilung in Herrschende und Beherrschte mittels einer praktisch werdenden Analyse gesellschaftlicher Voraussetzungen. Wissenschaftliches Handeln muß also, anders ausgedrückt, zur Humanisierung sozialer Beziehungen eintreten. So definiert sich Humanisierung als volle Rationalität.

Engagement wird wie folgt inhaltlich bestimmt: Eine annehmbare Bildungskonzeption muß sich auf alle Glieder der Gesellschaft beziehen (Prinzip der Egalität), Leitgedanke muß

---

[1]) Ziffern verweisen auf Anmerkungen am Schluß des Kapitels 3.12.

die Selbstbestimmung aller Glieder der Gesellschaft sein (Prinzip der Autonomie), sie muß sich in sozialem Handeln äußern (Prinzip der Programmatik) und über dieses Handeln an der Erfahrung kontrollierbar sein (Prinzip der Erfolgskontrolle).

Für den Theorie-Praxis-Bezug in der Lehrerausbildung bedeutet der Ansatz der kritisch-emanzipatorischen Pädagogik, daß sowohl Theoriebildung als auch Unterrichtspraxis wissenschaftlich vermittelt werden sollen, und zwar in einem integrierten Studiengang. Typisch für diesen Ansatz sind die Versuche, die herkömmlichen zweiphasigen Studiengänge der Lehrerausbildung durch einphasige zu ersetzen[3]). Durch die Integration der beiden Phasen werden Theorie und Praxis so verknüpft, daß das Problem der Verbindung von praxisferner Theorie und theorieloser Praxis von vornherein reflektiert und nach Möglichkeit reduziert wird. Zur Realisierung des einphasigen Konzeptes können Unterrichtsaufzeichnungen durch Fernsehband, Unterrichtsmitschauanlagen und Laborschulen nützliche Dienste leisten.

Nachdem anhand dreier Wissenschaftsmodelle der Theorie-Praxis-Bezug in seiner Problematik skizziert worden ist, soll abschließend erörtert werden, welche Art von *Forschungsorganisation* zu einer personalen, engeren Verklammerung von Theorie und Praxis führen könnte.

Die Frage der Vermittlung von Theorie und Praxis stellt sich nicht nur während der Studienzeit der Lehramtskandidaten. Die Entwicklung der pädagogischen Forschung muß auch den bereits im Dienst befindlichen Lehrern vermittelt werden. Dabei hat sich gezeigt, daß die institutionellen ‚Formen' der Lehrerfortbildung hierzu kaum ausreichen. Eine echte Theorie-Praxis-Verknüpfung läßt sich längerfristig nur dann erreichen, wenn die Lehrer nicht mehr bloße Konsumenten von Forschungsergebnissen bleiben. Die personelle Trennung zwischen pädagogischer Forschung und unterrichtlicher Lehre muß aufgehoben werden.

Eine Möglichkeit dazu bietet der Ansatz der Handlungs- bzw. Aktionsforschung (action research)[4]). Handlungsforschung organisiert den Forschungsprozeß als Zusammenarbeit von Theoretikern (Hochschullehrer) und Praktikern (Lehrer an allgemeinbildenden Schulen). Handlungsforschung ist auf die Lösung konkreter Aufgabenstellung bezogen und dient somit unmittelbar der gesellschaftlichen Innovation.

Projekte der Handlungsforschung sollten nicht nur einen elitären Kreis von Kontaktlehrern mit wissenschaftlicher Zusatzqualifikation in den Forschungsprozeß einbeziehen, sondern grundsätzlich alle Lehrer zu erreichen versuchen, um eine bessere Umsetzung theoretischer Ergebnisse in praktisches Handeln zu sichern. Dies ist nur dann möglich, wenn allen Lehrern Freiräume durch Ermäßigung des Stundendeputats, Forschungsurlaub u. ä. Einrichtungen geschaffen werden. Es sollte vermieden werden, durch Konzepte der Handlungsforschung die Lehrerschaft in Gruppen zu spalten und diese Spaltung vielleicht sogar noch laufbahnmäßig oder besoldungsmäßig zu dokumentieren. Sicher lassen sich nicht alle Bedürfnisse der erziehungswissenschaftlichen Forschung in Projekten der Handlungsforschung befriedigen, doch stellt dieser Ansatz einen wichtigen, bedenkenswerten Weg dar, um die Vermittlung von Theorie und Praxis über den Rahmen der Lehrerausbildung an der Hochschule hinaus zu gewährleisten.

Die Integration des „Theorie-Praxis-Dilemmas" ist das zentrale Anliegen des marxistisch-emanzipatorischen Ansatzes. Vertreter dieser Richtung sehen den Theorie-Praxis-Bezug als ein Problem der Arbeitsteilung innerhalb der Gesellschaft, genauer gesagt, der Trennung von Kopf- und Handarbeit als Ursache der Entfremdung von Theorie und Praxis. Dies bedeutet, daß nach marxistischer Interpretation die Frage der Theorie- und Praxisdefizite (praxisferne Theorie an Hochschulen, theorielose Praxis an Schulen) einhergeht mit der institutionellen und personellen Trennung, d. h., daß die Diskrepanz von Theorie und Praxis (das Problem des Aufeinander-Bezogenseins) nur durch die völlige Aufhebung dieser Trennung überwunden werden kann. Die Ausbildung und die institutionelle Stellung von Lehrern und Hochschullehrern muß demzufolge vereinheitlicht werden (integrierte Studiengänge für die Lehrerausbildung). Der Praxisbezug von Theoretikern muß institutionell abgesichert werden, z. B. durch Laborschulen, Übungsschulen etc., und umgekehrt müssen die Lehrer nicht nur während ihrer Ausbildung in die Forschungspraxis einbezogen werden.

Die Realisierung dieser Forderung hat sich schon in der traditionellen bürgerlichen Pädagogik bewährt, wie zum Beispiel die Versuchsschule *J. F. Herbarts* in Königsberg (um 1820) und die Versuchsschule in Jena, die von *Herbarts* Schüler *Karl Volkmar Stoy* begründet und von *Wilhelm Rein* und insbesondere *Peter Petersen* (ab 1924) bis zur Mitte unseres Jahrhunderts weitergeführt worden ist. In unserer Zeit hat *Hartmut von Hentig* die Idee der Laborschule, wenn auch unter einem etwas anderen theoretischen Konzept, in Bielefeld wieder aufgegriffen.

Seit *Petersen* ist neben dem Ausbildungs- auch der Forschungsaspekt dieser Institutionen gesehen und genutzt worden. Für die heutige Situation würde dies bedeuten, daß mit Hilfe dieser Schulen im Zuge der Ausdifferenzierung des erziehungswissenschaftlichen Reflexionsprozesses die Lehrerausbildung im Verbund mit Curriculumproduktion durchgeführt wird. Neben Lehrfunktionen werden auch Entwicklungsfunktionen bis hin zur Grundlagenforschung wahrgenommen. Die Durchführung dieses Ansatzes sollte schließlich zur *Einrichtung Regionaler Pädagogischer Zentren* (RPZ, *Gerbaulet* u. a.)[5]) führen, die als Institutionen regionaler Art zumindest von der Zielsetzung, Funktion und Grundkonzeption her geeignet sein könnten, eine bessere Theorie-Praxis-Integration zu verwirklichen. Ansatzpunkte dafür stellen die sog. Lehrerzentren dar, die in einigen Hochschulorten eingerichtet wurden und der sozialen Begegnung ebenso dienen wie gemeinsamer Reflexion und Planung.[6])

Über bloße verbale Appelle hinaus muß Integration personell und institutionell gesichert werden. Diese Institutionalisierung erfordert zwangsläufig auch neue Organisationsformen der Ausbildung (vgl. dazu Kapitel 3.3. Patenschaftsmodelle, 4.2. Schulpraktika, 3.4. Projektstudium).

Im marxistischen Verständnis führt gesellschaftliche Arbeitsteilung der dargestellten qualitativen Art zur Verfestigung von Herrschaftsstrukturen. Die Feststellung dieses Sachverhaltes und der Versuch, ihn im Hinblick auf Schultheorie und -praxis zu revidieren, zeigt sich auch in herkömmlichen pädagogischen Ansätzen. Eine Aufarbeitung und Weiterentwicklung dieser z. T. schon historischen Konzeptionen wäre sicher von Nutzen.

Die Lehrerausbildung muß erziehungswissenschaftliche Kenntnisse bzw. Theorien und deren Vermittlung im Verbund mit dem Erwerb schulpraktischer Fertigkeiten organisieren. Außerdem muß die künftige Berufspraxis der Lehrerstudenten die fortwährende Rückkoppelung zum Forschungs- und Lehrprozeß an den Hochschulen gewährleisten.

Anmerkungen

1. vgl. dazu *Jürgen Habermas:* Erkenntnis und Interesse, in: ders.: Technik und Wissenschaft als ‚Ideologie', Frankfurt 1968, S. 146-168.
2. vgl. dazu *Wolfgang Schulz:* Unterricht zwischen Funktionalisierung und Emanzipationshilfe. Zwischenbilanz auf dem Wege zu einer kritischen Didaktik, in: *Ruprecht, Beckmann, von Cube, Schulz:* Modelle grundlegender didaktischer Theorien, Hannover 1972, S. 155ff.
3. vgl. dazu *Reinhold Christiani:* Lehrerausbildung – einphasig oder zweiphasig, Essen o. J.
4. vgl. dazu u. a. *Wolfgang Klafki* Stichwort „Handlungsforschung", in: *Christoph Wulf* (Hrsg.): Wörterbuch der Erziehung, München 1974, S. 267-272. *Wolfgang Klafki:* Handlungsforschung im Schulfeld, in: Zeitschrift für Pädagogik 1973, Heft 4, S. 487-516. *Heinz Moser:* Aktionsforschung als kritische Theorie der Sozialwissenschaften, München 1975, insbesondere S. 41-64 u. 117-160.
5. *Sabine Gerbaulet* u. a.: Schulnahe Curriculumentwicklung, Stuttgart 1972.
6. vgl. dazu Informationsdienst des Sozialistischen Lehrerbundes Heft 23, Oktober 1975.

Bibliographie

Berndt, E. B. (Hrsg.): Erziehung der Erzieher. Das Bremer Reformmodell. Reinbek 1972.

Combe, Arno: Kritik der Lehrerrolle. Gesellschaftliche Voraussetzungen und soziale Folgen des Lehrerbewußtseins. München 1971.

Göttinger Kollektiv: Lehrerausbildung durch Projektstudium. Reinbek 1973.

Gudjons, Herbert: An der Praxis studieren. Zur Konzeption der „Praxisbezogenen Einführungsveranstaltung" im Rahmen des erziehungswissenschaftlichen Studiums an der Universität Hamburg, in: Westermanns Pädagogische Beiträge 1971, S. 176-184.

Jochimsen, Luc.: Hinterhöfe der Nation. Die deutsche Grundschulmisere. Reinbek 1971.

Koch, J. J.: Lehrer-Studium und Be-

ruf. Einstellungswandel in beiden Phasen der Ausbildung. Ulm 1972.
Krüger, Helga: Professionalisierung und Innovation in pädagogischen Berufen, in: *H. Ludtke* (Hrsg.): Erzieher ohne Status? Heidelberg 1973.
Liebhard, E. H.: Sozialisation im Beruf. Ergebnisse einer Panelbefragung von Studienreferendaren, in: Kölner Zeitschrift für Soziologie und Sozialpsychologie 22 (1970) S. 715-736.
Prior, Harm: Pädagogische Hospitationen zur Einführung in das Studium der Erziehungswissenschaft, in: Bildung und Erziehung 1 (1969) S. 52-66.

3.13. Einführung in wissenschaftliches Arbeiten

Bemerkungen, die unter dem Stichwort „Einführung in wissenschaftliches Arbeiten" stehen, sollten zunächst eine Auseinandersetzung mit der Frage aufweisen, was der Betreffende unter „wissenschaftlichem Arbeiten" versteht. Diese Frage ist insbesondere für die Lehrerausbildung von Bedeutung, da in aller Regel ein Lehrer nicht eine eigenständige wissenschaftliche Tätigkeit ausübt. Insofern reicht auch eine (vielleicht trivial anmutende, aber dennoch wirksame) Definition des wissenschaftlichen Arbeitens, die darunter alles das versteht, was ein Wissenschaftler praktiziert, nicht aus; die Tätigkeiten eines Lehrers sind gewiß nicht mit denen eines Erziehungswissenschaftlers oder eines Fachwissenschaftlers (Germanist, Mathematiker usw.) zu vergleichen. Bedeutet dies jedoch, daß die Ausbildung des Lehrers unwissenschaftlich zu sein hat? Gewiß nicht, denn wir sehen, daß ganze Generationen von Lehrern zumindest für eine wissenschaftliche Ausbildung gekämpft haben. Was einmal die *fachwissenschaftliche Ausbildung* anbetrifft, so gilt für sie, daß der Lehrer in der Lage sein soll, die wissenschaftliche Situation zu überschauen und Neuentwicklungen beurteilen zu können. Dazu muß er selbst wissenschaftsorientiert ausgebildet worden sein. Dementsprechend sind auch die *Grundwissenschaften des erzieherischen Handelns,* vor allem die Pädagogik oder Erziehungswissenschaft, aber auch Psychologie und Soziologie, als Bestandteil der Lehrerausbildung zu sichern. Notwendiges Bindeglied zur späteren praktischen Lehrtätigkeit ist die *(fach)didaktische Ausbildung,* in der die speziellen Aspekte des schulischen Lernens (Inhalte, Ziele, Methoden, Lernkontrollen. Medien) zur Geltung kommen sollen.

Der Bielefelder Pädagoge *Hartmut von Hentig,* auf dessen Wirken die Einrichtung einer Laborschule und eines Oberstufen-Kollegs (welches die Klassen 11 – 13 des herkömmlichen Gymnasiums mit der Eingangsphase der Universitätsausbildung verbindet) zurückgeht, hat im Zusammenhang dieser Versuchseinrichtung den Wissenschaftsbegriff in seiner didaktischen Bedeutung näher analysiert. Er stellt einschneidende Veränderungen im Wissenschaftsbetrieb seit dem letzten Jahrhundert fest, die das traditionelle Gymnasium gegenüber der Universitätsausbildung in's Leere greifen läßt:

„Obgleich alle Erkenntnisse und Fertigkeiten eine Grundlage in der Wissenschaft suchen, ist die Bestimmung dessen, was zur gemeinsamen Grundlegung der Wissenschaften selbst gehört, nie mit wissenschaftlichen Mitteln vorgenommen worden: die geistes- und sozialgeschichtlichen Prämissen des Humboldtschen Kanons für die gymnasiale Wissenschaftspropädeutik sind längst hinfällig geworden; die Beschränkung des Allgemeinen auf das, was man gemeinsam weiß und versteht, weil die Schule dies (und nichts anderes) gemeinsam vermittelt hat, scheitert daran, daß in der verwissenschaftlichten und interdependenten Welt alle Bereiche für alle bedeutsam werden: von der Genetik bis zur Linguistik, von der Tiefenpsychologie bis zur Marx-Interpretation.

Angesichts der Auflösung eines an der Überlieferung orientierten Kanons durch die Wissenschaft und ihren Pluralismus und angesichts der Unmöglichkeit, einen Kanon von Fächern aufzustellen,
– in denen sich das Lernen von Wissenschaft allgemein – ‚transferierbar' – vollzieht,
– die für die wichtigeren und schwierigeren Lebenssituationen relevant sind,
– für die sich ein Konsens finden läßt und
– die obendrein in der beschränkten Ausbildungszeit bewältigt werden können,

gibt es prinzipiell drei Möglichkeiten, den Unterricht zu organisieren:
1. durch Zusammenfassung von Disziplin nach größeren Sachbereichen – etwa: Geistes- oder Kulturwissenschaften, Naturwissenschaften, Gesellschaftswissenschaften, Systemwissenschaften, Berufswissenschaften –, innerhalb deren einzelne Gegenstände ‚exemplarisch' für andere des gleichen Bereichs behandelt werden können;
2. durch Zusammenfassung von Disziplinen nach den in ihnen verwendeten Erkenntnismethoden – etwa: hermeneutische, statistische, empirische, archivarische, spekulative –, durch die beliebige Gegenstände erschlossen werden

können, im Unterricht aber vornehmlich solche, an denen sich die Methoden besonders gut (also wieder ‚exemplarisch‘) bewähren;
3. durch die Zusammenfassung der Gegenstände und Verfahren nach allgemeinen Funktionen – etwa: Abstrahieren, Kommunizieren, Kooperieren, Entscheiden, sich Regeln geben, Entwerfen, Interpretieren, Objektivieren, Quantifizieren –, die zur Bewältigung von Lebenssituationen gebraucht werden, in diesem Fall von solchen Situationen, in denen Wissenschaft als Anlaß eines Problems oder Mittel seiner Lösung erscheint“ (*Hentig* 1971, S. 43).

Diese Ausführungen zeigen die Schwierigkeiten, vor denen wir heute stehen, wenn es um eine „Einführung in wissenschaftliches Arbeiten“ geht. Beinhaltet diese Einführung nämlich die grundlegenden wissenschaftlichen Bereiche und Konzeptionen, so bedeutet dies eine strukturelle Neugliederung des Wissenschaftsbetriebs selbst; unter didaktischen Fragestellungen kann man die Wissenschaften gewissermaßen nicht „naturwüchsig“ belassen, sondern muß sie – zumindest für den propädeutischen (also einführenden) Zweck – selbst in Frage stellen. Dieses wäre eigentlich auch die Aufgabe einer Reform der Lehrerbildung durch Studienordnungen, doch zeigen die in den letzten Jahren in der BRD verabschiedeten Studienordnungen eine solche Kühnheit nicht, allenfalls handelt es sich bei ihnen – neben den organisatorischen Neuorientierungen – um zaghafte Ansätze einer Zielbestimmung wissenschaftlicher Arbeit und folglich auch wissenschaftlicher Ausbildung für zukünftige Lehrer. Was bleibt, ist in dem als trivial, aber wirksam bezeichneten Eingangssatz doch zu finden: *wissenschaftliches Arbeiten ist faktisch gesehen das, was von den Wissenschaftlern praktiziert wird.*

Zu viel mehr allgemein geltenden Definitionsmöglichkeiten wird man in der westdeutschen Lehrerausbildung auf absehbare Zeit kaum kommen. Der Student lernt also vornehmlich am Beispiel seiner Hochschullehrer und in Form jeweiliger Veranstaltungskonzepte den Wissenschaftsbetrieb kennen. An einer Hochschule kann das zu krassen Gegensätzen führen, indem unterschiedliche wissenschaftstheoretische Auffassungen (oder überhaupt keine dezidierten Auffassungen) vertreten werden, ohne daß dieses im Lehrbetrieb transparent oder systematisch aufeinander bezogen wäre. Wir wollen dieses an Erfahrungen verdeutlichen, die eine Gruppe von Studenten aus einem unserer Seminare an der Universität Hamburg gewann, als sie für eine Veranstaltung zur Wissenschaftstheorie der Erziehungswissenschaft einige Dozenten dieses Faches in einem Erkundungsprojekt interviewte:

„Die eindrucksvollste Erfahrung aus der Begegnung mit einigen Erziehungswissenschaftlern der Universität Hamburg ergab sich für uns aus der Tatsache, daß auch Dozenten nur Menschen sind, die im Grunde mit den gleichen Schwierigkeiten kämpfen müssen wie die Studenten: nämlich Theorie und Praxis in einen sinnvollen Zusammenhang zu bringen – nicht nur theoretisch, sondern gerade praktisch.

Am praktischen Beispiel zeigte uns unsere Arbeit, wie stark die Kommunikation belastet ist mit Rollenerwartung und Rollenverhalten der Menschen und im Extremfall unmöglich wird durch die Unfähigkeit zur Rollendistanz.

Wir kamen als Studenten, die etwas lernen sollen, zu Dozenten, die etwas lehren sollen, mit einem Anliegen, das diese Rollenhierarchie aus allen Angeln hob. Das hatte auf der ‚Partner'seite zur Folge, daß wir nicht mehr in unserer Rolle als Studenten angenommen, sondern in die Rolle gleichwertiger Diskussionspartner gedrängt wurden. Für uns eine ambivalente Situation, der wir nicht gewachsen waren, von der Gegenseite manchmal mißbraucht als Alibi, um sich nicht selbst erkennen geben zu müssen.

Außer dieser frustrierenden Entdeckung machten wir die Feststellung, daß eine generelle Unwilligkeit (wie schon erwähnt) der Befragten darüber bestand, sich eindeutig festzulegen. Einige begründeten es damit, sich in einem permanenten Denk- und Lernprozeß zu befinden, andere, sich nicht genügend mit Wissenschaftstheorie auseinandergesetzt zu haben.

Wir glauben aufgrund der Beobachtungen annehmen zu können, daß ein Grund hierfür auch in der Antizipation, in uns Vertreter ultralinksorientierter Gruppen zu sehen, die politische Standpunkte orten wollten, zu suchen ist. Daraus schien die Aversion, wenn nicht Angst vor Repressalien zu resultieren, in wissenschaftstheoretische ‚Schubfächer' hineininterpretiert zu werden. Unser Interesse an der Ermittlung wissenschaftstheoretischer Positionen nahm in dem Maße ab, wie das Erschrecken zunahm über die Feststellung mangelnder Kommunikation zwischen Lehrenden einerseits und Lernenden andererseits.

Mangelnde Kommunikation und Kooperation innerhalb des Lehrkörpers und des Lehrköpers mit der Studentenschaft wurde auch übereinstimmend angeführt von den Befragten als Erklärung für die mangelnde Reflexion über Wissenschaftstheorie – wobei wir uns fragen müssen, ob nicht in Umkehrung der Formulierung der umgekehrte Inhalt der Fall ist. Diese Unsicherheit bis Mißtrauen, die sich aus diesem chronisch undiskutierten Problem innerhalb des Wissenschaftsbetriebs ergeben, werfen den Einzelnen auf seine – letztlich unreflektierte – Position zurück und führen damit zu völliger Isolation und Frustration aller an Wissenschaft Beteiligten" (*Evers* u. a. 1973, S. 8).

Wissenschaftliches Arbeiten, so läßt sich aus solchen und anderen Hinweisen als Hypothese formulieren, ist also ein oftmals völlig oder doch weitgehend untheoretischer Prozeß. Zumindest sollte man es sich nicht mit den Weihen höherer Denkmöglichkeiten ausgestattet vorstellen und es auch nicht mit besonderer Ehrfurcht ansehen. Es ist ein praktischer Arbeitsprozeß wie vieles andere auch, mit vielleicht mehr Reflexionsmöglichkeiten und Freiräumen insbesondere im Hinblick auf verbale Handlungen. Es ist aber auch sehr stark abhängig von Ausstattungen. Berücksichtigt man z. B. die Tatsache, daß die Forschungskapazitäten an den Hochschulen und Universitäten für Personen, die Lehrerausbildung betreiben, sehr viel geringer sind als in vielen anderen Disziplinen, so erkennt man zudem auch die geringen qualitativen Möglichkeiten dieser Wissenschaft.

Wissenschaftliches Arbeiten ist trotz dieser großen individuellen Unterschiede und des starken Bezugs zu Individuen doch auch durch Normen bestimmt. Normen sind gemeinhin die Regeln für wissenschaftliches Arbeiten, die besonders wirksam werden, wenn die Produkte wissenschaftlicher Arbeit vorgezeigt werden, nämlich in Publikationen. Hier ist es vor allem die Einhaltung einer *methodologischen Konvention* (z. B. bei der Durchführung empirischer Untersuchungen wie Experimenten auf Regeln der Versuchsanordnung zu achten und diese zu benennen), einer *terminologischen Konvention* (insbesondere bei Fachtermini) und einer auf die verbale Darstellung fremder Informationen gerichteten *arbeitstechnischen Konvention* (insbesondere Zitate, aber auch andere Hinweise auf fremde Texte etc.). Vor allem die letztgenannte Konvention für wissenschaftliches Arbeiten ist es, die der Student im Studium (bei der neugestalteten gymnasialen Oberstufe jetzt oftmals auch schon früher) erlernt, z. B. bei der Anfertigung eigener Texte (Referate). Wir wollen an dieser Stelle keine genaueren Hinweise für diesen eher technischen Aspekt des wissenschaftlichen Arbeitens geben, da dazu eine Reihe guter Einführungstexte vorhanden ist; zumeist wird es auch spezielle Lehrveranstaltungen hierzu geben. Außerdem herrschen auch in Bezug auf diese Konvention noch große Unterschiede, d. h. die Konvention wird gerade nicht einheitlich gesehen. So ist es an manchen Orten noch Brauch, Referate und schriftliche Hausarbeiten durch eine Vielzahl von Anmerkungen, Fußnoten etc. „auszuschmücken" (und vielleicht so mit dem Mantel der Gelehrsamkeit zu umhüllen), während anderswo sich eine nüchterne und einfache Zitierweise durchgesetzt hat (die sogenannte amerikanische, bei der im fortlaufenden Text die zitierten Autoren genannt sind, ansonsten aber auf das Literaturverzeichnis verwiesen wird. Als Beispiel möge die von uns hier verwandte Zitierweise dienen).

Einflüsse auf wissenschaftliches Arbeiten sind insbesondere durch die gesellschaftliche und institutionelle Situation gegeben. Seit einigen Jahrzehnten wird dieser Frage durch die sogenannte Wissenschaftssoziologie nachgegangen, die also gewissermaßen als eine Wissenschaftwissenschaft („science of science") anzusehen ist. Einen recht interessanten Einstieg hierzu bietet das zweibändige Sammelwerk von *Weingart* (1972 und 1974).

Man muß aber beachten, daß eine Antwort auf die Frage nach den Bestimmungsfaktoren der Wissenschaft im Lichte unterschiedlicher Auffassungen über die Funktion von Wissenschaft gesehen werden muß. Es handelt sich um die bereits angesprochenen *wissenschaftstheoretischen Positionen.* Wieder müssen wir es uns versagen, ausführlicher auf diesen Aspekt einzugehen, doch sei dem Leser eine Einführung wie z. B. die von *Seiffert* (1971) oder eine selbst wissenschaftstheoretisch orientierte Auseinandersetzung mit solchen Positionen wie z. B. die von *König* (1975) empfohlen. Die in der erziehungswissenschaftlichen Diskussion vorherrschenden Ansätze lassen sich als Spielarten eines Positivismus, als marxistisch orientiert oder als Versuche einer „Kritische Theorie" genannten Auseinandersetzung mit gesellschaftlichen Zwängen und individuellen Erkenntnismöglichkeiten kennzeichnen. Diesen Positionen sind schwerpunktmäßig auch *Methoden der Erkenntnisgewinnung* zuzuweisen. So ist der Positivismus erfahrungswissenschaftlich (empirisch) orientiert und hält sich mehr oder weniger frei von Werturteilen des Wissenschaftlers. Der marxistische Ansatz geht aus von den Widerspruchsphänomenen unserer Gesellschaft, die als Ergebnis der Klassengegensätze begriffen werden, und deutet sie als Überbauphänomene der ökonomischen Basis; diese ihrerseits ist in der BRD durch die kapitalistischen Produktionsverhältnisse bestimmt, die notwendigerweise abgelöst werden; dadurch erst wird die Verwirklichung von Erziehungsidealen möglich, denen gerade „bürgerliche" (also die kapitalistische Gesellschaftordnung nicht negierende) Wissenschaftler so gern nachgehen. Die „Kritische Theorie" hingegen betrachtet solche gesellschaftlichen Zwänge der Wissenschaft nicht mehr eindimensional (durch eine „Regel" erklärbar), sondern richtet sich auf die verschiedenen möglichen Erkenntnisinteressen. Dementsprechend arbeitet sie vor allem mit ideologiekritischen Verfahren.

Ein Beispiel dafür, wie durch unterschiedliche Methodologien ein Erkenntnisprozeß in der Wissenschaft möglich ist, bietet die Analyse von Entscheidungen über Ziele für das Schulwesen. Der Leser sei hierzu auf die Darstellung von *Becker* u. a. (1974, S. 117 ff) verwiesen.

Literaturhinweise

Becker, Helmut u. a.: Das Curriculum. München 1974.

Evers, Marja u. a.: Die Ermittlung wissenschaftstheoretischer Positionen von Erziehungswissenschaftlern. Gruppenarbeit im Rahmen eines Hauptseminars an der Universität Hamburg. Sommersemester 1973.

König, Eckhard: Theorie der Erziehungswissenschaft. Band 1. München 1975.

Seiffert, Helmut: Einführung in die Wissenschaftstheorie. 3 Bände. München 1971.

Weingart, Peter (Hrsg.): Wissenschaftssoziologie. Band 1: Wissenschaftliche Entwicklung als sozialer Prozeß; Band 2: Determinanten wissenschaftlicher Entwicklung. Frankfurt a. M. 1972 und 1974.

4. Aus der Schule geplaudert: Zur Praxis

Eine studiengangsbezogene Einführung, wie sie das vorliegende Buch darstellt, darf nicht darauf verzichten, zumindest andeutungsweise Bezug zu nehmen auf die Praxis des zukünftigen Lehrers, der durch dieses Buch angesprochen werden soll. Indessen fällt es uns schwer, den dafür notwendigen Zugriff auf die Situation der Schule selbst an dieser Stelle und in der gebotenen Kürze zu leisten. Es wäre natürlich optimal, könnte man in einem solchen Werk eine direkte Repräsentation von schulischen Alltagssituationen leisten. Notgedrungen müßte diese Repräsentation durch das Medium des Wortes reduziert sein; insofern sei hier noch einmal an die in den Abschnitten 3.8., 3.3. und 3.9. vorgetragenen Hinweise über die Unterrichtsdokumentationen, Praktika und Hospitationen, sowie an die in 3.4. beschriebenen Möglichkeiten der Patenschaften zu einzelnen Schulklassen erinnert: Hier sind die realen Erfahrungsräume für den Studenten genannt, deren Ausgestaltung entscheidende Bedeutung für die Wirksamkeit des gesamten Studienverlaufs annehmen wird. Dennoch wollen wir in diesem Kapitel einige Hinweise auf die Praxissituation selbst geben, für die wir ein strukturierendes Prinzip gewählt haben: *Berichte von Schülern.* Wir wollen im folgenden Abschnitt eine Situationsschilderung von Mißständen und Problemen des schulischen Alltags vorstellen, der dann eine Erörterung von Prinzipien folgen soll, die vielleicht geeignet sein können, andere Maßstäbe zu verfolgen. Wir wollen diese Erörterung durch Hinweise auf *alternative Schulmodelle* ergänzen, von denen wir allerdings wissen, daß sie nur gelegentliche Realisierungsmöglichkeiten erhalten können. Die vorgängige Funktion von Schule ist abhängig von ihrem Auftrag, den sie durch staatliche Instanzen übermittelt bekommt. Diese wiederum werden zwar im Prinzip geneigt sein, anderen Schulformen eine gewisse experimentielle Realisierungsmöglichkeit einzuräumen, doch zeigen sich die Grenzen der Toleranz spätestens dann, wenn deren Verallgemeinerung erstrebt wird. Man darf also nicht außer acht lassen, daß solchen Reformalternativen geradezu die Funktion zukommt, die Reformwilligen in die Illusion zu versetzen, es schon erreichen zu können, wenn sie nur ordentlich sich bemühen würden. Die aktuellen Entwicklungen im Abbau von Reformen des Bildungswesens verdeutlichen das. Diese *ambivalente Funktion von Reformen,* die von Betroffenen gefordert und aktiv eingeleitet werden, zugleich aber auch – bis zu gewissen Grenzen – die im Grunde eben doch nicht reformwilligen staatlichen Instanzen nötigen, solche Bewegungen zunächst zu unterstützen, hat der Sozialwissenschaftler und Bildungssoziologe *Claus Offe* (1972) am Beispiel der Bürgerinitiativen in der Bundesrepublik aufgezeigt.

4.1. Lernsituationen und Lebenssituationen: ein Paradigma schulischen Lernens

Wer kennt nicht das lateinische Sprichwort „Non scholae, sed vitae discimus" – „Nicht für die Schule , sondern für das Leben lernen wir"? Wenig bekannt dürfte hingegen der urprüngliche Wortlaut dieses Satzes sein; es handelt sich um die genaue Umkehrung und wurde von den römischen Philosophen *Seneca* (4 vor Chr. bis 65 nach Chr.) geschrieben: „Non vitae, sed scholae discimus" – „Nicht für das Leben, sondern für die Schule lernen wir" (*Seneca,* Episteln 106).

Wir haben im Zusammenhang eines Seminars über „Lernverhalten" im Jahre 1973 Schüler selbst dazu befragt. In einem Fragebogen, der von insgesamt 103 Schülern aus verschiedenen Schularten und von verschiedenem Alter ausgefüllt wurde, war auch die folgende Frage enthalten:

„Man lernt nicht für das *Leben,* sondern für die *Schule.*" Diesem Satz stimme ich

	f (absolute Häufigkeit)	%
a) voll zu	11	10,7
b) einigermaßen zu	23	22,5
c) kaum zu	22	21,5
d) überhaupt nicht zu	46	45,0
keine Antwort	1	0,9

Immerhin ist also etwa ein Drittel der befragten Schüler der Meinung gewesen, daß man wohl doch nicht immer in der Schule etwas für das Leben erlernt, sondern eben eher für die Schule selbst. Allerdings werden wir wohl kaum den hier befragten Schülern die Rolle eines Schiedsrichters zumessen, es wäre dazu sinnvoller, mit ihnen in einer Diskussion das Problem zu erörtern; uns interessierte vielmehr, wie sich dieses Problem im Urteil der Schüler widerspiegelt. Mit diesem Widerspruch zwischen Lernen und Leben wollen wir uns nun näher befassen. Einerseits möchte man der Schule als hauptsächlichen Auftrag die Vorbereitung der heranwachsenden Generation für deren weiteres Leben (und vor allem ihren Beruf) zusprechen; andererseits erkennt man oft, daß Schule ein Leben „eigener Art" führt, daß sie Zielsetzungen verfolgt, die aus dem Zweck entstehen, diese Institution selbst aufrechtzuerhalten.

Wir fragen also nach dem Lebensbezug von Schule bzw. schulischem Lernen. Diese von Pädagogen gewiß schon häufig gestellte Frage wird im Zusammenhang der Theorien des Lernens in der Regel arg vernachlässigt. In den Lerntheorien wird stattdessen zumeist von einem Idealfall des Lernens ausgegangen, einem Modell der vor allem kognitiven (intellektuellen) Prozesse, welche den Vorgang des Lernens ausmachen. Es wird aber vernachlässigt, diese Lernprozesse in den sozialen Kontexten näher zu betrachten, in denen sie ausgelöst und bewertet werden. Gegenüber den auf die analytische Ausgrenzung der kognitiven Prozesse gerichteten psychologischen (übermäßigen) Lerntheorien steht eine sozialpsychologisch-ökologisch orientierte Lernforschung noch in den Anfängen, wenngleich auch sie – das sei aus Korrektheit vermerkt – auf ihre Traditionen zurückgreifen kann, also gewiß nicht ein neues Kind der Sozialwissenschaften ist.

Bei einer näheren Betrachtung des Widerspruchs zwischen Lernen und Leben müssen wir uns mit den Erscheinungsformen befassen, wie sie in den Aussagen und Einstellungen der Personen, die etwas mit Schule zu tun haben, zum Ausdruck kommen. Die folgenden beiden Beispiele zeigen, in welchem

Maße solche Aussagen einen Zugriff zu dem genannten Problem ermöglichen können. Es handelt sich um Schüleraufsätze über das Thema:

„Welche Bedeutung hat das Lesen für den Menschen?“ (aus: *H. v. Hentig;* Systemzwang und Selbstbestimmung. Stuttart 1968, S. 162).

Junge, 15 Jahre, Volksschule:
Das lesen hat für den Menschen eine sehr große Bedeutung. Man muß sehr viel lesen um eine gute Rechtschreibung zu kriegen. Die deutsche Sprache ist schwer in der Grammatik. Also muß ich hier viel lesen um eine gute Fallsetzung zu beherrschen. Wer viel ließt macht nicht so viele Fehler im Diktat. Es müssen aber nur gute Bücher sein, sonst bleibt der Mensch dumm. Aus Büchern muß der Mensch viel lernen sonst kommt er nicht voran im Leben. Ich muß in den Büchern auch die Fremdwörter kennenlernen. Das bildet alles und hilft uns auch weiter. Auch für die andern Fächer ist das Lesen sehr wichtig. Wer nicht viel ließt bekommt auch schlechte Noten und hat selber Schuld.

Mädchen, 15 Jahre, Gymnasium:
Für das Lesen kann man sicher viele Bedeutungen angeben. Es gibt die Schulbedeutung und die wirkliche Bedeutung. Die Schule verlangt von uns viele Dinge zu lesen, die wir nicht mögen. Das Schlimmste ist, das wir das nicht sagen dürfen. „Götz von Berlichen“ oder „die Jungfrau“ interessieren mich gar nicht. Und so geht es fast allen in unserer Klasse, aber die meisten geben das nicht zu. So heucheln wir dem Lehrer was vor. Was bleibt uns übrig, wenn unsere Privatlektüre (Bravo oder ähnliches) verspottet wird, ohne den geringsten Versuch sich damit auseinanderzusetzen??? Verderben diese Zeitschriften die Bildung? Ich glaube nicht. Vielleicht hassen die meisten Lehrer und Erwachsenen diese Zeitschriften, weil sie uns ernst nehmen. So hat das Lesen für uns 2 Bedeutungen, die schulfromme und die wirkliche. Über die schulfromme Bedeutung brauch ich nichts zu schreiben. Aber über die Bedeutung des Lesens für mich. Das Leben ist interessant. Darüber gibt es viel zu lesen. Aber nicht bei Schiller und Fontane. So lese ich Bravo und Oswald Kolle. Die wissen wie das Leben heute ist. Was es mit der Jugend und der Liebe auf sich hat. Wo die Probleme unserer Zeit stecken kann ich auch im Spiegel lesen. Aber der ist ja für die Schule tabu. Nicht mal in Gemeinschaftskunde darf der erwähnt werden.
P. S. Ist diese Aktion wirklich anonym oder lesen die Lehrer das doch?

Deutlich erkennt dieses Mädchen die zwei Bedeutungen, die „schulfromme“ und die „wirkliche“ Bedeutung des Lesens und damit des schulischen Lernens. Sie wird gelernt haben, daß man in der Schule ein eigenes Leben führt, und dies trennt sie von dem für sie interessanteren und als wirklich empfundenen privaten Leben (wenngleich wohl Zeitungen wie „Bravo“ das wirkliche Leben kaum abbilden). Demgegenüber bleibt der Junge voll im schulischen Leben stehen, d. h. er bemüht sich um

Gründe, die zumeist das Lesen als eine für gute Schulzensuren wichtige Beschäftigung erscheinen lassen („...um eine gute Rechtschreibung zu kriegen." „...um eine gute Fallsetzung zu beherrschen." „...macht nicht so viele Fehler im Diktat.").

Interessant sind nun die Unterschiede zwischen beiden Aussagen, wenn man sich vor Augen hält, daß der Junge als Volksschüler ja andere Lebensperspektiven zu erwarten hat als das Mädchen aus dem Gymnasium. Er reproduziert die ihm angetragenen Einstellungen und Rechtfertigungen, ohne sie allerdings konkret anzuwenden. Bei seinen vielen orthographischen Fehlern kann man wohl vermuten, daß er selbst gar nicht viel lesen wird. Er ist also unehrlich, denn er müßte eigentlich zugeben, daß er nicht viel liest und daß es ihm auch gar nicht wichtig ist, eine gute Rechtschreibung auszuüben. Das Mädchen hingegen glaubt, den Schulbetrieb durchschaut zu haben, wird sich aber – wie es selbst sagt – schwer davor hüten, von dieser Erkenntnis vor ihren Lehrern Gebrauch zu machen. Sie verarbeitet also den empfundenen Widerspruch zu „Heuchelei" und weiß sehr wohl für ihr späteres Leben den entsprechenden Nutzen daraus zu ziehen:

Sie macht die Schule mit, erfüllt die an sie herangetragenen Erwartungen und Ansprüche; aber sie setzt ihre Persönlichkeit nicht daran.

Welche Gründe ausschlaggebend dafür sind, daß eine solche Trennung zwischen Lernsituationen und Lebenssituationen entsteht, wird man auch dann leichter erkennen und beurteilen können, wenn man die Lernsituationen in Schulen ohne die ihnen zugedachten „offiziellen" Zielsetzungen betrachtet, stattdessen aber die „heimlichen" Lernziele näher in Augenschein nimmt. So kann es der schulische Lernprozeß eben mit sich bringen, daß man nicht nur lernt, wie die Zinsrechnung durchzuführen ist, sondern zugleich auch lernt, sich anderen Personen (hier: Mitschüler) gegenüber durchzusetzen, wenn es gilt, die Gunst einer Autoritätsperson (hier: Lehrer) zu erringen. Man kann ferner vielleicht lernen, daß man sich einer Autoritätsperson unterzuordnen hat, daß man sich immer diszipliniert zu verhalten hat, daß man zu denen gehören muß, die Zinsen für ihr Kapital erhalten, etc. Immer also sind mit dem ausgewiesenen Lernprozeß auch Neben-Lernprozesse verbunden, die dann zu entsprechenden Haltungen und Einstellungen der Lernenden führen.

Besonders eindringlich wird das Erlebnis des Widerspruchs zwischen Lernen und Leben dann, wenn Schüler sich diesen „heimlichen" Lernzielen nicht anpassen wollen, wenn sie sich dem schulischen Lernritual entziehen. In einer Reihe von Aufsätzen, die wir im Zusammenhang mit der schon genannten Befragung von Schülern anonym in verschiedenen Klassen schreiben ließen, kommt diese Protesthaltung zum Ausdruck. Hier schlägt der Protest sogar um in offen geäußerten Haß gegen Schule allgemein und ausgewählte Lehrer speziell. Natürlich stellen diese Protestaufsätze nicht die Meinungen der Mehrheit aller Schüler dar; andere Schüler haben sehr wohl ihren Spaß am schulischen Lernen. Fragen wir uns aber nach der Lektüre der folgenden Beispiele doch, inwieweit die „braven" Schüler nicht deshalb zufrieden sind, weil sie sich mit dem Schulbetrieb arrangiert haben. Zudem müssen wir beachten, daß die Schule nicht immer gleich ist, daß also sehr wohl Bedingungen zusammenfallen können, in denen in der Tat die Trennung von Lernsituationen und Lebenssituationen nicht sehr groß ist oder auch gar nicht besteht.

Die folgenden Ausschnitte aus Schüleraufsätzen beziehen sich auf das Thema „Macht Dir Lernen Spaß?":

Macht dir büffeln spaß?
ich sage Kurz und bündig: nein!!! was die ohrenschleifer, die sich pauker nennen da fabrizieren, kann man ja im irrenhaus anhören, aber daß man täglich 6 stunden rumsitzt und sich von ...'s feuchter Aussprache ins Gesicht spucken läßt macht keinen spaß. nägelkauen bringt keine freude und bei däumchendrehen nudeln sich die gelenke ab. das der geruch in dem klassenraum genießbar wäre, kann ich eigentlich nicht behaupten. ich freu mich immer wenn ich krank bin, denn dann muß ich nicht...'s anti-go-nah-Mundgeruch aushalten.

Macht Dir Lernen Spaß?
Nein!! Einige Fächer, wie Geschichte und Mathe, sind im Leben und im Beruf unwichtig. Vor allen Dingen Mathe. Nach dem Lernen wird dann eine Arbeit geschrieben. Hat man sie verhauen, ist man deperimiert und nervlich am Ende. Man denkt manchmal Selbstmord zu begehen. Die Eltern reagieren und man hat keinen bock mehr, zur Schule zu gehen. Schulaufgaben müßten auch abge-

schafft werden. 6 – 7 Stunden zur Schule gehen und dann noch 1 1/2 – 2 Stunden Schulaufgaben . Einfach zu viel!!! Lieber sollte die ganz Tag Schule eingeführt werden. Man kommt um 3 halb 4 dann nach Hause. Man sollte mehr praktisches Wissen den Schülern vermitteln. ...Man sollte mehr über das Schulwesen diskutieren. Man wird von den Lehrern förmlich abgewürgt. Man darf selten seine Meinung sagen. Wozu muß man auswendig lernen: Richtig Blind. Es wird viel in ein hineingestopft was unwichtig ist.

Macht Dir Lernen Spaß?
Nein, weil man immer so viel Regeln lernen muß, und auch sonst auswendig lernen muß. Es wird alles in einen hinein gestopft. Auch das man die Arbeiten so schnell hintereinander schreibt. Man muß manchmal jeden Nachmittag sich hinsetzen und lernen und hat dann bald keine Lust mehr zu üben. Außerdem sollte man die Klassenräume schöner gestalten damit einem das Lernen von außen auch mehr Spaß macht. Denn wenn man in einem so verschmutzten Raum sitzt in dem nichts an den Wänden klebt ist es so kahl. Außerdem sollte man viel mehr jüngere Lehrer beschäftigen. Die alten haben veraltete Lehrmethoden. Sie haben meistens auch altmodische Ansichten. Das wenn man z. B. eine Regel nicht weiß sie 10mal schreiben muß. Bei den älteren Lehrern soll man zwar hingehen wenn man etwas nicht verstanden hat aber man wird dann angebrüllt und es werden einem Vorwürfe gemacht, wie du hast ja nicht aufgepaßt, und du hast selber Schuld. Man sollte auch mehr Gruppenarbeit machen, denn ich finde daß es mehr Spaß macht und dann wird auch nicht alles in einem hineingepreßt, sondern man kann sich selbst mal etwas denken und erarbeiten.

Macht Dir Lernen Spaß?
Es kommt darauf an. Einesteils ja. Andererseits Nein. Es kommt darauf an in was für einem Fach. Aber man muß ja lernen damit man das Abitur schafft. Ich bin zumindest dieser Meinung. Ich möchte einmal studieren und das kann man eben nicht ohne Lernen. Obwohl mir der ganze Scheiß manchmal zum Hals raushängt, besonders jetzt, denn ich bin neu in der Klasse und muß viel nachholen, egal welches Fach man anschaut. Mathe ist besonders schlimm, denn ich war da noch nie gut und ein halbes Buch zum Nachholen ist bestimmt nicht wenig. Nun ja ich muß mich eben damit abfinden und irgendwie werde ich es schon schaffen.

Macht Lernen Spaß?
Diese Frage differenziere ich. Zuerst einmal im Bereich der Schule. Erinnere ich mich an die ersten vier Klassen so habe ich nur eine positive Einstellung in Erinnerung. Stelle ich genaue Nachforschungen an so verlief der Unterricht ohne jegliche Hast und Unruhe ab. Ein großer Teil der Stunden war für Handarbeiten, Basteln, Malen, Musik reserviert. Aber auch die Hauptfächer hatten mir immer Spaß gemacht. Das liegt wohl daran, daß grundlegende Themen genauestens durchgenommen wurden, bis es schließlich auch der letzte verstanden hatte. Hiermit spreche ich im besonderen das Rechnen oder auch Sachrechnen oder gar Kopfrechnen an. Um auf das Gymnasium zugelassen zu werden, mußte ich eine Prüfung ablegen, die ich bestand. Dann kam eine Zeit der schwierigen Anpassung. Ich hatte eine sogenannte „Flaute“ in den ersten beiden Klassen. Was meinen Enthusiasmus für die Schule ziemlich dämpfte. Ir-

gendwie jedoch habe ich mich dann „hochgearbeitet“ und proportional zu diesem Anstieg bekam auch meine Freude am Lernen einen Auftrieb. Leider bin ich kein Naturtalent, es wäre sehr bequem. Ich mußte mir alles erarbeiten, auch zuhause. Wird man dann durch eine gute Leistung belohnt, so strengt man sich an, um auf diesem Niveau zu bleiben. ...abhängig vom Interesse am Unterricht ist die Person des Lehrers in positiver wie in negativer Hinsicht. Wird das Arbeitsklima durch einen Unterrichtenden verschlechtert, so versuche ich möglichst wenig Gelegenheit zu Ärgernissen zu geben, ich meine eine Auseinandersetzung mit dem Lehrer. Irgendwie vermisse ich diese Arbeit, wenn ich am Ende von Ferien zuhause herumlungere und nicht vernünftiges anfangen kann.

Aus diesen wenigen Beispielen und Ausschnitten der Schüleraufsätze dürfte deutlich geworden sein, in welchem Maße die Einstellungen der Schüler zu schulischem Lernen abhängig sind von den Leistungen bzw. der Anpassung an die erwarteten Leistungen (vgl. *Rosenthal/Jacobsen* 1968). Dabei wird man nicht so einfache Erklärungen zurate ziehen können wie etwa die, daß eben gute Schüler auch mit ihrer Lernsituation zufrieden sein könnten, während es für schlechte Schüler kaum eine andere Lösung gibt, als auf die Schule (deren Leistungsniveau sie nicht erreichen können) zu schimpfen, um sich so nachträglich noch zu rechtfertigen. Vielmehr ist ja auch der Leistungsstand ein Produkt der Einstellungen zur Schule. D. h., daß nur diejenigen Schüler sich um gute Leistungen bemühen, die mit der gesamten Situation zurechtkommen (keine Konflikte mit den Lehrern haben etc.). Demgegenüber ist zu fragen, ob nicht schlechte Leistungen auch aus der Einsicht in Sinnlosigkeiten und aus dem Zorn gegenüber beschämenden Maßnahmen des Lehrers resultieren. Welcher Haß das Produkt solcher enttäuschenden Erfahrungen sein kann, zeigt das erste Beispiel mit im übrigen noch weiteren, hier aber nicht abgedruckten Schimpfsätzen über die äußerliche Erscheinungsform des betreffenden Lehrers. Wie möglicherweise dieser Haß entstehen konnte, erhellt ein Aufsatz eines Mitschülers:

...Dann haben wir noch einen ...lehrer. Das ist ein Egoist, Der meint, wir dürfen zu seinem Unterricht nie zu spät kommen. Er selbst überzieht den Unterricht aber immer. Dann nimmt er immer ... im Unterricht an die Tafel. An der Tafel ist man so nervös, dann kann man die leichteste Aufgabe nicht lösen. Also, dann steht ... da, und weiß nichts mit sich anzufangen. Inzwischen nimmt Herr ... ein Notizbuch und fängt laut an zu denken: „So, dann wollen wir dem lieben Herrn ... (ich zitiere wörtl.) eine 5 (manchmal auch eine 6) anschreiben." Das ist doch fies.

Wie wären nun solche Nebenwirkungen von schulischen Lernprozessen zu vermeiden oder wenigstens zu entschärfen?

Würde es ausreichen, wenn man schlichtweg mehr Menschlichkeit von Lehrern, interessanteren Unterricht und neue Lehrmethoden erreichen würde?

Diese Frage scheidet die Schultheoretiker in zwei Lager. Auf der einen Seite stehen diejenigen, die einschneidende Änderungen als realisierbar ansehen, sei es durch kleinere Eingriffe wie die Einführung einer neuen Lehrmethode, oder sei es durch größere Eingriffe, bei denen man vor der Schule vor allem gesellschaftliche Bedingungen zu ändern habe. Auf der anderen Seite stehen diejenigen, die auch mit den eingreifendsten sozialpolitischen Veränderungen kaum eine Verbesserung der Schulsituation erwarten. Ihre Kritik gilt der Institutionalisierung überhaupt, in der Schule stattfindet. Unter dem Stichwort *„Entschulung der Gesellschaft und der Schule"* (deschooling) läuft seit einigen Jahren eine Bewegung, die sich gegen Institutionalisierung der Erziehung und Bildung richtet; wir finden hier das anti-autoritäre und anarchistische Element der Pädagogischen Linken wieder, wobei man aber nicht an Gewalt denken möge (vgl. 4.2.).

Eine weitere und weitreichendere Konsequenz liegt in dieser Reduktion von Lebensrealität schulischen Lernens: An die Stelle der Auseinandersetzung mit Lebenssituationen realer Art tritt die Auseinandersetzung mit dem reduzierenden System Schule, mit der Institution selbst; Schule wird so zur Lebenssituation eigener Art.

Dies macht sich z. B. bemerkbar, wenn Lehrer sog. Disziplinschwierigkeiten mit Schülern haben und daraufhin durch strenge Notengebung Disziplin erreichen wollen, das dann aber so verinnerlichen, daß sie dies beständig tun. Es geht dann oft nur noch darum, das System Schule aufrechtzuerhalten, egal für welche inhaltlichen Zwecke. Oder es macht sich bemerkbar, wenn Schüler ihre Interessen völlig darauf richten, gute Noten zu bekommen, so daß sie einen Lehrer, der etwas Neues und Interessantes mit ihnen machen will, nicht unterstützen, aus Sorge, bei diesen neuen Dingen keine guten Noten sicher zu haben.

Es mag denn auch als Ausdruck dieser Selbstbezogenheit von Schule zu werten sein, wenn in neueren Richtlinien, Lehrplänen und Unterrichtsmaterialien oftmals Lernziele genannt werden, in denen es um die Beschäftigung mit Schule selbst geht, d. h. Schüler und Lehrer Probleme der Schule aufgreifen und zum Unterrichtsgegenstand machen. Dies läßt sich entweder als Verlust von Lebensrealität der Schule werten (die nun ihren Auftrag, Schüler für deren zukünftiges Leben vorzubereiten, hintanstellt und sie zuerst einmal auf ihr gegenwärtiges Leben in der Schule vorbereitet) oder aber als Beginn einer neuen Lebensbezogenheit, bei der man sich von alten Inhalten abwendet und in der Analyse dieser gegenwärtigen eigenen Situation Strategien erwirbt, die dann später auch anwendbar sind auf andere Situationen (man würde also dem Schüler ermöglichen, in einer Institution – zunächst Schule, später aber auch Firma, etc. – zu „überleben"). Um diese beiden Ansätze näher beurteilen zu können, muß man sich fragen, inwieweit denn die Abwendung der Schule zufällig, als eine Art Betriebsunfall, oder systematisch, etwa durch strukturelle Gegebenheiten, zustandekommt.

Deutlich wird eine systematische Abwendung der Schule von Lebensrealität vor allem dann, wenn sie Zwänge auf die Lernenden ausübt. Zu diesen Zwängen gehört vor allem das *Benotungs-* und *Kontrollsystem* der Schule (Zensuren, Prüfungen, etc.), welches wohl ursprünglich mehr der Feststellung von Qualifikationen diente, dann aber mehr und mehr zum Mittel der Disziplinierung wurde. In dem erwähnten Fragebogen konnten wir dazu folgende Ergebnisse feststellen:

„Zensuren zwingen mich zum Lernen." Dem stimme ich	f	%
a) voll zu	47	45,6
b) nur bedingt zu	39	37,8
c) nicht zu	17	16,5
keine Antwort	0	0,0

Hältst Du Zensuren für notwendig? Warum? Warum nicht?

		f	%		f	%
a) Ohne Zensuren geht es nicht	ja:	42	40,7	nein:	52	50,4
b) Gute Zensuren bringen mehr Taschengeld	ja:	26	25,2	nein:	64	62,1
c) Zensuren sollen mit den Schülern abgesprochen werden	ja:	88	85,4	nein:	7	6,7
d) Zensuren fördern die Angst	ja:	63	61,1	nein:	27	26,2
e) Zensuren sind überflüssig	ja:	35	33,9	nein:	58	56,3

Auffällig sind hierbei wohl die Diskrepanzen zwischen den erkannten Unliebsamkeiten (die Mehrheit der befragten Schüler sagt, daß Zensuren Angst fördern) und der generellen Einstellung (eine leichte Mehrheit meint, ohne Zensuren geht es nicht; eine schon größere Mehrheit meint, sie seien nicht überflüssig). Nur wenige wagen die konsequente Überlegung, was eigentlich wäre, wenn es keine Zensuren mehr gäbe. Die meisten sind mit der Situation zwar nicht zufrieden, haben sich aber mit ihr abgefunden.

Daß es in der Tat auch ohne Zensuren möglich ist, zu lehren und zu lernen, zeigen Beispiele entsprechender unkonventioneller Schulen.

So aber kann die Unzufriedenheit sich nur in der wenig rationalen Lösung abreagieren: die Zensuren sollten mit den Schülern besprochen werden; aber wenn eine Zensur einigermaßen objektive Auskunft über eine erworbene Qualifikation aussprechen soll, sollte das auch ohne die Mitsprache der Benoteten erreicht werden können.

In einer anderen Frage noch kann man nach den vorliegenden Befunden darauf schließen, daß Schüler vor allem unter Zwang lernen. Wir fragten sie nämlich, ob sie sich in ihrer Freizeit mit Themen beschäftigen, die sie in der Schule durchgenommen haben.

Es erfolgten die folgenden Antworten:

	f	%
a) sehr oft	1	0,9
b) oft	8	7,7
c) gelegentlich	39	37,8
d) selten	39	37,8
e) nie	13	12,6
keine Antwort	3	2,9

Wenn also der Zwang aufhört, in der Freizeit nämlich, so wird nicht gerade in berauschender Vielzahl weiter an den schulischen Themen gearbeitet. Man kann als Ursache dafür die Vermutung hegen, daß eben die Schule ihre Themen erschöpfend behandle, daß es für die Freizeit also nichts mehr zu lernen gäbe. Andererseits wird man aber auch die Vermutung aussprechen können, daß in der Schule eben vor allem unter Druck gelernt wird.

Frühere Pädagogen haben viel Wert darauf gelegt, die Schule als Schonraum der Gesellschaft zu bewahren, d. h. in einer „pädagogischen Nische" die heranwachsende Generation freizuhalten von den unmittelbaren Einflüssen der Umwelt, der Unbill ihrer Zeit, den unmittelbaren Anforderungen der Gesellschaft, darunter also auch den Leistungsanforderungen. Dies läßt einerseits (zumindest in der Vorstellung) die *Unwirklichkeit einer heilen Welt Schule* zu, d. h. Kinder wachsen auf in einer Umgebung, die sich notfalls künstlich schön und gut hält. Selbst wenn das so ginge, es wäre fatal angesichts der dann auf die Schulentlassenen einstürzenden Dinge. Andererseits aber läßt sich erkennen, daß diese halbe Nische (nur zum Teil entzieht sich Schule den gesellschaftlichen Anforderungen, zum anderen Teil aber verwirklicht sie sie zumindest indirekt, so z. B. wenn man in der Schule lernt, nur auf Zwang und Druck hin zu lernen oder zu arbeiten) einen Prozeß der Entfremdung stärkt. Schüler erlernen und erarbeiten nicht mehr die für sie interessanten und erfahrbaren oder bereits erfahrenen Dinge, sondern finden sich damit ab, solche Dinge zu lernen und zu tun, die man von ihnen verlangt. Und dies, ohne selbst einen Sinn dabei zu erkennen und sich innerlich zu beteiligen. Dieser Prozeß des *entfremdeten Lernens,* der sich dem entfremdeten Arbeiten im Produktionsbereich angleicht, ist denn auch eines der hauptsächlichen Probleme der Schule in unserer Gesellschaft.

Wenn aber somit doch eine Zuordnung von schulischem Lernen und Lebenssituationen festgestellt werden kann (entfremdetes Lernen ist funktional für entfremdete Arbeit; man lernt also, sich mit den späteren Arbeitsweisen abzufinden), erkennen wir auch die *Funktion von Schule in unserer Gesellschaft.* Hinter der Abkehr von Lebensrealität der ursprünglich unkritisch genannten Art stünde System, wenn man nur die Lebensrealität entsprechend analysierte. Wenn dann versucht wird, wie oben bereits gesagt, Schule als Institution zu einem Unterrichtsgegenstand zu machen, so kann dies der Zielsetzung entspringen, diesen Entfremdungsprozeß bewußtwerden zu lassen und zu verändern.

Führt man die als Erscheinungsformen auftretenden Probleme von Schule so auf mögliche Ursachen zurück, wird deutlich, daß es doch darum geht, für das Leben zu lernen und nicht für die Schule. Aber das wird dann nicht mehr leicht zu begründen und zu vertreten sein, d. h. man wird nicht geneigt sein, diese Funktion zu unterstützen, sondern eher auf Abhilfe sinnen. Diese wird abhängig sein von den gesellschaftspolitischen Möglichkeiten, denn dies berührt ja die politischen Zustände in hohem Maße.

Die bisherigen Überlegungen und Befunde mögen vielleicht vielen Lesern den Eindruck vermittelt haben, daß an unseren Schulen Willkür und Kampf bei Lehrern und Schülern vorherrschten und es nur dort nicht so sei, wo man sich an gängige Normen angepaßt habe und das Beste für sich persönlich herauszuschlagen versuche. Gewiß ist dem Phänomen Schule und Lernen in der Schule so nicht allein beizukommen. Jede Analyse steht in der Tendenz, das Spektakuläre herauszugreifen und die Normalität zu vernachlässigen. Allerdings werden viele, die der vorangegangen Analyse nicht zustimmen können, doch dem Satz zustimmen, daß viel schulische „Normalität" durch diese Probleme bestimmt ist und daß man sich nicht unter Hinweis auf Ausnahmeerscheinungen von der Reflexion einer auf Veränderungen gerichteten *Schulkritik* zurückziehen kann.

Der zukünftige Lehrer erfährt in der Regel auch heute noch in seiner Ausbildung an der Hochschule eine Fülle von Hinweisen und Denkanstößen, die sich auf eine solche Schulkritik richten; er erfährt aber selten die Möglichkeiten und Unmöglichkeiten, dieser Schulkritik entsprechend Veränderungen einzuleiten. Um es auch hier wieder kraß zu formulieren: Die Ausbildung vermittelt dem zukünftigen Lehrer zahlreiche Ansprüche zur Veränderung, läßt ihn aber in der konkreten Handlungssituation im Stich. So werfen dann viele die vorherigen Ansprüche der Theorie enttäuscht von sich und arrangieren sich mit der vorherrschenden Situation. Für Grundschullehrer bedeutet dies z. B., daß sie sich mit einer befriedeten Schulklasse zufriedengeben und die Augen vor den späteren Schicksalen der Kinder verschließen. Darauf daß es notwendig wäre, Antinomien (Widersprüche, Diskrepanzen) der geschilderten Art wenigstens ertragen zu können oder gar zu lösen, indem man zu Veränderungen beiträgt, darauf daß man dabei auch viele Enttäuschungen und die größeren Schwierigkeiten erfahren wird –; darauf bereitet die Ausbildung eben doch nicht vor. Insofern sollte den im Abschnitt 4.3. angedeuteten Versuchen der konsequenten Veränderung schulischer Praxis nicht nur illustrierende Bedeutung zukommen. Jeder zukünftige Lehrer sollte den einen oder anderen Versuch dieser Art aus praktischem Erleben erfahren können, indem er auch einmal an einem Alltag dieser Schulen teilnimmt. Welches sind nun die Prinzipien, Schule anders zu gestalten, als sie normalerweise stattfindet?

4.2. Prinzipien einer positiven Schulkritik

Mit solchen Möglichkeiten und Schwierigkeiten, Lernsituationen und Lebenssituationen in bessere Beziehung zu setzen und so Schule zu verändern, sollen sich die folgenden Ausführungen näher befassen. Man beachte dabei, daß es hier nicht darum gehen kann, aus dem gesicherten Elfenbeinturm der Theorie heraus Ansprüche vorzuzeichnen, vielmehr müssen sich solche Überlegungen im Hinblick auf Veränderungen auch der konkretisierenden und überprüfenden Realisierung stellen. Dazu ist ein erster Schritt getan, wenn diese Überlegungen Relevanz gewinnen können für eine Veränderung schon der Lehrerausbildung, die ja zu einem gewissen Teil Ursache für die kritisierten Erscheinungen ist.

A) Das Relevanzpostulat

Nach allen bisherigen Bemerkungen zum Zusammenhang von Lernsituationen und Lebenssituationen dürfte bereits deutlich geworden sein, daß Lernen in höherem Maße auf Lebensrelevanz hin angelegt sein muß, d. h. sich auf reale Lebenssituationen und die Verwendbarkeit des Erlernten in ihnen beziehen. Dies bedeutet, daß Qualifikationen geklärt sein müssen, im Hinblick auf die gelernt werden soll. Dies kann einmal in der Form „konstruktiver" Lernziele (also solcher Lernziele, die zusammengenommen eine solche Qualifikation zusammentragen) geschehen, zum anderen aber auch in der Analyse von weiteren Merkmalen zukünftiger Lebenssituationen der Lernenden. So wird man etwa eine spätere Berufssituation der Schüler unter diesen zwei Gesichtspunkten sehen können: einmal die hierbei erforderlichen Kenntnisse, Fertigkeiten etc., die für diesen Beruf unerläßliche Voraussetzung sind; zum anderen die Rahmenbedingungen für diese Berufsausübung, so z. B. die Möglichkeit, daß ein spezieller Beruf unter hohen Loyalitätsanforderungen durch den Arbeitgeber steht.

Man sage nicht, daß die Berufssituation für den Grundschüler noch weite Ferne sei; schon die Erwartungen im Hinblick auf die Tatsache, daß man einen Beruf wird ausüben müssen, prägen die beruflichen Einstellungen vor. (Läßt man z. B. die kindlichen Berufswünsche typischer Art unbeachtet oder verstärkt sie sogar, so trägt man bei zu illusionistischen und der Realität ausgelieferten Vorstellungen.) Schließlich ist speziell für den Grundschüler die weitere

Schulzeit auch als eine Art Berufssituation zu sehen; d. h. wie das Kind auf die weitere Schulzeit vorbereitet ist, entscheidet sein dortiges Leben mit.

Das Relevanzpostulat erfordert daher auch eine Begründbarkeit der Lernanforderungen und Lernprozesse durch Überprüfung des Realitätsbezugs. Dieses kann zum Bestandteil des schulischen Lernverhaltens werden. Wenn Schüler nämlich wiederholt dieses Überprüfungsprinzip angewendet und seine Bedeutung erkannt haben, steht zu erwarten, daß sie in neuen Lernsituationen auf es zurückkommen und wiederum zum Maßstab der Brauchbarkeit des Erlernten für sich selbst machen werden.

Eine enge Verknüpfung von Lern- und Lebenssituationen läßt sich also dann erwarten, wenn die Schüler, allgemeiner gesagt, es gelernt haben, die Frage nach dem Nutzen eines Lernprozesses zu stellen.

B) Das Kontinuitätspostulat

Lernsituationen müssen in Zusammenhängen stehen, die deutlich werden lassen, inwieweit das Erlernte auf einen vorherigen Lernprozeß aufbaut und inwieweit es Anschlußaktivitäten gibt, die diesem Lernprozeß folgen können. Dazu wird es notwendig sein, den Lernenden die *Zielsetzungen des Lernprozesses* deutlich werden zu lassen, so daß sie einerseits den Sinn der Situation erkennen, andererseits ihre Eingreiffunktionen wahrnehmen können, nämlich u. U. reagieren, wenn es sich um einen für sie nicht einsehbaren Lernprozeß handelt.

In der US-amerikanischen Curriculumforschung ist dieses Postulat unter einem anderen Schwerpunkt vor allem von *Bruner* (1964) vertreten worden. Es handelt sich um die Forderung nach strukturorientierten Lernprozessen, die sich nicht an Einzelheiten aufreiben, sondern den größeren Zusammenhang erkennen lassen. Insofern ist eine Strukturierung von Lernprozessen durch übergreifende Zielsetzungen und Kontinuität zu fordern. Dies betrifft einmal den curricularen, also inhaltlichen Aspekt:

Unterrichtsabschnitte unter längerfristige thematische Fragestellungen zu ordnen, die auch den Adressaten eingängig sind. Es betrifft dann aber auch einen personellen Aspekt, nämlich die Absprache zwischen den verschiedenen Lehrpersonen einer Lerninstitution. Diese können einerseits durch interdisziplinäre Zusammenarbeit zu solchen Absprachen gelangen (z. B. indem sich Biologie- und Sozialkundelehrer gemeinsam um eine Unterrichtseinheit über „Umweltverschmutzung" bemühen), zum anderen auch durch innerfachliche Zusammenarbeit, wie dies beim „team teaching" der Fall ist (z. B. dadurch, daß eine Unterrichtseinheit in einem Fach für alle Parallelklassen gemeinsam durchgeführt wird, wobei die betreffenden Fachlehrer arbeitsteilig vorgehen).

C) Das Interaktionspostultat

Mit dem Begriff „Interaktion" bezeichnet man die Verhaltenskontakte zwischen Personen, die in irgendeiner definierten Beziehung (z. B. als Lehrende und Lernende) zueinander stehen. Das Lehrer-Lerner-Muster ist allerdings nicht ganz geeignet, die Wechselwirkung in der Interaktion zu beschreiben, die möglich sein sollte (d. h. die wechselweise bestehenden Einflußmöglichkeiten im Handeln). In der Regel werden die Lehrenden die Lernenden (zumindest in bezug auf den Unterrichtsstoff) dominieren, so daß diese ihren Einfluß allenfalls durch Verlagerung auf andere Kontaktebenen ausüben können. So wird das sogenannte ‚Disziplinproblem' verständlich. Durch eben dieses disziplinlose Verhalten sehen Lernende oftmals ihre einzige Chance, angesichts starker Beeinflussung und geringer Entzugsmöglichkeit bzw. Gegenwirkungsmöglichkeit zumindest ihren Protest anzumelden und die eigene Selbstsicherheit und die Selbstachtung gar so zu wahren.

Ein Nachdenken über eine bessere Verknüpfung von Lern- und Lebenssituationen muß also auch die Interaktionsprobleme zwischen Lehrenden und Lernenden in Betracht ziehen. Hier wird entscheidende Bedeutung dem *Rollenverständnis des Lehrers* zuzumessen sein, mit dem er versuchen wird, den Adressaten zu begegnen. Mag nun ein zukünftiger Lehrer in seinem Studium noch soviel von pädagogischem Idealismus bewegt sein, sich den Schülern gegenüber nicht als allmächtige Autoritätsperson aufzuspielen; im Referendariat und in den anfänglichen Berufsphasen wird er unter einem Handlungsdruck stehen, den Schüler und Kollegen auf ihn ausüben. Man erwartet von ihm mehr, daß er sich durchsetzt, als daß er von den Schülern als „Kumpel" angesehen wird. Auch die dem

Lehrer vorgegebenen *gesellschaftlichen Aufträge,* z. B. Noten zu geben und dadurch Selektion und Prüfungsdruck zu ermöglichen, sind nicht gerade geeignet, ihn eine Position einnehmen zu lassen, in der er sich mit den Schülern identifizieren würde. Er steht als Repräsentant gesellschaftlicher Anforderungen vor den Schülern und kann sich nur unter Konflikten oder in Teilaspekten diesem Auftrag entziehen. Insofern steht er auch in Gefahr, in jener Weise wieder einen Lebensbezug in Lernsituationen hineinzubringen, in der es um die Vermittlung von Anpassung an spätere Autoritäten geht. *Bert Brecht* hat in den „Flüchtlingsgesprächen" diese Funktion sarkastisch beschrieben:

> „Die Lehrer haben die entsagungsreiche Aufgabe, Grundtypen der Menschheit zu verkörpern, mit denen es der junge Mensch später im Leben zu tun haben wird. Er bekommt Gelegenheit, vier bis sechs Stunden am Tag Rohheit, Bosheit und Ungerechtigkeit zu studieren. Für solch einen Unterricht wäre kein Schulgeld zu hoch, er wird aber sogar unentgeltlich, auf Staatskosten geliefert. ...
> Das Wichtigste ist doch die Menschenkenntnis. Sie wird in Form von Lehrerkenntnis erworben. Der Schüler muß die Schwächen des Lehrers erkennen und sie auszunützen verstehen, sonst wird er sich niemals dagegen wehren können, einen ganzen Rattenkönig völlig wertlosen Bildungsgutes hineingestopft zu bekommen." *(Brecht* 1967, S. 1402)

Wer sich dieser Funktion als Lehrer entziehen will, wird beachten müssen, daß Schule nicht nur teilweise verändert werden kann. So steht für Lehrer, die Schüler als Handlungspartner verstehen, zu erwarten, daß die Schüler diesen weniger strengen Unterrichtsstil als Ventil für anderswo aufgestaute Unlust betrachten. Insofern sind Disziplinprobleme vor allem auch für solche Lernsituationen naheliegend, in welchen vom vorgängigen Interaktionsstil abgewichen wird. Berichte von Lehrern, die es dennoch versucht haben, zeigen aber, daß es (wenn auch unter gewissen Mühen) möglich ist, den Schülern dann diese veränderte Interaktionsform zu gewährleisten, wenn sie erkannt haben, daß dabei auch für sie eine größere Relevanz schulischen Lernens entsteht (vgl. z. B. den Hauptschul-Versuch von *Schaeffer/Lambrou* 1972).

D) Das Umweltpostulat

Schule sollte in stärkerem Maße die eigene Lebensumwelt der an ihr Beteiligten berücksichtigen. Dies betrifft einmal die lokale und politische Situation, gewissermaßen den regionalen und aktuellen gesellschaftlichen Standort der Institution Schule. Zum anderen ist auch die personale Umwelt angesprochen, nämlich die Personen, die das weitere Kontaktfeld von Schülern und Lehrern darstellen. Für die Schüler sind dies in erster Linie ihre Eltern.

In den letzten Jahren haben in der BRD viele Bürger- bzw. Elterninitiativen ein stärkeres Mitspracherecht bei der Gestaltung von und Entscheidung über schulische Lernsituationen gefordert. Lehrer können dies durch direkte Kontakte aufgreifen und für den Unterricht nutzbar machen, indem sie z.B. mit den Eltern über Lernprobleme sprechen, die Verbesserung von Hausaufgaben verabreden, aber auch inhaltliche Diskussionen über Lernziele führen. Dabei ließe sich vor allem daran denken, die Arbeitswelt der Eltern stärker als Unterrichtsgegenstand aufzugreifen und damit auch die detaillierten Kompetenzen von Eltern bei solchen Lernzielentscheidungen zu berücksichtigen.

Weiterhin hat sich in den letzten Jahren bei vielen Schulkonflikten (wo z. B. Lehrer aufgrund eines progressiven Unterrichts in Gefahr standen, von den Behörden diszipliniert zu werden und dann zum Teil auch entlassen wurden) gezeigt, wie wichtig es ist, daß Lehrer sich die Mitarbeit und Unterstützung von Eltern sichern. Diese Zusammenarbeit kann geeignet sein, die Eltern zur Unterstützung zu bewegen, wenn ein Lehrer in solche Konflikte gerät.

Umweltbezogenheit in lokaler und politischer Hinsicht läßt deutlich werden, daß Lernsituationen auf die aktuellen Probleme, die das Leben von Schülern bestimmen, Bezug nehmen müssen. Dies kann z. B. dann der Fall sein, wenn die Planung eines Spielplatzes im Unterricht aufgegriffen und zum Thema eines Lernprojekts gemacht wird. Weitere Umweltbezüge können sein: Stadtplanung, Freizeitinstitutionen, Ferienplanung, Erziehungsprobleme. Gewiß liest man aus solchen Themen eine Kopflastigkeit zugunsten sozialwissenschaftlicher Probleme, doch ließe sich auch an naturwissenschaftliche Themen denken, die z. B. in diesen sozialen Kontext gestellt werden: chemische Messungen zum Umweltschutz, geometrische Messungen zur Stadt- und Spielplatzplanung.

E) Das Schulbezugspostulat

Es wurde bereits an früherer Stelle darauf hingewiesen, daß seit einigen Jahren ein Bemühen zu beobachten ist, in Lehrplänen, Unterrichtsmaterialien etc. die schulische Lernsituation selbst stärker zum Gegenstand von Unterricht zu machen. Sofern es darum geht, Erfahrungen aufzuarbeiten und Probleme sichtbar sowie auflösbar zu machen, ist das zu bejahen. Es muß möglich sein, daß die Schüler lernen, ihre schulische Lernumwelt selbst mitzugestalten und zu verändern. Dies kann sich einerseits auf die inhaltlichen Aspekte von Schule richten, also die Lernzielentscheidungen und curricularen Planungsprozesse; es handelt sich auch um die sozialen Elemente der Institution Schule, wie Kontaktmöglichkeiten zu Lehrern, schulische Freizeitorganisation (Arbeitsgemeinschaften, Schülerzeitschriften etc.).

Möglicherweise ist es auch hilfreich, wenn man den Versuch unternimmt, durchgängige Funktionen der Schüler in der schulischen Lernsituation kompakt herauszugreifen und in einer gesonderten Unterrichtseinheit zu behandeln. So ließe sich etwa daran denken, die Mitwirkungsmöglichkeiten der Schüler bei Lernzielentscheidungen nicht allein dadurch zu diskutieren und zu üben, daß man sie bei konkret anstehenden Lernzielentscheidungen beteiligt; darüberhinaus wäre es auch denkbar und sinnvoll, diese Entscheidungsfunktion zum Gegenstand von Unterricht zu machen. Dies könnte etwa durch eine sozialwissenschaftliche Unterrichtseinheit über Mitbestimmung und Entscheidungsprozesse geschehen, die sich auch wissenschaftliche Ergebnisse zunutze macht. Dabei wären Fragen zu behandeln wie: Wie verhalten sich Menschen aufgrund unterschiedlicher Präferenzen und Strategien in verschiedenen Entscheidungssituationen? Wodurch werden Entscheidungen beeinflußt? Wie lassen sich Lernziele begründen? Wie handeln Unterrichtsmaterialien die ihnen zugrundeliegenden Lernziele ein?

Schließlich ist daran zu erinnern, daß sich der schulische Motivationsverlust der Schüler in einem gewiß starken Maße auf die dort stattfindenden Entfremdungsprozesse gründet. Sie abzubauen oder wenigstens zu verringern, wäre eine unabdingbare Aufgabe einer Schulreform. Inwieweit dazu überhaupt noch eine politische Basis in unserer Gesellschaft gefunden werden kann, ist nach den bildungspolitischen Rückschlägen der letzten Zeit jedoch zu bezweifeln. Möglicherweise wird man „radikale" Reformvorstellungen der vorgetragenen Art zu den Akten legen können – so wie sich in der Geschichte der Pädagogik immer wieder Phasen finden lassen, in denen eine Fülle von Reformideen entwickelt wurde, sich aber nicht realisieren ließ, weil die politisch herrschenden Kräfte sie ihrer Essenz beraubten oder gar bekämpften (zur aktuellen Entwicklung vgl. *Becker* 1976).

4.3. Alternative Schulmodelle

Eine Geschichte der pädagogischen Praxis könnte man so schreiben, daß man immer auf die in der jeweiligen Zeit „offizielle" Schulpraxis zurückgreift und ihr gegenüberstellt die Kritik und versuchsweise Veränderung dieser Praxis durch Gegenmodelle. Schule und Anti-Schule ziehen sich wie ein roter Faden durch die Geschichte des Bildungswesens. Interessant ist, daß viele dieser Gegenmodelle eine nachträgliche Rechtfertigung erfahren haben. Es gehört heutzutage zur „normalen" Ausbildung von Lehrern, die etwas über historische Aspekte des Bildungswesens erfahren, daß sie die demokratischen Bewegungen der Lehrerschaft z. B. um die Mitte des letzten Jahrhunderts kennenlernen, wie sie z. B. durch die Namen *Diesterweg, Harkort, Wander* u. a. zu kennzeichen sind. Damals hatten solche Reformer z. T. gehörige Schwierigkeiten, heute sind sie „offiziell" geworden. Man hat sie vielleicht vereinnahmt und so „hoffähig" gemacht; vielleicht zeigt dies aber auch die Notwendigkeit, daß Reformbewegungen über einen recht langen Atem verfügen müssen. Insofern sollte man bei einer näheren Betrachtung aktueller Reformbewegungen und Versuche mit „Anti-Schulen" den weiteren historischen Zusammenhang dieses Zeitausschnittes nicht außer acht lassen.

Unser Jahrhundert brachte eine recht starke Reformbewegung hervor, die denn auch mit dem Kennzeichen *„Reformpädagogik“* versehen wurde. Hier fielen unterschiedlichste Motive zusammen (vgl. z. B. *Nohl* 1970; *Flitner/Kudritzki* 1962; *Scheibe* 1969; aber auch eine andere Position wie das DDR-Buch von *Günther* u. a. 1971, S. 423 ff). Sie hat sich aber nicht durchsetzen können; nach 1945 war sie bereits Historie geworden. In der Mitte der sechziger Jahre entstand dann eine *neue Reformbewegung* in der Bundesrepublik, in deren Nachfolge eine Vielzahl von Anti-Schulen, Gegenmodellen usw. eingerichtet wurden und auch in bestehenden Schulen viele (vor allem jüngere) Lehrer Veränderungen der alltäglichen Praxis einleiteten. Für diese neue schulische Reformpädagogik galten zunächst fremde Erfahrungen als richtungsweisend, da man noch nicht über eine fundiert veränderte eigene Praxis verfügte.

Man denke hierbei etwa an die *Schülerschule von Barbiana* (vgl. den von *P. Bichsel* im Wagenbach-Verlag herausgegebenen Bericht „Brief an eine Lehrerin“) oder die im Zuge der antiautoritären Bewegung zu Ende der sechziger Jahre in der BRD vieldiskutierte und gelegentlich überzogen interpretierte Privatschule von *Summerhill* in England (unter der Leitung des legendären *Alexander S. Neill).* Solche Beispiele müssen aber heute als Ausnahmeerscheinungen beurteilt werden, da sie eine pädagogische und politische Zielsetzung der Beteiligten bedingen, d. h. wie in Barbiana den Elan von *Personen,* in ihrer Situation als Unterprivilegierte nicht verharren zu wollen und Änderungen vorzunehmen. Soll sich der Bezug auf Lebensrealität bei „normalen“ Schulen in ähnlicher Weise ändern, so bedarf es dazu einer Bereitschaft von beteiligten Personen, die sich zu einem politischen Konsensus finden. Ein anderes Problem ist dann die Einrichtung solcher „Gegen“-Schulen in größerer Zahl, da man nicht davon ausgehen kann, daß die staatliche Exekutive solche Änderungen unbenommen geschehen läßt.

Es war zu erwarten, daß im Falle einer allgemeinen Ausbreitung einer solchen Bewegung Maßnahmen ergriffen werden würden, die einerseits Bestrebungen dieser Bewegung aufnehmen (um die Loyalität der beteiligten Personen gegenüber der politischen Führung zu sichern und Proteste zu verhindern), zum anderen aber die für den Staat gefährlichen Zielsetzungen dieser Bewegung beschneiden würden. Ein Beispiel für eine solche Veränderung gesellschaftspolitischer und reformerischer Zielsetzungen bietet in jüngster Zeit die Aufnahme des *Emanzipationskonzeptes.* Ursprünglich handelte es sich um den Ausdruck einer Schulkritik, die Schülern bei ihrer Abkehr von vorherrschenden Normen Unterstützung bieten sollte. Dann aber wurde ‚Emanzipation' zu einem Schlagwort, welches den ursprünglichen Gehalt und Sinn des Begriffes entleerte. (Dies wird z. B. deutlich, wenn Lateinunterricht mit der Zielsetzung versehen wird, den Schülern zur Emanzipation zu verhelfen, was tatsächlich von einem Gremium des Altphilologenverbandes behauptet wurde.) So stehen Ansätze zur Veränderung des Lebensbezugs von schulischem Lernen fortwährend in Gefahr, aufgesogen und ihres revolutionistischen Gehalts beraubt zu werden.

Radikaler noch waren die sog. „*Entschulungsmodelle*", in denen gar die Abschaffung von Schulen als Institutionen gefordert wurde. Ein Buch von *Hartmut von Hentig* (1971) brachte diese im angelsächsischen und lateinamerikanischen Bereich als „deschooling" diskutierten Ansätze in die bundesrepublikanische Diskussion ein.

Wie läßt sich nun eine solche „Entschulung" vorstellen? Um nähere Hinweise auf diese Frage zu erhalten, können wir uns eine hypothetische Situation denken: Angenommen, man hätte durch irgendeine glückliche oder unglückliche Fügung plötzlich in unserer Gesellschaft keine Schulen mehr und könnte auch nicht in kürzester Zeit neue bauen. Die Lehrer würden mit den Schülern dann vielleicht den Unterricht im Freien und an realen Orten (wenn z. B. über ein Kraftwerk unterrichtet werden soll, in einem solchen Kraftwerk) durchführen. Wären wir geneigt, überhaupt noch von einem Unterricht zu sprechen, wenn man sich über Wasserwerke in den Wasserwerken selbst informieren würde, Theaterstücke nicht mehr lesen und dann besprechen, sondern anschauen und nach der Vorstellung – vielleicht noch mit anderen Besuchern und mit den Schauspielern – über sie diskutieren würde, Sport in einem normalen Sportverein treiben würde, Fremdsprachen durch direkte Gespräche mit den geborenen Sprechern dieser Sprachen – womöglich noch im fremden Land – erlernen würde, physikalische Versuche in Labors eines Industriewerkes beobachten würde etc.? Immer wäre dann mit dem Realitätsbezug des Lernens auch eine Person zu finden, die die betreffende Tätigkeit als Beruf ausübt: Im Sportverein wären Trainer vorhanden, im Wasserwerk Ingenieure und Mechaniker, im Theater Schauspieler, Dramaturgen, Regisseure, Kritiker. Somit würde die Frage auftauchen, inwieweit noch ein Lehrer gebraucht würde, wenn doch die Menschen, die die fraglichen Tätigkeiten beruflich ausüben, darüber „unterrichten" könnten.

Mit dieser Grundidee gingen Pädagogen des „deschooling" vor. Allerding bezogen sie sich zumeist auf die Länder der Dritten Welt und auf Lernprozesse Erwachsener. Insofern stellt sich die *Frage nach der Übertragbarkeit dieser Idee* in entwikkelte Industriestaaten, in denen z. B. der Produktionsprozeß empfindlich gestört würde, wenn überall neugierige Kinder und Jugendliche an Realität lernen wollten.

Lassen wir aber einmal diese Probleme und die dabei auftretenden organisatorischen Schwierigkeiten (wie man z. B. ca. 10 Millionen Schüler in der BRD so lernen lassen kann) außer acht. Aus der Forderung nach Unmittelbarkeit in der Erfahrung von Lebensrealität läßt sich noch einmal das Prinzip von Schule umso deutlicher erkennen: Schule verfährt in der Regel so, daß sie Lebensrealität „abbildet". Die Vorbereitung auf spätere Lebenssituationen der Schüler geschieht in der überwiegenden Mehrzahl aller Lernprozesse durch irgendeine Form der Simulation (Abbildung) dieser Situationen, sei es durch Berichte und Bilder im Schulbuch, sei es durch Filme, sei es durch mündliche Darstellungen von Lehrern und Mitschülern, sei es durch Demonstrationen, etc. Mit dieser Simulation ist notgedrungen eine Reduktion von ursprünglicher Komplexität verbunden: die Erfahrung von Krieg wird durch die Berichterstatter (Lektüre, der Kriegsgeschichten erzählende Lehrer) verändert. Vorbereitende Lehrprozesse sind notwendig, die nicht unmittelbar in Anwendungen eingelöst werden können und somit sinnlos erscheinen (z. B. Vokabellernen); die Entfaltung schöpferischer Fähigkeiten erstarrt im Ritual (Musik z. B., die auf die Anwendung von Regeln reduziert wird) etc.

Einen anderen Ansatzpunkt stellten die sog. „*Free schools*" dar, offene Schulen, die vor allem für verwahrloste Kinder und Jugendliche in den Slums der Großstädte eingerichtet wurden. Hier kam es zunächst einmal darauf an, diesen „Schülern" die Lebenslust wiederzugeben. Für sie selbst bedeutete dies: sich und ihre Fähigkeiten kennenzulernen. Dies erforderte praktische Tätigkeiten, da diese Kinder und Jugendlichen gerade an den verbalen Lernstilen der Schulen gescheitert waren. Ein prägnantes Beispiel für den Versuch, ein ähnliches Modell in der BRD zu verwirklichen, stellt eine Initiative in Frankfurt dar (vgl. Berichte über die „Offene Grundschule" in Heft 13/1973 des Informationsdienstes des Sozialistischen Lehrerbundes). Inzwischen konnte man in Tageszeitungen lesen, daß diese Initiative nicht mehr die Unterstützung der Schulbürokratie erfährt und damit finanzielle Probleme hat.

Ein vielleicht unbekannteres Beispiel stellt die *Grundschule in Hannover-Glocksee* dar, über deren Arbeit kürzlich ein umfangreicher Bericht vorgelegt wurde (das gesamte Heft 22/23 (1975/76) von „Ästhetik und Kommunikation"). Da dieser Bericht eine Darlegung der praktischen Arbeit, der Begründung leitender Prinzipien und Zielsetzungen ebenso enthält wie die Illustration von Erfahrungen und Erfolgen, da er zudem die jüngere bildungspolitische Entwicklung in der BRD aufgreift (so besonders in einem Grundsatzreferat von *Oskar Negt),* sei er als Studienobjekt ausdrücklich empfohlen.

Auf jeden Fall noch bekannter dürfte die Arbeit der bereits erwähnten Gruppe um *Hartmut von Hentig* in Bielefeld an der sog. *Laborschule Bielefeld* geworden sein. Auch hier seien die entsprechenden Berichte, die in einer Schriftenreihe des Klett-Verlags (Stuttgart) erscheinen, zum Studium empfohlen.

Gerade solchen Versuchen, die gewiß unter besonderen Bedingungen (z. T. auch finanzieller Art) stattfinden, sollte die Aufmerksamkeit aller Pädagogen gelten, können hier doch gerade wegen der besonderen Bedingungen Entwicklungen eingeleitet werden, die für die „normale" Praxis von Interesse und Bedeutung sind. Dies gilt im positiven wie im negativen Sinne: im positiven deshalb, weil hier Errungenschaften erprobt werden, die übertragbar sein können; im negativen deshalb, weil sich hier staatliche Restriktionspolitik offenbaren muß.

Literaturhinweise

Becker, H.: Planer, Lehrer und Behörden. Die Unzulänglichkeit der Bildungspolitik: kein Argument dagegen. In: Die Zeit 31 (1976) 3, S. 3.

Brecht, B.: Gesammelte Werke 14, Prosa 4, Werkausgabe edition suhrkamp, hrsg. vom Suhrkamp Verlag in Zusammenarbeit mit *E. Hauptmann,* Frankfurt/M. 1967.

Bruner, J. S.: Toward A Theory Of Instruction, W. W. Norton & Company, Inc., Harvard University Press, New York 1968.

Flitner, W. u. G. Kudritzki: Die Deutsche Reformpädagogik, Bd. II, Ausbau und Selbstkritik, Reihe Pädagogische Texte, hrsg. von *W. Flitner,* Düsseldorf/München 1962 (Küpper).

Günther, K.-H. u. a.: Geschichte der Erziehung, Berlin 1971 (Volk & Wissen, Volkseigener Verlag).

Hentig, H. von: Cuernavaca oder: Alternativen zur Schule? Stuttgart (Klett) und München (Kösel) 1971.

Nohl, H.: Die pädagogische Bewegung in Deutschland und ihre Theorie, Frankfurt/M. 1970 (Schulte-Bulmke).

Offe, C.: Strukturprobleme des kapitalistischen Staates, edition suhrkamp 549, Frankfurt 1972.

Schaeffer, B. u. U. Lambrou: Schüler organisieren ihren Unterricht selbst. Erfahrungen mit einer 8./9. Hauptschulklasse. In: betrifft: erziehung 5 (1972) 11, S. 28-34.

Scheibe, W.: Die Reformpädagogische Bewegung 1900-1932. Eine einführende Darstellung. Weinheim, Berlin, Basel 1971²) (Beltz).

5. Curriculare Aspekte der Grundschule

5.1. Begriffsbestimmung: Was ist ein „Curriculum“?

Vielleicht fragen auch Sie sich, was man sich eigentlich unter einem „Curriculum“ genauer vorzustellen habe. Es kann Ihnen leicht passieren, daß jemand auf diese Frage antwortet:

„Das ist so etwas ähnliches wie ein Lehrplan.“ Was ein Lehrplan ist, weiß man: Ein Katalog von Zielsetzungen und Themenangaben für einen Unterricht in einer bestimmten Schulstufe, Schulart und Fachrichtung, den das Kultusministerium als Erlaß herausgibt. Neben dem Lehrplan kennt die traditionelle Unterrichtsplanung weitere Planungselemente für die Durchführung von Unterricht: Lehr- oder Schulbücher (auch Lektüre-Texte u. ä.) und die individuelle Unterrichtsvorbereitung des einzelnen Lehrers.

Curricula befassen sich auch mit der Planung von Unterricht, versuchen diese aber systematischer und effektiver durchzuführen. Gegenüber dem alten Lehrplan enthalten sie sehr viel spezifischere Zielangaben, die zudem den Anspruch erheben, systematisch entwickelt zu sein. Gegenüber dem alten Lehrbuch enthalten sie weitere Unterrichtsmedien, wie Filme, Dias, Tonbänder etc., die aufeinander abgestimmt sind, also im Hinblick auf die Zielsetzungen dieses Curriculum erstellt wurden. Gegenüber der alten Unterrichtsvorbereitung durch den einzelnen Lehrer enthalten sie Angaben für den Lehrer, durch die er selbst in das Thema eingeführt wird, in denen er gesagt bekommt, wie der Unterricht durchgeführt werden soll etc. Zudem haben Curricula auch Wirkungskontrollen, z. B. Testaufgaben, Fragebogen etc., die zuvor erprobt worden sind. Mit den Zielsetzungen, Unterrichtsmedien, Lehreranweisungen, Wirkungskontrollen werden wir uns noch genauer beschäftigen müssen.

Ein Curriculum ist also doch etwas anderes als ein Lehrplan. Es sieht aber nicht notgedrungen so aus, wie oben beschrieben.

Dies ist eine Konzeption, die sich in den 60er Jahren entwickelte, die aber schon seit ca. 4 - 5 Jahren bereits wieder heftig kritisiert und von vielen nicht mehr vertreten wird. Ein kurzer *historischer Exkurs* kann uns den Hintergrund dieser Entwicklung verdeutlichen:

Der Begriff „Curriculum" bezeichnete in der mitteleuropäischen Pädagogik der Barockzeit soviel wie „Bildungsgang" (Sie kennen vermutlich noch die Bezeichnung „curriculum vitae" = Lebenslauf), war dann aber nur noch im angelsächsischen Bildungswesen gebräuchlich. In der BRD wurde er dann um 1966 „wiederentdeckt", als man nämlich die Entwicklungen in den USA kennenlernte, in denen der Curriculumbegriff entstand, wie er oben skizziert wurde. Ein Curriculum bedeutet zunächst das, was in dieser Zeit in den USA vertreten wurde. Dabei lassen sich verschiedene Ursachen oder Quellen aufzeigen, warum es sich gerade um diese Konzeption handelte.

Am 3. Oktober 1957 konnte die UdSSR den ersten erfolgreichen Start eines Weltraum-Satelliten melden, was die Amerikaner sehr überraschte, hatten sie sich doch im Vorsprung gegenüber den Sowjets geglaubt. Man war bestürzt und fragte nach den Ursachen und Konsequenzen dieser Schlappe, die vielen als nationales Unglück erschien. Der Schuldige war schnell gefunden: das Bildungswesen. Man stellte im Vergleich mit der UdSSR fest, daß man sehr viel weniger Techniker und Naturwissenschaftler ausbildete, und zwar zumeist *nach veralteten wissenschaftlichen Vorstellungen.* Eine Welle der Bildungsförderung setzte in einem ungeahnten Maße ein. Dabei war es das Ziel der Bildungsplaner, schnelle Verbesserungen zu erzielen. Dies erforderte eine „Reform", die das Bildungswesen selbst nicht leisten konnte. Genau diese Voraussetzungen waren es, die dann das curriculare Konzept der nächsten Jahre entscheidend bestimmten:

– Man griff zunächst auf die Fachwissenschaftler zurück, die nun die neuen wissenschaftlichen Erkenntnisse, z. B. in der Kernphysik, für die Schulen nutzbar machen sollten.

– Man griff weiterhin auf Lernpsychologen zurück, die in den Jahren zuvor zahlreiche Versuche gemacht hatten, Lernprozesse durch Steuerung effektiver und ökonomischer durchzuführen; dies war z. B. bei dem „programmierten Lernen" der Fall.

– Man griff auf Erziehungswissenschaftler zurück, die in den Jahren zuvor in der militärischen Ausbildung geforscht hatten und nun versuchten, die hierbei gewonnenen Kenntnisse in „Unterrichtstheorie" auch für Schulen nutzbar zu machen.

Wie mußte angesichts dieser Situation der „normale Lehrer" eingeschätzt werden? Er war kaum in der Lage, die neueren fachwissenschaftlichen Entwicklungen nachzuvollziehen. Er konnte kaum programmierte Lehrbücher erstellen und standardisierte Tests zur Überprüfung von Lernerfolg konstruieren und erproben. Er konnte nicht Unterrichtstheorien entwickeln und anwenden wie die Erziehungswissenschaftler aus der militärischen Ausbildungsforschung. Der „normale Lehrer" wurde zum Problem der Curriculumentwickler; man versuchte, die neuen Materialien narrensicher oder – wie man dort sagt – lehrersicher („teacher proof") zu machen. Das bedeutete aber, daß man die mangelnde Kompetenz der Lehrer in bezug auf die neueren Entwicklungen nicht aufhob, sie wurde nur partiell „kompensiert".

Zugleich aber – und auch das war folgenschwer – verzichtete man auf die Reformtraditionen des amerikanischen Bildungswesens der 20er und 30er Jahre, so etwa auf die Ansätze zum Gruppenunterricht (*Dalton-* und *Winnetka-Plan*), schülerorientierte pädagogische Theorien (so von *Dewey* und *Kilpatrick*) und curriculare Entwicklungsstrategien, die davon ausgingen, daß die Erstellung von Curricula als sozialer Prozeß anzusehen sei, in den Lehrer mit einbezogen werden müssen, um gerade dadurch neue Kompetenzen zu erwerben.

Für die Entwicklungen in der BRD war ein 1967 erschienenes Buch folgenreich: *Saul B. Robinsohns* Schrift „Bildungsreform als Revision des Curriculum". Folgenreich war diese Schrift, die eminente Beachtung fand, vor allem deshalb, weil sie die Frage der Entwicklung oder besser Erstellung von Lernzielen in den Vordergrund rückte. Die Argumentationslinie von *Robinsohn* sieht etwa folgendermaßen aus:

Man muß zunächst die *Situationen des menschlichen Lebens* erfassen, die auch für die heranwachsende Generation Bedeutung haben werden; aus ihnen lassen sich *Qualifikationen* ersehen, nämlich die zur Bewältigung dieser Lebenssituationen erforderlichen Fähigkeiten und Kenntnisse; aus diesen wiederum lassen sich *Zielsetzungen für schulischen Unterricht* herleiten.

Ein Beispiel: Wir stellen fest, daß in der technisierten Gesellschaft immer mehr mathematisiert wird. So lassen sich z. B. die in einem Wirtschaftsbetrieb der kapitalistischen Gesellschaft erforderlichen Produktionssteigerungen mathematisch als Wachstumskurve abbilden und mit anderen Merkmalen in Beziehung setzen (= Lebenssituation). Dabei ist es erforderlich, daß der einzelne die „Gesetze" kennt und anwenden bzw. ihre Konsequenzen überschauen kann (= Qualifikation). Also ist es notwendig, in der Schule Zielsetzungen zu realisieren, die diese Fähigkeit herstellen (Lernziele).

Das klingt zunächst plausibel; doch bleibt die Frage offen, inwieweit es notwendig ist, daß jeder einzelne dieses überschaut, bzw. wer dieses Interesse teilt und garantiert. So wird deutlich, daß auch Robinsohn mit Prämissen (Voraus-Setzungen) arbeitet, die nicht mehr Gegenstand seiner wissenschaftlichen Tätigkeit sind. Die Frage nach der Wünschbarkeit bleibt in einem solchen Herleitungsmodell (= Deduktionismus) weiterhin offen.

Noch deutlicher wird diese Verkürzung oder Ausblendung von Prämissen der Bildungsziele bei *Christine Möller* (1973) mit ihrer Ableitungskette *„Richtziele"* – *„Grobziele"* – *„Feinziele"*, wie sie dies in ihrem vielbeachteten Buch „Technik der Lernplanung" (ein Bestseller der pädagogischen Fachliteratur) entwickelt hat.

Offener ist die Ausblendung socher Prämissen, ja sogar der Lernziele selbst, bei den Autoren, die eine Trennung von Wissenschaft bzw. Curriculumtheorie und bildungspolitischen Setzungen der Ziele befürworten. Sie verweisen auf das sogenannte *Wertfreiheitsprinzip* und sagen, die Setzung von Zielen ist nicht im Rahmen einer Wissenschaft oder Theorie zu lösen, sondern Aufgabe der Politiker. Insofern sind sie auch als *Dezisionisten* zu bezeichnen.

Ein Beispiel hierfür bietet der Aufsatz des lange Zeit in der BRD tätigen und hier auch sehr beachteten Schweizer Lern- und Entwicklungspsychologen *Hans Aebli* „Der Beitrag der Psychologie zur Gestaltung der Lehrpläne" in: Zeitschrift für Pädagogik, 6. Beiheft 1966, S. 217 - 226. Eine Darstellung und Auseinandersetzung mit deduktionistischen und dezisionistischen Theorien der Lernziel-Bestimmung finden Sie in dem Aufsatz von *Karl-Heinz Flechsig* u. a. „Ein erfahrungswissenschaftlich-entscheidungstheoretischer Ansatz einer Theorie der Curriculumentwicklung" in der Festschrift für *Heinrich Roth* „Realistische Erziehungswissenschaft", 1972, Schroedel Verlag (Hannover), S. 89 - 138, insb. S. 115 ff.

Demgegenüber ist in bezug auf die Bestimmung von Bildungs- oder Lernzielen die Frage zu stellen, welche Personen, Gruppen oder anders konstituierte *Interessenträger* sich in einer Gesellschaft faktisch durchsetzen können. Der Erziehungswissenschaftler *Erich Weniger* hat dazu schon um 1930 die Formel geprägt:

Der Lehrplan ist Ausdruck des Kampfes verschiedener gesellschaftlicher Mächte (Kirche, Verbände, etc.) um die Verwirklichung ihrer Interessen, und es sei die Aufgabe des Staates, in diesem Kampf zum Schlichter zu werden bzw. eine Einigung zwischen den verschiedenen Richtungen herbeizuführen.

Ob der Staat (hier: die Kultusministerien), ohne selbst Partei zu sein, dies tun kann und auch tut, ist eine weitere Frage, die von verschiedenen Gesellschaftstheorien unterschiedlich beantwortet wird. So glauben die einen als Liberale daran, daß der Staat in der Tat eine solche Funktion wahrnehme, wenn man ihn nur im Rahmen der demokratischen Verfassung einsetzt und kontrolliert. Demgegenüber verweisen die Marxisten darauf, daß der Staat in einer kapitalistischen Gesellschaftsordnung von seiner Funktion als „ideeller Gesamtkapitalist" (Engels) abhängig sei, d. h. letztlich nur diejenigen Entscheidungen (und damit Bildungsziele) treffen und durchsetzen könne, die der Wahrung der kapitalistischen Wirtschaftsinteressen dienen.

Diese Fragen werden aufgegriffen in dem Suhrkamp-Bändchen von *Egon Becker* und *Gerd Jungblut* „Strategien der Bildungsproduktion" (vor allem Kapitel 4). Kernpunkt ihrer Aussagen ist die Feststellung, daß mit der modernen Curriculumforschung ein Instrument staatlicher Planung geschaffen sei, die zur Aufrechterhaltung der bestehenden gesellschaftlichen Ordnung notwendigen Veränderungen im qualifikationserzeugenden Ausbildungsbereich effektiver ausfindig zu machen und in Praxis umzusetzen, daß also Curriculumforschung zu einer „*Rationalisierungsstrategie*" werde.

5.2. Verfahrensweisen der Entwicklung von Lehrplänen und Curricula

Lehrpläne sind Erlasse eines Kultusministers und haben die Funktion, Schulpraxis zu steuern. Traditionelle Lehrpläne umfassen einerseits die allgemeinen Zielsetzungen des Unterrichts, die in der Regel als verbindlich genannt sind, andererseits Inhaltsangaben und thematische „Stoffe", die als Richtschnur gedacht sind. Dabei wurde folgendes Problem in den 60er Jahren deutlich: Wie können diese Zielangaben so formuliert werden, daß sie Eindeutigkeit aufweisen?

Die Kritik der traditionellen Lehrplanentwicklung in der BRD begann mit dem Aufsatz von *Ernst Topitsch* über den Leerformel-Charakter dieser Lehrpläne, der 1960 in dem Band von *O. W. Haseloff* und *H. Stachowiak* (Hrsg.) „Schule und Erziehung" erschien. Offensichtlich ist aber dieser Leerformel-Charakter der Lehrpläne erst dann zu einem Problem geworden, als der Konsensus der Beteiligten und Betroffenen nicht mehr gewährleistet war. Hier wäre es interessant, festzustellen, ob durch die darauffolgenden Modifikationen in der Lehrplanentwicklung dieser Zustand überwunden wird, oder ob nicht vielmehr die Situation so zu sehen ist, daß durch die modifizierte Lehrplanentwicklung frühere Alternativen in der Interpretation von Lehrplänen ausgeschaltet werden.

Ein weiteres Problem ist das der Legitimation von Entscheidungen über Bildungsziele. Wenn in Bezug auf die hessischen Rahmenrichtlinien für Deutsch und Gesellschaftskunde, die als marxistisch von der CDU-Opposition in Hessen bekämpft wurden, die Frage gestellt wurde, ob der Staat hier nicht gegen ein Pluralismus-Gebot verstoßen habe, so ist das ein Grund dafür, näher zu prüfen, wie denn in der traditionellen Lehrplanentwicklung Pluralismus verwirklicht war.

Informationen über die traditionelle Lehrplanentwicklung und weiterführende Literatur finden Sie in dem Gutachten von *K.-H. Flechsig, H.-D. Haller* (1973) „Entscheidungsprozesse in der Curriculumentwicklung" im 2. Kapitel. Weiterhin wäre ein Aufsatz von *U. Hameyer* über die Rezeption von Lehrplänen bei Lehrern interessant, der 1972 in der Zeitschrift „Die Deutsche Schule" abgedruckt wurde.

Die genannte Arbeit von *Flechsig, Haller* (1973) berichtet auch über die Verfahren bei der Entwicklung der amerikanischen Curricula sowie erste Ansätze aus der BRD. Aufschlußreich war, daß nach den ersten größeren Projekten eine gewisse Reduktion der Ansprüche zu verzeichnen war, die dann nach 1970 zu einer Gegenbewegung führte, die unter dem Stichwort *„offene Curricula"* und *„schulnahe Curriculumentwicklung"* lief (vgl. die Darstellung in dem Einführungsbuch „Das Curriculum" von *H. Becker* u. a., München 1974). Diese Diskussion läuft derzeit noch, wie das „Curriculum-Handbuch" (Hrsg.: *K. Frey* u. a., München 1975) zeigt. Hierzu ist vor allem die Frage zu stellen, welche Erfolgschancen für dieses Konzept bestehen, da es weitgehend von der Arbeitswilligkeit der Lehrer und der Unterstützung und Toleranz der Behörden abhängig ist. Im übrigen sei hier ein gewisses Mißtrauen angemerkt, sich nicht zu sehr von Begriffen wie „offene" versus „geschlossene" Curricula blenden zu lassen.

War mit der Rezeption des in den 60er Jahren in den USA begonnenen Typs von Curriculumentwicklung in der BRD um 1967 noch der Gedanke vorherrschend, Curriculumentwicklung müsse sich vor allem auf die planende und leitende Tätigkeit von Wissenschaftlern stützen, so begannen doch schon wenige Jahre später die *Bildungsverwaltungen* in der BRD (Kultusministerien) in den meisten Fällen, die traditionelle Lehrplanentwicklung zu modifizieren. Dies geschah einmal durch „Anreicherung" der Lehrplanentwicklung mit Verfahrensweisen der modernen Curriculumforschung, zum anderen durch Einrichtung von Institutionen, mit denen die Verwaltungen sich ein Instrumentarium der Planung beschafften und den Versuch unternahmen, wissenschaftliche Reputation zu erlangen. Damit war aber auch ein weiteres Ergebnis in bezug auf die Praxis von Curriculumentwicklung möglich (welches zunehmende Bedeutung erlangen wird): war die von Wissenschaftlern (vornehmlich an Hochschule bzw. Universität) betriebene Curriculumentwicklung noch frei von Interventionsmöglichkeiten der Verwaltungen, so verfügen die Verwaltungen nunmehr über ein Instrumentarium, die Praxis von Curriculumentwicklung durch Richtlinien zu steuern. Damit entfallen die Möglichkeiten zu curricularen Alternativen weitgehend. Politisch bedeutsam wird dies vor allem angesichts der Tatsache, daß die meisten Kultusministerien eine mehr oder weniger ausgesprochene konservative oder nur begrenzt reformerische Bildungspolitik verfolgen.

Wo hingegen Verwaltungen den Versuch unternehmen, systemübergreifende bzw. -verändernde (sozialistische) Bildungspolitik zu betreiben, geraten sie in den Zwang, ihre Arbeit gegenüber einer parlamentarischen und außerparlamentarischen Opposition zu legitimieren. Dies zeigte sich insbesondere am Beispiel der Hessischen Rahmenrichtlinien für Deutsch und Sozialkunde, denen von Konservativen vorgeworfen wurde, den Grundsatz der Pluralität von Meinungen verletzt zu haben, wobei nicht geprüft wird, inwieweit denn die Vertreter einer konservativen Bildungspolitik ihrerseits Pluralität gewähren.

Ein anderes Beispiel weist die in den letzten Jahren in der DDR durchgeführte Lehrplanentwicklung auf, in der sich das Pluralitätsproblem und damit auch das Legitimationsproblem nicht stellt, da eine andersartige gesellschafts- und bildungspolitische Zielsetzung besteht, die ihrerseits offensichtlich weitgehend auch auf gesellschaftliche Praxis zurückgreift.

Literatur über die Lehrplanentwicklung in der DDR finden Sie vor allem in der Zeitschrift „Pädagogik".

Welche Kompetenzen sind für Lehrer erforderlich, um mit Curricula „umgehen" und selbst an der Entwicklung von Curricula teilnehmen zu können?

Diese Frage ist nicht unabhängig davon zu beantworten, welche Konzepte der Curriculumentwicklung man vertritt und welche notwendigen Maßnahmen man folglich dabei für Lehrer erkennt. In der „geschlossenen" Curriculumentwicklung ist der Lehrer vor allem Administrator vorgeplanten Unterrichts. Seine Entscheidungen und Kompetenzen beziehen sich vor allem auf die Auswahl eines Curriculum, die notwendigen organisatorischen Maßnahmen (wie Beschaffung von Material, Geräten etc.), sodann auf die Durchführung der beschriebenen Unterrichtsaktivitäten und die Durchführung von Erfolgsprüfungen.

In der „offenen" Curriculumentwicklung ist der Lehrer selbst auch bei vorgeplanten Unterrichtseinheiten noch als Akteur angesprochen; hier wären weiterführende Entscheidungskompetenzen notwendig, vor allem auch im Hinblick auf eine Unterrichtsplanung mit Schülern.

Nun dürfte bei der Behandlung der verschiedenen Verfahren der Curriculumentwicklung deutlich werden, daß die Frage, wie Curricula entwickelt werden (und folglich auch: welche Kompetenzen für Lehrer erforderlich wären), weder vom einzelnen Lehrer noch von den Hochschulen als Stätten der Lehrerbildung in der ersten Phase entschieden werden kann. Insofern wird schon die Kompetenz von Lehrern, die bildungspolitische Situation im Hinblick auf die Chance demokratischer und für die Bedürfnisse der Kinder und Jugendlichen durchgeführter Curriculumentwicklung beurteilen zu können, eine wichtige Voraussetzung aller Beschäftigung mit Curriculumentwicklung in der Lehrerbildung sein.

Versuchte man nämlich, soche Kompetenzen lediglich aus einem (als wünschenswert erachteten) Konzept der Curriculumentwicklung abzuleiten, so wäre damit eine Ausblendung der entscheidenden Prämissen und Realisierungsbedingungen erfolgt (vgl. hierzu den Aufsatz „Zur Integration von Curriculumentwicklung und Lehrerbildung" von *H.-D. Haller* in: „Unterrichtswissenschaft", Heft 3/1974, S. 22 - 34).

Schließlich ist im Zusammenhang dieser kurzen Einführung in die Verfahrensweisen der Lehrplan- und Curriculumentwicklung auch auf ein Beispiel einer Projektgruppe zu verweisen, deren Geschichte, Zielsetzungen, Probleme etc. in dem bereits mehrmals zitierten Einführungsbuch „Einführung in didaktisches Handeln" von *K.-H. Flechsig* und *H.-D. Haller* (Stuttgart 1975) beschrieben werden.

5.3. Curricula für den Grundschulbereich (Literaturbericht)

In der Literatur sind inzwischen mehrere Darstellungen über die Curriculumentwicklung für den Grundschul- und auch Vorschulbereich vorhanden, so daß es an dieser Stelle genügen sollte, Hinweise auf diese Arbeiten zu geben. Die wohl ausführlichste zusammenhängende Darstellung ist der Aufsatz von *Ariane Garlichs* und *Rudolf Messner* in dem auf Anregung des Arbeitskreises *Ciel* (vgl. S. 2) der Stiftung Volkswagenwerk herausgegebenen Buch „*Ciel* – Ein Förderungsprogramm zur Elementarerziehung und seine wissenschaftlichen Voraussetzungen" (hrsg. von *H. Bennwitz* und *F. E. Weinert;* Göttingen 1973, S. 75 - 276). Einen kürzeren Überblick bieten die Artikel zum Elementar- und Primarbereich im „Curriculum-Handbuch" (hrsg. von *K. Frey* u. a., München 1975, Band III, S. 294 ff und 303 ff), die *W. Liegle, I. Neumann-Porttner* und *A. Garlichs* verfaßt haben. Eine Dokumentation von Beschlüssen, Richtlinien etc. zum *Vorschulbereich* (insb. interessant für Vorklassenversuche mit Fünfjährigen) hat *G. Kleinschmidt* im Lexika-Verlag, Döffingen, besorgt. Des weiteren sei im Zusammenhang der neuen Eingangsstufe des Primarbereichs (für Fünf- und Sechsjährige) auf die 1975 publizierten Gutachtenbände des *Deutschen Bildungsrates* (Klett-Verlag, Stuttgart) verwiesen. Ausführlichere Curricula und Curriculumentwürfe für die Vorschulerziehung stellen die Arbeiten der Hamburger Gruppe um *Helmut Belser (Belser* u. a. Curriculum – Materialien für die Vorschule. Weinheim 1972, inzwischen neubearbeitet) und der Arbeitsgruppe Vorschulerziehung im Deutschen Jugendinstitut, München (AG Vorschulerziehung, Vorschulische Erziehung in der Bundesrepublik. München 1974; Anregungen I: Zur pädagogischen Arbeit im Kindergarten. München 1973) dar.

Im übrigen sollte ein Student die laufenden Hefte der Zeitschrift „Grundschule“ verfolgen. Ein Beispiel für eine Projektgruppe, in welchem deren Zielsetzungen, Arbeitsweisen usw. dargelegt sind, findet sich in dem bereits erwähnten Buch von *Flechsig/Haller* (1975); es handelt sich um das „Frankfurter Projekt zur Modernisierung des Mathematikunterrichts“ unter der Leitung des jetzt in Bielefeld tätigen Mathematikdidaktikers *Heinrich Bauersfeld.*

5.4. Probleme der Lernzielbestimmung und Lernzielformulierung

Lernziele sind Aussagen darüber, was ein Schüler (Adressat, Lernender) nach oder aufgrund einer Tätigkeit gelernt haben soll.

Wodurch aber wird ihm dieses Lernen ermöglicht?

Durch die Erledigung von Hausaufgaben, durch selbständiges Arbeiten zu Interessengebieten (z. B. Lesen in einer öffentlichen Bibliothek, Sammlung seltener Pflanzen), durch Nutzung außerschulischer Bildungsangebote (z. B. Kinderprogramme im Fernsehen) oder durch organisierte Lehrprozesse? Wenn es um schulisches Lernen geht, so denken wir doch wohl in erster Linie an letzteres, nämlich an durch organisierte Lehrprozesse erreichte Lernziele.

Dabei wird schon eine Schwierigkeit der Begriffe deutlich: müßte man nicht eher *Lehrziele* sagen, da es doch eigentlich eher die Ziele eines Lehrenden bzw. eines Lehrprozesses sind, die dann beim Adressaten die entsprechenden Veränderungen oder Einwirkungen hervorrufen sollen?

Die Bezeichnung *Lernziele* unterstellt hingegen, daß es sich um Ziele handele, die von den Lernenden selbst prinzipiell entscheidbar oder modifizierbar seien. Ob solches der Fall ist, d. h. inwieweit und über welche Mittel Schüler Einfluß auf Lern- bzw. Lehrziele ausüben können, wäre ein wichtiger Beobachtungsgegenstand für ein Schulpraktikum (vgl. Kap. 3.9.). Wenn dabei aber festgestellt werden kann, daß Schüler in der Regel diese Entscheidungsmöglichkeit nicht haben, so ist danach zu fragen, wie sich denn die Tatsache auswirkt, daß Lernziele (da dieser Begriff gebräuchlicher ist, wollen wir an ihm festhalten) *fremdbestimmt* sind.

Ist es der Lehrer, welcher Lernziele bestimmt, oder ist auch er „fremdbestimmt"? Gibt es vorgeschaltete Entscheidungsinstanzen, die dem Lehrer Lernziele als Auftrag vermitteln, dem er sich nicht entziehen kann? Gibt es außer den vorgegebenen Lernzielen andere Handlungszwänge des Lehrers, die nur bestimmte Lernziele im Unterricht ermöglichen? Auch dieses sollte in Beobachtungen und Befragungen im Schulpraktikum bedacht werden. Bevor jedoch diese Fragen eingehender behandelt werden, müssen wir auf die Möglichkeiten der Kodifizierung von Lernzielen, die mit jeweiligen Lernzielen verbundenen Interessen und die Instanzen der Entscheidung und Umsetzung von Lernzielen zu sprechen kommen, da diese Überlegungen verdeutlichen, warum empirisch vorfindbare Sachverhalte so sind.

Zunächst einmal: Wo können wir Lernziele für schulischen Unterricht überhaupt finden, und durch welche formalen Eigenschaften sind sie gekennzeichnet?

Dabei denkt man gewiß zuerst an Lehrpläne, in denen ja Lernziele ausdrücklich genannt werden. Aber es ist außerdem zu beachten, daß Lernziele impliziert sein können in anderen Entscheidungen und Maßnahmen. Wie ist das bei einem Schulbuch für den Deutschunterricht, in dem sich nur Geschichten aus „mittelständischen“ Arbeitsbereichen finden lassen, nicht hingegen solche aus dem Proletariat? Unterliegen die damit beeinflußten Schüler nicht einem Lernziel, wenngleich an keiner Stelle von diesem Lernziel gesprochen wird? Wie ließe sich dieses implizierte und intransparente Lernziel aufdecken und benennen?

Die Erziehungswissenschaft hat nun – und zwar gerade in den letzten Jahren – zahlreiche Energien darauf gewendet, Lernziele einerseits „besser“ zu entdecken und zu kodifizieren, andererseits effektiver in Unterrichtspraxis umzusetzen. Dazu gibt es eine Fülle von Ansätzen, die sich insbesondere auf die Techniken der Herleitung, Formulierung und Überprüfung von Lernzielen richten. Das wohl krasseste Beispiel dafür bietet die Verwendung von sogenannten *operationalisierten* Lernzielen sowie die „Technik der Lernplanung“ von *Ch. Möller.*

„Operationalisierte Lernziele“ sollen solche sein, die ein beobachtbares und kontrollierbares Schüler- bzw. Lernerverhalten wiedergeben. Damit wendet man sich gegen die früher weitverbreitete „Leerformel-“Praxis, nämlich Lernziele als Wortnebel abzusondern, der alles oder auch nichts sagt.

Beispiele solcher früher weitverbreiteten Lernziele:

„An den Gegenbildern des Lateinischen und des Griechischen entzünde sich der Wille, sich auch in der Muttersprache immer vollendeter auszudrücken.“

„Volksschulbildung bemüht sich, ein der weltanschaulichen Grundhaltung der einzelnen Schule gemäßes Weltbild zu schaffen.“ „Der Unterricht muß das Bildungsgut in seinen natürlichen Zusammenhängen belassen.“

„Der junge Mensch erfährt im Religionsunterricht die Lebensgrundlage und Lebenshilfe, ohne die jede tiefere Menschenbildung unmöglich ist.“

„... werden unsere Jungen und Mädchen erfahren, welch inniger Zusammenhang zwischen den verschiedenen Formen und Gebieten menschlicher Betätigung besteht.“

„Durch die Deutung des Daseins, welche die Dichtung in groß geschauten Sinnbildern gibt, denken wir uns aus aller Schiefheit unserer Zeit wieder ins ‚Rechte‘.“

„Die schriftlichen Klassenarbeiten sollen organisch aus dem Unterricht erwachsen.“ (aus verschiedenen Lehrplänen)

Über „operationalisierte Lernziele“ selbst soll an dieser Stelle nichts Näheres ausgeführt werden. Eine Darstellung geben z. B. *R. Messner* und *P. Posch* in dem Band „Didaktische Impulse“ Österreichischen Bundesverlag, Wien (1971).

Interessant ist die *Verwendung* dieses Konzepts, mit dem mittlerweile schon ganze Lehrergenerationen konfrontiert worden sind. Man habe nämlich größere Eindeutigkeit der Intention, so wird oft argumentiert. Inwieweit dies der Fall ist, prüfen Sie bitte selbst nach; dazu das folgende Beispiel (Tabelle 1):

Lernzielart	Lernzielbeispiel	Formulierung	Merkmale	Funktion
Feinziel (Abstraktionsniveau 1)	10 vorgegebenen Geschäftsbriefen ohne Anrede von den 10 vorgegebenen Anredeformen mindestens 8 richtig zuordnen können	Endverhaltensbeschreibung, nähere Bestimmung des Endverhaltens, Beurteilungsmaßstabes	Höchster Grad an Eindeutigkeit u. Präzision, schließt alle Alternativen aus	Erstellung von Lernzielen für eine Unterrichtseinheit für bestimmte Schüler
Grobziel (Abstraktionsniveau 2)	Die verschiedenen Anredeformen in Geschäftsbriefen kennen	Vage Endverhaltensbeschreibung ohne Angabe des Beurteilungsmaßstabes	Mittlerer Grad an Eindeutigkeit und Präzision, schließt viele Alternativen aus	Erstellung von Lernzielen auf Lernplanbildungsniveau
Richtziel (Abstraktionsniveau 3)	Befähigt werden, an Kultur- und Wirtschaftsleben des Staates teilzunehmen	Beschreibung mit umfassenden, unspezifischen Begriffen	Geringster Grad an Eindeutigkeit und Präzision, schließt nur sehr wenige Alternativen aus	Erarbeitung der weltanschaulichen Grundlagen für die Lernzielerstellung

Tabelle 1. Formulierung, Merkmale und Funktion von Lernzielen verschiedenen Abstraktionsniveaus. (aus: *Möller, Chr.:* Technik der Lernplanung, Weinheim 1973[4], S. 80).

Sie ersehen aus dem Beispiel eines operationalisierten Lernzieles bei *Möller* (10 vorgegebenen Geschäftsbriefen ohne Anrede von den vorgegebenen 10 Anredeformen mindestens 8 richtig zuordnen können), daß es sich dabei richtiger gesagt um Aufgabenbeschreibungen handelt, nämlich die Beschreibung einer vom Schüler zu lösenden Aufgabe. Die Kriterien zur Formulierung von operationalisierten Lernzielen bzw. Aufgabenbeschreibungen beinhalten denn auch die Angabe eines Beurteilungsmaßstabes (mindestens 8 richtig zuordnen können). Zusätzlich – so fordert *Robert F. Mager,* der amerikanische ‚Stammvater' der Lernzieloperationalisierung (Lernziele und programmierter Unterricht, Weinheim 1965 [Beltz]) – müsse man auch die Bedingungen angeben, unter denen das Endverhalten demonstriert werden soll, z. B. im Fremdsprachenunterricht die Benutzung von Hilfsmitteln wie Lexikon, Synonym-Wörterbuch etc.

Man hat an diesem Konzept vor allem kritisiert, die Operationalisierung von Lernzielen führe dazu, daß man solche Lernziele nenne, die leicht zu operationalisieren seien.

Bitte überprüfen Sie das selbst, indem sie sich andere „Feinziele" zu dem „Richtziel" (s. o.) einfallen lassen und zusammenstellen. Nehmen Sie dann „Feinziele" (ohne an ein „Richtziel" zu denken) und versuchen Sie, dazu ein „Richtziel" zu finden; Sie werden vermutlich feststellen, daß Sie *ein* „Feinziel" für verschiedene „Richtziele" verwenden können. Insofern wird deutlich, daß das Ableitungsverfahren der *Ch. Möller* eine reine Fiktion ist, daß nämlich dann die Willkür der Ableitung von „Feinzielen" aus „Richtzielen" offenbar wird, wenn man das Verfahren einmal umgekehrt startet.

Bei einer Unterrichtshospitation im Schulpraktikum können Sie Ihre Erfahrungen mit solcher Art der Lernzielformulierung erweitern und Ihr eigenes „Lernziel-Bewußtsein" schärfen, wenn Sie einzeln die in der Stunde vom Lehrer angegangenen „Feinziele" mitschreiben, hinterher in Ihrer Gruppe vergleichen und dann den Lehrer fragen, welche Intentionen und Lernziele ihm denn im Sinn gelegen haben.

Wenn Sie selbst eine Unterrichtsstunde planen, so versuchen Sie, statt solcher Verfahren sich zunächst auf Ihren sogenannten gesunden Menschenverstand zu verlassen und formulieren Sie für sich selbst die Ziele des geplanten Unterrichts. Vermeiden Sie dabei, in den üblichen Fehler vieler Lehrerstudenten und Referendare zu verfallen, für diese eine Unterrichtsstunde, die Ihnen nun zur Verfügung steht, möglichst alle hehren Zielsetzungen zu nennen, die Sie schon immer in die Schule hatten einbringen wollen. Sie können nicht in einer Unterrichtsstunde, und schon gar nicht in der Position als abhängiger „Probelehrer", die Emanzipation der Schüler erreichen. Aber überlegen Sie, zu welchen langfristigen Zielsetzungen Ihr Unterricht beitragen könnte und sollte. Dann diskutieren Sie Ziele der Unterrichtsstunde und die langfristigen Ziele mit Ihrer Gruppe, die Sie in die Verlegenheit bringen sollte, Ihre Lernziele zu begründen. Erst aus der Begründung eines Lernziels resultiert jene Klarheit der Intention, die auch bei ‚Kanonieren' der Pädagogik mit „Richt-", „Grob-" und „Feinzielen" ausbleibt. Begründungen erfordern das Bedenken von Alternativen. Fragen Sie sich also, warum Sie gerade so und nicht so verfahren wollen. Diskutieren Sie in der Gruppe solche Alternativen und deren Konsequenzen für spätere Ziele.

Um zu einem Lernziel zu kommen, bedarf es der Beachtung von *Bereichen,* in denen sich Lernprozesse vollziehen. Zunächst ist dies im Unterricht der fachliche bzw. fachwissenschaftliche Bereich. Im Mathematikunterricht kann das z. B. die Behandlung von Gleichungen mit einer Unbekannten sein, die Darstellung des Systems der natürlichen Zahlen oder eine Einführung in die Trigonometrie. Im Geschichtsunterricht ist es z. B. die Behandlung der Französischen Revolution, die Darstellung der Genealogie der Ottonen oder die Erörterung von Ursachen für den Ausbruch des Ersten Weltkrieges. Die Fachwissenschaften bieten aber in der Regel – wie dies in den genannten Beispielen deutlich wird – nur die inhaltliche Dimension von Lernzielen. Es fehlt dann zunächst einmal die Klärung von Intentionen, nämlich *warum* man nun diese Inhalte in die Schule bringt. So kann man die Französische Revolution behandeln, um den Schülern die Vielfalt der Kostüme jener Zeit zu zeigen und in ihnen die Lust zu wecken, auch so hübsch gekleidet zu sein. Oder man kann diesen Inhalt des Geschichtsunterrichts behandeln, um die historischen Entwicklungen zu verdeutlichen, die zu Revolutionen führen (können) und in diesem Fall vorerst nur eine bürgerliche Revolution erbracht haben.

Neben der inhaltlichen und intentionalen Dimension eines Lernziels sollte man dann vor allem noch die *situative* und *evaluative Dimension* bedenken. Mit situativer Dimension ist die Lernsituation angesprochen, in der das Erreichen dieses Lernzieles angestrebt wird. Dabei ist zu beachten, daß zwischen Intention und Vermittlungsform kein Bruch entsteht, was z. B. der Fall ist, wenn man emanzipatorische Intentionen in langen Monologen im Frontalunterricht verwirklichen möchte. Fragen Sie sich, welche Lernarten (Tätigkeiten) der Schüler angemessen sind für die Intention, die Sie verfolgen. Mit situativer Dimension ist dann ferner auch der Stimulus angesprochen, der zu dem Lernprozeß der Schüler führen soll. Unter Stimuli sind hier die gewissermaßen lernauslösenden Anlässe gemeint, z. B. auch vorherige Erfahrungen der Schüler. Dies bedeutet oftmals eine Notwendigkeit zu flexiblem Handeln. Wenn z. B. Kinder ein Meerschweinchen im Unterricht versteckt halten und dieses sich plötzlich quiekend bemerkbar macht, wird ein flexibler Lehrer nicht unbedingt darauf drängen, weiterhin die Aufmerksamkeit der Kinder auf das Lernthema „Butterblume" zu richten. „Frißt ein Meerschweinchen eigentlich auch Butterblumen?" wäre hier eine Überleitungsmöglichkeit.

Mit evaluativer (Evaluation = Bewertung, Beurteilung) Dimension ist der Erfolg oder Nicht-Erfolg im Hinblick auf die Realisierung des Lernzieles angesprochen, wobei alle drei vorher genannten Dimensionen zu berücksichtigen sind. Wenn es dabei um eine Leistungsmessung geht, so wird vor allem die inhaltliche Dimension überprüft. Stattdessen – oder zusätzlich? – sollte die Evaluation ein offener Bestandteil des Unterrichts sein, indem mit den Schülern darüber gesprochen wird, inwieweit die Absichten des Lehrers gerechtfertigt und erfolgreich waren und welche Ursachen dafür ausschlaggebend waren, daß der Erfolg oder der Nicht-Erfolg (oder ein Teil-Erfolg) eintrat. Wenn man Leistungsmessung durchführt, so wird dadurch vor allem der Schüler als Ursache für einen evtl. Nicht-Erfolg beschuldigt. Allerdings ist darauf zu achten, daß Schule ja diese Art der Evaluation vornehmlich betreibt und auf jeden Fall auch von Ihnen erfordert. Insofern sollten Sie den Versuch unternehmen, die weiteren Funktionen einer Evaluation zu beachten, wenn Ihnen das auch bei einer Lehrprobe leicht als „Schwäche" angekreidet werden wird.

5.5. Sequenzierung von Lernzielen: Ordnungsschemata des Unterrichts

Für die Anordnung (Reihenfolge) von Lernzielen eines Unterrichts setzt sich zunehmend der Begriff *„Sequenz“* durch. Schon in den eher folkloristischen Unterrichtsmodellen einer vom Lehrer individuell betriebenen Unterrichtsplanung erkennen wir wichtige Ordnungsprinzipien: vom Einfachen zum Schweren, vom Bekannten zum Neuen, vom Konkreten zum Abstrakten, von der Simplifizierung zur Komplexität, vom Einzelfall zum Allgemeinen (induktiv) oder vom Allgemeinen zum Einzelfall (deduktiv). Die Schwierigkeit fängt an, wenn man sich fragt, welches Lernziel denn einfacher oder schwieriger zu verwirklichen sei als ein anderes. Dazu muß zuallererst auf den Unterschied hingewiesen werden, der sich aus den Tätigkeiten verschiedener Personen im Unterricht ergibt: so kann ein Lernziel für einen Lehrer „schwierig“ sein, weil er dafür viele Vorbereitungen treffen muß, nicht über die notwendigen Materialien (wie Film, Lehrbuch) verfügt, selbst nicht so genau darüber Bescheid weiß, emotionale Sperren hat (etwa beim Sexualkunde-Unterricht), etc. Damit ist das betreffende Lernziel aber auch noch nicht gleich „schwierig“ für die Schüler, für die andere Aspekte ausschlaggebend sein können: es fehlen ihnen möglicherweise Vor-Informationen, die auftretenden Begriffe sind für sie zu abstrakt, sie haben Angst im Unterricht oder vor dem Lehrer, sie wollen gar nicht lernen, sie haben nicht genug Zeit zur Verfügung, sie haben nicht genug sprachliche Mittel gelernt, um sich auch ausdrücken zu können etc.

Am Beginn einer Überlegung zur Sequenzierung von Lernzielen sollte deshalb immer die Frage nach den *Lehr- und Lernvoraussetzungen* von Schülern und Lehrern stehen, nämlich: was muß man schon „können“, „wissen“ etc., wenn man etwas lernen soll; was muß man „tun können“, „wissen“ etc., wenn man etwas lehren will. Wenn diese Voraussetzungen bei Lehrer und Schüler nicht gegeben sind, so wird es notwendig sein, sie nachzuholen oder wenigstens im Verlauf des weiteren Unterrichts zu erwerben.

Aber damit haben wir nicht viel mehr als eine „Eingangssituation“ bedacht bzw. gewährleistet. Die Frage bleibt weiter bestehen, in welcher Reihenfolge im Unterricht Lernziele zu verwirklichen sind. Prinzipien hierfür lassen sich einmal aus vorhandenen Unterrichtsplanungen erkennen, zum anderen aber auch aus den Fach- und Sozialwissenschaften. Vorhandene Unterrichtsplanungen sind vor allem: Lehrbücher, Lehrpläne und Curricula; Fachwissenschaften sind die wissenschaftlichen Disziplinen, die einem Unterrichtsfach zugrunde liegen; Sozialwissenschaften befassen sich mit dieser Frage insofern, als sie Auskunft geben über entwicklungs- und lernpsychologische Prozesse, soziale Normen und soziales Verhalten sowie über den prozessualen und situativen Kontext von Lehr- und Lernprozessen. Dabei sind jedoch nicht immer ausdrücklich Lernziele angesprochen, zumeist handelt es sich eher um Inhalte, Lernzustände und Verhaltensweisen der Adressaten sowie um Tätigkeiten eines Lehrenden.

Nehmen wir ein Schul- oder Lehrbuch zur Hand, so erkennen wir bereits an seiner Gliederung eine gewisse Lernziel-Sequenzierung. Üblicherweise sind Schul- oder Lehrbücher nach einer inhaltlichen Systematik von Themen aufgebaut; so ist z. B. ein Geschichtsbuch chronologisch geordnet und behandelt nacheinander die verschiedenen historischen Epochen – für den Schüler könnte sich so der Eindruck ergeben, als sei die geschichtliche Entwicklung der Menschheit in der Tat in einer solchen Folgerichtigkeit vorgegangen und habe nicht immer wieder Alternativen aufgeworfen, die nicht realisiert wurden. Ein Physikbuch ist üblicherweise entsprechend den Gebieten der Physik geordnet: Mechanik, Wellenlehre, Optik etc. Ein Geographiebuch behandelt die geographischen Bereiche: Kontinente, Länder, Regionen. Mit einem Begriff der amerikanischen Curriculumtheorie der 60er Jahre ließe sich diese Sequenzierung als *„structure of the discipline“* (Struktur der Disziplin) benennen, nämlich als Sequenzierung nach den wissenschaftlich-disziplinären Bereichen eines Faches.

Gerade neuere Lehr- und Lernbücher für den Grundschulbereich weisen diese Gliederungsprinzipien nicht mehr auf. Hier sind es eher thematische Zusammenhänge, die sich auf die Aktivitäten der Kinder richten: Spielplatz, die eigene Wohnung, das Einkaufen etc.

Man kann zwei verschiedene Orientierungen für die Sequenzierung von Lernzielen erkennen, nämlich eine „*Sachorientierung*" und eine „*Adressatenorientierung*". Vorstellungen darüber, wie man zwischen beiden Orientierungen zu einem Ausgleich kommen kann, d. h. beide für die Sequenzierung von Lernzielen und damit von Unterricht gemeinsam erfüllt, haben sich insbesondere im Zusammenhang der Verfahren der Curriculumentwicklung in den letzten 10-15 Jahren in den USA konkretisiert.

Ein erster Ansatz zur Verknüpfung beider Orientierungen läßt sich in den sog. *Lernziel-Taxonomien* erkennen. Solche Taxonomien werden für gewöhnlich nach den drei Bereichen „*kognitives Lernen*" (= intellektuelles Lernen, Wissen, etc.), „*affektives Lernen*" (= Einstellungen, Werthaltungen, etc.) und „*psycho-motorisches Lernen*" (= Körperbewegungen, Gebrauch der Sprechwerkzeuge, etc.) getrennt. Für den kognitiven Bereich wurde die Taxonomie von *Bloom* und Mitarbeitern berühmt, die dann später auch eine Taxonomie im affektiven Bereich vorlegten. Eine nähere Beschreibung geben *Messner* und *Posch* in dem einleitenden Aufsatz des Bandes „Didaktische Impulse" (herausgegeben von *R. Messner* und *H. Rumpf*, Österreichischer Bundesverlag, Wien 1971). Solche Taxonomien sind aber inhaltslos, da sie nur über Verhaltensweisen der Adressaten Aussagen machen. Insofern hat man in der Curriculumentwicklung den Versuch unternommen, sie durch Inhaltsangaben zu ergänzen, die nun zu einer zweidimensionalen Matrix „quergelegt" werden, d. h. in einer Dimension werden die Verhaltensweisen, in einer zweiten Dimension die Inhaltsangaben aufgeführt, so daß sich für jede Verhaltensweise ein Bezug zu einem Inhalt ergeben kann:

Verhaltensklassen / Inhaltsklassen	a) verbale Assoziation	b) multiple Diskrimination	c) Begiffslernen	d) Prinzipienlernen	e) Problemlösen	f) Aufnehmen	g) Antworten	h) Werten	i) visuelle Diskrimination	j) Grobmotorik	k) Raum-Lage-Diskrimination	l) Feinmotorik
Symbolische Systeme:												
1. prälogische Systeme												
2. sprachliche Systeme												
3. logische Systeme												
4. andere Symbolsysteme												
Umweltverständnis:												
5. naturwiss. Sachverhalte												
6. anthropologisch-sozialwiss. Sachverhalte												
7. Kunst												
Umweltveränderung:												
8. Technik												
9. Politik												
10. Erziehung/Verhaltenssteuerung												
Existenzsicherung:												
11. körperliches Training												
12. Gesundheit/Hygiene												
13. Gefahrenquellen (Verkehr, Elektrizität usw.)												

a - e) kognitiv
f - h) affektiv
i - l) psychomotorisch
(gekürzt!)

Matrix zur Klassifikation von Lernzielen im Bereich der Elementarerziehung, nach *Flechsig* u. a., Probleme der Enscheidung über Lernziele, in: pl 1970)

Wir wollen hier nicht auf die Einzelheiten der dargestellten Lernziel-Matrix, sondern auf die Funktion eingehen. Durch Kombination von Inhalts- und Verhaltensklassen lassen sich nun konkrete Lernziele nennen, z. B. 11-d-h = Das Kind soll Verfahren des körperlichen Trainings (= 11) in ihren Prinzipien erkennen (= d) und positiv bewerten (= h); 8-c-f = Das Kind soll technische Probleme (= 8) begrifflich benennen können (= c) und ihnen Aufmerksamkeit widmen (= f). Nun wäre eine weitere Konkretisierung denkbar und notwendig, denn man fragt sofort, um welche Verfahren des körperlichen Trainings und um welche technischen Probleme es sich denn handele. Diese Konkretisierung ist in den Taxonomien auch erfolgt. Dabei zeigt sich, daß die ursprünglich wohl erhoffte Funktion, Lernziele zu objektivieren, nicht geleistet wird; Taxonomien und Klassifikations-Matrizen sind nicht viel mehr als *Suchschemata* und *Vergleichs-Maßstäbe,* in denen Entscheidungen über Lernziele fallen, die zu begründen und auf ihre Prämissen zu befragen sind. Als Suchschema verdeutlichen sie, welche Bereiche man u. U. außer acht gelassen hat und welche Lernvoraussetzungen in Betracht zu ziehen sind; als Vergleichs-Maßstäbe sind sie eine Orientierung, um z. B. traditionelle Lehrpläne oder Lehrbücher auf verwirklichte und fehlende Schwerpunkte hin zu prüfen.

Nicht notwendigerweise aber impliziert eine solche Taxonomie und Matrix auch die Reihenfolge der Verwirklichung von Lernzielen im Unterricht. Eine Möglichkeit wäre, in den folgenden Schritten vorzugehen: 1-a; 2-b; 3-c; etc. (= jeweils die erste Verhaltens- und Inhaltsangabe, dann die zweiten, dritten usw.). Eine andere Möglichkeit wäre, zunächst für eine Inhaltsangabe alle Verhaltensangaben zu realisieren, also: 1-a; 1-b; 1-c; etc. Man nennt diese Sequenz in der Curriculumtheorie ein *„Spiral-Curriculum“,* da wie in einer Spirale (kreisförmig) die Verhaltensweisen immer wieder vorkommen, aber (ansteigend) jeweils an immer komplizierteren Inhalten.

Ein bekanntes Beispiel hierfür bietet das amerikanische Curriculum „Science – A Process Approach“ (deutsche Version: Weg in die Naturwissenschaften, herausgegeben von der Arbeitsgruppe für Unterrichtsforschung, Göttingen, 1971, Diesterweg-Verlag), das einen integrierten naturwissenschaftlichen Unterricht für die Grundschule darstellt. Hier sind als Verhaltensweisen etwa 10 grundlegende naturwissenschaftliche Prozesse (daher auch: A Process Approach) genannt, wie z. B. Experimentieren, Beobachten, Hypothesen bilden, Messen, etc. Diese Prozesse werden zunächst an einfachen naturwissenschaftlichen Inhalten angewendet, z. B. dem Ausschlüpfen von Insekten-Larven, wobei experimentiert wird (was geschieht, wenn Mehlwürmer nicht in Mehl, sondern in Sand leben), beobachtet wird (wie geht das Ausschlüpfen vor sich), gemessen wird (wie lange dauert das Ausschlüpfen) etc.

Diese Prozesse werden dann mit komplizierteren Inhalten (Objekten) durchgeführt, was sich auch auf die Ausübung der Prozesse selbst auswirkt; so werden Beobachtungen unter einem Mikroskop oder in der freien Natur „schwieriger“ aufgrund der Hilfsmittel und zu gewährleistenden Bedingungen.

Taxonomien und Klassifikations-Matrizen für Lernziele deuten an, daß sich Lernprozesse aus vorgeschalteten Teil-Lernprozessen ergeben. In einem weiteren Verfahren der Sequenzierung von Lernzielen und damit von Unterricht wird dieses Prinzip systematisch angewendet, nämlich bei der sogenannten „*task analysis*“ (= Aufgaben- oder Tätigkeitsanalyse). Hierbei geht es darum, eine komplexe Tätigkeit, die erlernt werden soll, in Teilschritte zu zerlegen, diese dann einzeln lernen zu lassen, um sie danach zu integrieren. Nehmen wir an, jemand will im Sportunterricht eine Technik des Weitsprungs lehren, so kann er zunächst die einzelnen Phasen (Anlauf-Beschleunigung-Absprung-Hochstrecken-Beine vorwerfen-Landung) getrennt vormachen und trainieren, Filme in Zeitlupe dazu zeigen oder Standbilder vorlegen, um dann erst, wenn alle Einzelphasen des Ablaufs „sitzen“, diese miteinander verbinden zu lassen:

Anlauf	Beschleunigung	Absprung	Hochstrecken	Beine vorwerfen	Landung
(1)	(2)	(3)	(4)	(5)	(6)

Laufen (7) — Springen (8) — Landen (9)

Weitsprung (10)

Das Verfahren der „task analysis“ wurde vor allem in der militärischen Trainingsforschung (Ausbildung von Soldaten) verwendet; man überschätzte aber offensichtlich die Übertragungsmöglichkeiten. So sind in der Schule die Lernprozesse weniger tätigkeitsorientiert und komplexer. Ferner ist die Frage zu stellen, inwieweit ein solcher Taylorismus (die Angleichung des Menschen an technische Bedingungen und nicht umgekehrt) des Lernens überhaupt wünschenswert bzw. begründbar ist. Die konsequenteste Anwendung dieses Strukturierungsprinzips erfolgt beim *programmierten Lernen,* wo die Einzel-Lernphasen in kleinste Schritte zerlegt sind, die dann – um dem Lernenden einen Bestätigungseffekt zu geben – jeweils laufend überprüft werden.

Lesen Sie hierzu die Darstellung des Taylorismus und eine Kritik dieser „Atomisierung des Lernens" in dem Aufsatz von *K.-J. Bruder* in „betrifft: erziehung" Heft 6, 1971. Versuchen Sie aber selbst, bei der Konstruktion einer Unterrichtseinheit den Aufbau von einzelnen Lernphasen so zu gestalten, daß Teilfertigkeiten herausgearbeitet und integriert werden. Möglicherweise ist dabei die Anfertigung eines Fluß-Diagramms nutzvoll.

Mit diesen Beispielen sind wir bereits konkreter in der Unterrichtsplanung von Lehrern, als dies zunächst mit den Sequenzen in Lehrplänen, Lehrbüchern und Curricula der Fall war. Was nun die Planung einzelner Stundeneinheiten anbetrifft, so kennt die Pädagogik eine Reihe von Modellen, die aber in der Regel programmatischer (fordernder) Natur und in ihren Ausführungen kaum geprüft sind. Dieses ist insofern schon erklärlich, als die Pädagogik früher vor allem auf subjektiven Erfahrungen von „Meister-Lehrern" beruhte und das Evaluationsprinzip nicht in der heutigen Form kannte. Am berühmtesten ist wohl das *Herbartsche Prinzip der Formalstufen,* welches dann von seinen Schülern (man spricht von den „Herbartianern") in starrer Anwendung überzogen wurde. Ähnliche bekannte Verlaufsformen und Gestaltungsprinzipien von Unterricht stammen von *Dewey* und von *Roth.* Sinnvollerweise sollte man sich mit diesen Prinzipien im Zusammenhang ihrer Konkretisierung an Unterrichtsbeispielen auseinandersetzen, so daß hier nur illustratorische Benennungen erfolgen. Sie finden solche Unterrichtsbeispiele mit den verschiedenen Gestaltungsprinzipien z. B. in den folgenden Arbeiten:

Funkkolleg Erziehungswissenschaft, Studienbegleitbrief 5, Weinheim 1969 (Beltz)

Dietrich, Th.: Unterrichtsbeispiele von Herbart bis zur Gegenwart, Bad Heilbrunn 1969 (Klinkhardt)

Vogel, A.: Artikulation des Unterrichts-Verlaufsstrukturen und didaktische Funktionen, Ravensburg 1973 (Maier)

Dewey, J.: Wie wir denken, Zürich 1951, bes. S. 73 ff (Morgarten).

Herbart: (vgl. Kap. 2.3., S. 31)
Klarheit (nämlich über das schon Bekannte)
Assoziation (nämlich des neu Aufzunehmenden)
System (nämlich Einordnung des Neuen in das Bekannte)
Methode (nämlich Einübung und Anwendung des neu Assoziierten und Eingeordneten)

Dewey (Quelle s. o.):
1. Man begegnet einer *Schwierigkeit*
2. Sie wird *lokalisiert* und *präzisiert*
3. Ansatz einer möglichen *Lösung*
4. *Logische Entwicklung* der Konsequenzen des Ansatzes
5. Weitere *Beobachtung* und experimentelles *Vorgehen, Annahme* oder *Ablehnung*

Roth, H. (Pädagogische Psychologie des Lehrens und Lernens; Hannover 1965, S. 222 ff)
1. *Motivation*
2. *Schwierigkeiten*
3. *Lösungsversuche*
4. *Tun und Ausführen*
5. *Behalten und Einüben*
6. *Bereitstellen, Übertragung, Integration* des Gelernten

Kaiser, F. J. (Didaktisch aufbereitete Fallstudien als Unterrichtshilfe für die Praxis der Arbeitslehre; in: Unterricht heute; Stuttgart, 6/1971, S. 276 ff)
1. *Konfrontation*
2. *Information*
3. *Exploration*
4. *Resolution*
5. *Disputation* (nämlich Verteidigen der Lösung)
6. *Kollation* (nämlich Vergleich der eigenen Lösung mit der Wirklichkeit)

Zu beachten ist bei allen sochen Unterrichtsmodellen die Tatsache, daß in ihnen *Lernziele impliziert* sind, die man nicht immer gleich erkennt. So impliziert z. B. das Verfahren der „task analysis“ das Lernziel, Lernenden einen Tätigkeitsbereich „mundgerecht“ zu servieren, läßt also keine Möglichkeiten mehr offen, daß diese selbst entdeckend lernen: sie werden und bleiben abhängige Lernende. Das Beispiel von *Kaiser* impliziert das Lernziel, daß Schüler sich mit einem Umweltproblem so auseinandersetzen, daß sie selbst Lösungen finden und überprüfen, was ja nicht immer verwirklicht werden kann (z. B.

bestimmt nicht im Fremdsprachenunterricht, wenn Vokabeln und grammatikalische Regeln gelernt werden sollen).

Wenn Sie selbst im Schulpraktikum sind, können Sie versuchen, den Unterricht der Lehrer, bei denen Sie hospitieren, daraufhin zu prüfen, in welcher Sequenz diese vorgehen. Vergleichen Sie dann das Ordnungsschema verschiedener Lehrer eines Faches und mehrerer Fächer, so daß Sie Hinweise darauf bekommen, ob ein bestimmtes Vorgehen eher von der Persönlichkeit des Lehrers, der Besonderheit der Klasse oder der Beschaffenheit des Faches bzw. Unterrichtsstoffes abhängig ist.

Fertigen Sie dabei ein kleines Protokoll an, in welchem Sie die Abschnitte oder Schrittfolgen einer Unterrichtsstunde festhalten und sprechen Sie hinterher mit den betreffenden Lehrern darüber, ob es ein bewußtes Einteilungsprinzip war. Beachten Sie dabei auch die „Herkunft" des Unterrichtsstoffes; so kann die strenge Anlehnung an ein Lehrbuch zu anderen Schrittfolgen (geradezu zu Ritualen) führen als die Aufnahme eines von den Schülern gerade selbst erfahrenen (erlebten) Problems.

6. Hinweise für die Gestaltung des eigenen Studiengangs

6.1. Allgemeine Bemerkungen

Wenn Sie mit dem Studium der Grundschulpädagogik beginnen wollen, wäre es wichtig, sich zunächst über die mögliche Grobstruktur des Studiengangs zu informieren. Ein eigenständiges *Studium der Grundschulpädagogik bzw. des Primarstufenlehrers* gibt es noch nicht lange und noch nicht in allen Bundesländern. Bisher war es nur möglich, eine Lehramtsprüfung für den (gesamten) Volksschulbereich (Grund- und Hauptschule) abzulegen. Zwar konnte man bereits während seines Studiums einen Stufenschwerpunkt – entweder Grund- oder Hauptschule – wählen, doch hatte diese Wahl keine bindende Wirkung für den späteren Einsatz in der Schulpraxis.

Im Zug der Reform der Lehrerausbildung, die als Konsequenz der Bestrebungen einer Vereinheitlichung unseres allgemeinbildenden Schulsystems konzipiert worden ist, wurde versucht, die Lehrämter nicht mehr vertikal bzw. schulartenspezifisch (Grundschul-, Hauptschul-, Realschul- und Gymnasiallehrer), sondern horizontal bzw. stufenspezifisch (Primarstufenlehrer, Lehrer der Sekundarstufe I, Lehrer der Sekundarstufe II) zu organisieren. Beispiele dafür finden sich in den Entwürfen für einen Primarlehrerstudiengang in den Bundesländern Hamburg und Nordrhein-Westfalen.

Für die Gestaltung Ihres eigenen Studiums hat diese Neuregelung folgende Auswirkungen:

– Die Entscheidung für den Stufenschwerpunkt Primarstufe ist verbindlich. Sie muß entweder vor Studienbeginn oder nach einer ein- bis zweisemestrigen Orientierungsphase gefällt werden.

– Die Entscheidung für das Lehramt Primarstufe ist jedoch keine „Sackgasse“, da in allen vorliegenden Entwürfen die Erweiterung des Lehramts zum S I-Lehrer durch Zusatzstudium eines Faches vorgesehen ist.

– Aus dem vorangegangenen Punkt ergibt sich, daß die Studiengänge für die Primarstufe und Sekundarstufe I nicht getrennt voneinander verlaufen, sondern gemeinsame Elemente aufweisen müssen. Außer dem Integrierten Erziehungs- und Gesellschaftswissenschaftlichen Grundstudium wird es also auch im fachdidaktischen und fachwissenschaftlichen Bereich gemeinsame Veranstaltungen (Studienelemente) für Primar- und Sekundarstufenlehrer geben. Dies hat zur Folge, daß man im Rahmen der Hochschulausbildung auch einheitliche Hochschulkonzepte schaffen sollte, um die Stufenlehrerausbildung an einer einheitlichen Institution sicherzustellen. Das Stufenlehrerkonzept bleibt solange seiner eigentlichen Bedeutung beraubt, solange die Ausbildung der verschiedenen Stufenlehrer an (bezüglich ihres Verhältnisses von Forschung und Lehre) unterschiedlichen Hochschulen durchgeführt wird. An Gesamthochschulen und Universitäten mit integrierten Lehramtsstudiengängen (z. B. Hamburg, Nordrhein-Westfalen, Bayern und Hessen) ist diese Forderung bereits zum Teil realisiert worden.

– Daraus ergibt sich als hochschuldidaktische Konsequenz z. B. die gemeinsame Arbeit von Studenten mit verschiedenem Stufenschwerpunkt in längerfristigen, auch interdisziplinären Projekten.

– Der Stufenlehrerausbildung sind Stufenschulen im Sinne kooperativer Gesamtschulen zuzuordnen. Auch für den Studenten, der den Stufenschwerpunkt Primarstufe anstrebt, ist ein erkundendes Kennenlernen der anderen Schulstufen erforderlich. Dieses Konzept bedeutet ein Abrücken von einer integrierten Gesamtschule, würde jedoch zugleich eine relative Durchlässigkeit der Lehramtsstudiengänge sichern.

Unterscheidende Merkmale des Primarstufenlehrers gegenüber dem Lehrer der Sekundarstufe I sind:

Die Studiendauer beträgt für P- und S I-Lehrer sechs Semester, für den S II-Lehrer acht Semester. Anstelle eines zweiten Unterrichtsfaches (wie beim S I- und S II-Lehrer) ist für den

Primarstufenlehrer das Studium eines überfachlichen oder fächerübergreifenden Lern- bzw. Gegenstandsbereiches vorgesehen.

6.2. Inhaltliche Schwerpunkte des Primarlehrerstudiums

Der folgende Inhaltskatalog soll Ihnen einen Überblick über die wichtigsten Studienschwerpunkte für Grundschulpädagogik geben. Sie sollten diesen Überblick als Anregung für die individuelle Gestaltung Ihres Studienganges im Rahmen einer der unterschiedlichen Studienordnungen in den verschiedenen Bundesländern betrachten:

– *Einführungsveranstaltungen*

Mögliche Veranstaltungen:
Einführung in die Erziehungswissenschaft
Einführung in das Studium der Grundschulpädagogik
Analyse pädagogischer Begriffe anhand von Unterrichtsbeobachtungen in der Grundschule
Einführung in die Unterrichtspsychologie
Einführung in die Schulpraxis
Einführung in die pädagogische Anthropologie
Grundbegriffe der Soziologie in der Schule
etc.

– *Erziehungsinstitutionen*

Mögliche Veranstaltungen:
Zur Theorie der Schule
Modelle der Schulorganisation (dreigliedriges Schulwesen, Ganztagsschule, Gesamtschule)
Zur geschichtlichen Entwicklung des Einheitsschulgedankens
Schulmodelle im internationalen Vergleich
Bildungspolitische Konzeptionen der Parteien in der BRD
Konzepte der Stufenlehrerausbildung
etc.

– *Unterrichtskonstruktion*

Mögliche Veranstaltungen:
Vom Bildungsplan zum Curriculum
Offene und geschlossene Curricula
Didaktische Theorien und Modelle
Einführung in die Curriculumtheorie
Stufenspezifische Probleme des Medieneinsatzes in der Grundschule

Begabung – Garantie für Lernerfolg?
Entdeckendes Lernen
Theorie und Praxis der Curriculumentwicklung
Lerntheorien in pädagogischer Sicht
etc.

– Unterrichtsanalyse

Mögliche Veranstaltungen:
Einführung in die Unterrichtswissenschaft bzw. -forschung
Modelle der Unterrichtsbeobachtung
Die didaktische Analyse als Kern der Unterrichtsvorbereitung
Einführung in die Interaktionsanalyse des Unterrichts
etc.

– Unterrichtsorganisation

Mögliche Veranstaltungen:
Einführung in didaktisches Handeln
Soziale Organisationsformen des Unterrichts (Frontalunterricht, Partnerarbeit, Gruppenunterricht usw.)
Einführung in die Unterrichtstechnologie
Formen der Differenzierung im Unterricht
Team teaching
etc.

– Unterrichtsinhalte und -ziele

Mögliche Veranstaltungen:
Einführung in die Curriculumtheorie
Verfahren der Curriculumentwicklung
Form und Funktion taxonomischer Modelle
Theorie und Praxis des Sachunterrichts in der Primarstufe
Die Konstitution von Lern- bzw. Gegenstandsbereichen für die Primarstufe
Lernziele und Erziehungsziele
etc.

– Unterrichtsevaluation

Mögliche Veranstaltungen:
Messung und Bewertung von Schülerleistungen
Methoden der Curriculumevaluation (Produktevaluation, Prozeßevaluation)
Probleme der Schülerbeurteilung
Gewinnung, Begründung und Kontrolle von Lernzielen
Konzepte der Lernzieloperationalisierung
Messung der Lehreffektivität
Effektivität von Lehrmethoden
Die Konstruktion informeller Tests
etc.

– Lehrerbildung/Lehrtraining

Mögliche Veranstaltungen:
Einführung in das Microteaching-Konzept
Training von Lehrfertigkeiten (skills)
Konzepte der Lehrerausbildung
Die Vermittlung von Theorie und Praxis in der Lehrerausbildung
Einübung in kooperatives Unterrichten (team-teaching)
Qualifikationen des Primarstufenlehrers

Klassenlehrer oder Fachgruppenlehrer?
etc.

– Pädagogische Wissenschaftstheorie

Mögliche Veranstaltungen:
Pädagogik als Wissenschaft – Die Entwicklung der wissenschaftlichen Pädagogik
Wissenschaftstheoretische Grundrichtungen (geisteswissenschaftlicher, empirisch-analytischer, kritisch-marxistischer Ansatz)
Das Verhältnis von Theorie und Praxis
Der Gegenstand der Erziehungswissenschaft
Der Zusammenhang von Wissen und Tun als Grundproblem der Erziehungswissenschaft
Wissenschaftstheoretische Grundlagen der Primarstufendidaktik
etc.

6.3. Empfehlungen für die zeitliche Planung

Sie haben einen Studienplatz für das Studium der Grundschulpädagogik erhalten. Damit beginnt für Sie zuerst einmal eine *Phase der Orientierung* hinsichtlich Ihres geplanten Studiengangs. Zunächst gilt es für Sie herauszufinden, welche *Studiengangselemente* für Sie obligatorisch sind. Dabei müssen Sie zwischen offiziellen Studien- und Prüfungsordnungen und zwischen inoffiziellen, meist hochschulinternen Studienempfehlungen unterscheiden. Es gibt eine Reihe von *verbindlichen,* durch das Prüfungsamt vorgeschriebenen Studienelementen. Hierzu gehören für den Bereich der Erziehungswissenschaft mit Schwerpunkt Grundschulpädagogik einführende Seminare (Grundkurse) in der Regel zwei – und weiterführende Seminare (Seminare, Haupt- bzw. Oberseminare) in der Regel drei –, von denen meistens ein vierstündiges Seminar im Bereich hochschuldidaktischer Projekte oder praxisbezogener Einführungsveranstaltungen angeboten wird. Dieses Angebot bezieht sich auf die gewählten Fächer bzw. Lernbereiche oder Fachkomponenten. Ferner sind eine Reihe von schulpraktischen Pflichtveranstaltungen vorgesehen, z. B. Hospitation für Studienanfänger, in der Regel zwei Blockpraktika von zwei- bis vierwöchiger Dauer sowie fachdidaktisch orientierte Wochentagspraktika.

Neben diesen obligatorischen Studienelementen müssen Sie noch *einige Entscheidungen* treffen. Hier wäre zuerst die Wahl Ihrer Fächer (in der Regel zwei: ein Wahlfach und ein Beifach) zu nennen. In manchen Studienordnungen ist auch die Wahl eines Faches und eines fächerübergreifenden Lernbereichs (Gegenstandsbereichs) vorgesehen. Bei der Wahl der Fächer ist zu beachten, ob Beschränkungen auf besonders grundschulrelevante Fächer eine Erweiterung des Lehramts (Kompetenz für die Sekundarstufe I) erschweren oder gar unmöglich machen. Um eine solche Isolierung des Primarlehrerstudiums zu verhindern, sollte der Kreis der wählbaren Fächer möglichst groß sein und durch vertieftes Studium in einem der beiden Fächer die Kompetenz für die Sekundarstufe I erworben werden.

Letzteres trifft beispielsweise für den Hamburger Studiengang nicht zu; hier kann die Kompetenz für die Sekundarstufe I prinzipiell nur durch die Erweiterung des Lehramtes (zwei Fächer, achtsemestriges Studium) erworben werden.

Außerdem ist es sinnvoll, innerhalb der unter 6.2. genannten inhaltlichen Bereiche *Interessen- bzw. Arbeitsschwerpunkte* zu setzen. Dies ist konkret nur nach dem Besuch von orientierenden Anfängerseminaren und/oder dem Studium einführender Literatur möglich. Eine Schwerpunktbildung ist aus studienökonomischen[1]) Gründen schon deshalb erforderlich, weil nicht alle inhaltlich-thematischen Bereiche abgedeckt werden können. Die Tatsache, daß nicht „alles" in Seminaren erarbeitet werden kann, verlangt vom Studenten darüber hinaus ein selbständiges, gezieltes Literaturstudium.

Wir wollen Ihnen zum Abschluß nun noch einen Überblick über die wichtigsten *Informationsquellen* geben.

Zu Beginn jeden Semesters werden an ein bis zwei Tagen *Einführungsveranstaltungen* der Fachvertreter für die Studienanfänger abgehalten. Dies ist für Sie eine erste, unverbindliche Orientierungsmöglichkeit. Als nächster Schritt wäre der Be-

---

[1]) Die Ziffern verweisen auf Anmerkungen am Ende des Kapitels 6.

such der *Studienberatungsstellen* zu empfehlen. Studienberatungsstellen gibt es sowohl von seiten der Fachbereiche als auch auf Initiative studentischer Vertretungen (z. B. Allgemeiner Studienausschuß (ASTA), politische Vereinigungen an den Hochschulen, kirchliche Vereinigungen, gewerkschaftliche Verbände). In der Regel sind Studienordnungen, Prüfungsordnungen und Studienempfehlungen der einzelnen Fächer bzw. Studienführer erhältlich. Darüber hinaus empfiehlt es sich, die *einzelnen Hochschullehrer* für spezielle Auskünfte (z. B. über Voraussetzungen, Inhalte und Anforderungen ihrer Lehrveranstaltungen, Frage nach Projekten, Kooperation mit anderen Dozenten und nach geplanten Veranstaltungen im kommenden Semester) in ihrer Sprechstunde aufzusuchen.

Für Fragen der Zimmerbeschaffung, Beantragung von finanziellen Unterstützungen (Bafög, Stipendien), Krankenversicherung, Arbeitsstellenvermittlung, Freizeitgestaltung (Sport, Diskussionsgruppen, Chöre, Orchester), Studentenkreisen etc. gibt es *spezielle Auskunftsstellen* (Referate) beim Studentenwerk und/oder ASTA.

Über all der fachbezogenen Organisation Ihres Studiums sollten Sie jedoch die Möglichkeiten der *Mitarbeit in Gremien der studentischen Selbstverwaltung* (Studentenparlament, ASTA-Referate) und der Hochschulverwaltung (Senat, Fachbereichskonferenzen, Fachschaften) nicht vergessen. Die verschiedenen politischen Gruppen innerhalb der Hochschule können hier nicht im einzelnen erörtert werden, zumal ihre Konzeptionen oft von Hochschule zu Hochschule sehr unterschiedlich sind. Informationsmöglichkeiten über Mitgliedschaft oder freie Mitarbeit bzw. Identifikation mit den einzelnen Programmen werden in ausreichendem Maße angeboten.

Anmerkungen

1. vgl. dazu u. a. *Brühl/Gilles/Knecht/Steinbacher:* Pädagogik, Psychologie, Soziologie im Studium der Lehrer. Bad Heilbrunn 1975. *Götze, Barbara* u.

Studienbuch Pädagogik

Richard Hahnemann (Hrsg.): Grundschulpädagogik im Überblick. Bad Heilbrunn 1975. *Potthoff, Willy* (Hrsg.): Studienführer Schulpädagogik. Freiburg 1975. *Steindorf, Gerhard:* Einführung in die Schulpädagogik. Bad Heilbrunn 1972. *Steindorf, Gerhard:* Pädagogikstudium, Planung und Gestaltung. Bad Heilbrunn 1975.

7. Dokumentation

7.1. Auszüge aus dem Bildungsgesamtplan

Quelle: Bildungsgesamtplan der Bund-Länder-Kommission für Bildungsplanung (Kurzfassung) Stuttgart o. J. (Klett)

A. Elementar-, Primar- und Sekundarbereich

1. Elementarbereich

Der Elementarbereich umfaßt alle Einrichtungen familienergänzender Bildung und Erziehung nach Vollendung des dritten Lebensjahres bis zum Beginn der Schule. Dabei wird der Bereich der Drei- und Vierjährigen vom Bereich der Fünfjährigen unterschieden. Da Fünfjährige sowohl im Elementarbereich wie im Primarbereich sein werden, wird diese Altersgruppe in einem besonderen Abschnitt behandelt.

Der Elementarbereich soll so aufgebaut werden, daß alle Drei- und Vierjährigen, deren Eltern dies wünschen, einen Platz erhalten können. Dabei sollen neue Erkenntnisse der Frühpädagogik für ein dem Alter angemessenes Bildungsangebot genutzt werden, auch um individuelle Benachteiligungen und Behinderungen möglichst weitgehend auszugleichen. Das setzt eine Verringerung der Gruppengrößen und eine Verbesserung der Raum- und Sachmittelausstattung voraus.

2. Einrichtungen für Fünfjährige

Fünfjährige befinden sich vorläufig sowohl in Einrichtungen des Elementarbereichs als auch in Einrichtungen des Primarbereichs. Die Frage, ob die pädagogische Verbindung von Elementarbereich und Primarbereich auch eine einheitliche organisatorische Zuordnung der Einrichtungen für Fünfjährige entweder zum Elementarbereich oder zum Primarbereich erfordert, soll entschieden werden, wenn ausreichende Erfahrungen vorliegen. Ebenso bleibt zunächst noch offen, ob der Besuch der Einrichtungen für Fünfjährige im Planungszeitraum zur Pflicht gemacht werden soll und ob, in welchem Umfang und unter welchen Voraussetzungen das Ende des Primarbereichs entsprechend um ein Lebensjahr früher erreicht wird.

Die Einrichtungen für Fünfjährige sollen im Planungszeitraum so ausgebaut werden, daß sie möglichst von allen Kindern dieser Altersgruppe genutzt werden können.

Das Bildungsangebot für Fünfjährige muß neu entwickelt und mit dem anschließenden Schuljahr für die Sechsjährigen so abgestimmt werden, daß sich ein gleitender Übergang in die Formen des schulischen Lernens ergibt.

Der Ausbau der Einrichtungen für die Fünfjährigen darf nicht dazu führen, daß die Lerninhalte und Arbeitsformen der heutigen ersten Klasse der Grundschule vorverlegt werden.

Die Entwicklung soll von den bereits im Elementarbereich und im Primarbereich vorhandenen Ansätzen ausgehen. Sie verlangt eine enge Zusammenarbeit der beteiligten Eltern, Lehrer und Erzieher, Verwaltungen und Träger. Im Berufsbild des Erziehers muß der Ausbildungsschwerpunkt für diese Altersstufe noch entwickelt werden.

3. Hochschulzugang

Der erfolgreiche Abschluß eines studienbezogenen Bildungsganges, der zur allgemeinen Hochschulberechtigung führt, verleiht die Berechtigung zum Studium in allen Studiengängen des Hochschulbereichs.

In den übrigen Bildungsgängen muß für die Berechtigung zum Studium an der Hochschule ein für das Studium erforderlicher Schwerpunkt und Leistungsgrad des Sekundarbereichs II vorliegen; die erworbene Studienberechtigung kann bei entsprechend erweiterter Qualifikation ebenfalls zur allgemeinen Hochschulberechtigung führen.

Die Schule ist für die Verleihung der Studienberechtigung zuständig. In Fächern mit Zulassungsbeschränkungen müssen für die betroffenen Fächer von allen Studienbewerbern besondere Voraussetzungen erfüllt werden.

Die Festlegung der für die einzelnen Studiengänge erforderlichen Schwerpunkte und Leistungsgrade ist eine gemeinsame Aufgabe von Schule und Hochschule. In Einrichtungen des Sekundarbereichs II, der Hochschule oder der Weiterbildung muß die Möglichkeit gegeben sein, ergänzende Qualifikationen zu erwerben.

Als überregionale Informations- und Vermittlungsstelle für sämtliche Studiengänge des Hochschulbereichs soll die „Zentralstelle für die Vergabe von Studienplätzen“ dienen.

4. Studienreform

Kernstück der Hochschulreform ist die Neubestimmung und ständige Überprüfung der Studienziele unter Berücksichtigung der wissenschaftlichen Entwicklung des Faches und konkreter wissenschaftsbezogener Tätigkeitsfelder. Auf dieser Grundlage sind die Studiengänge inhaltlich und organisatorisch neu zu ordnen. Hierbei ist von der Notwendigkeit eines dauernden Lernprozesses auszugehen, in dem die Berufsbildung im Studium und die Weiterbildung – z. B. im Kontaktstudium – aufeinander bezogen sind.

Für die einzelnen Studiengänge sind inhaltlich und zeitlich klar gegliederte Studienordnungen aufzustellen. Unterschiedlichen Studienzielen entsprechend sind in den Fachgebieten gestufte, aufeinander aufbauende Studiengänge zu entwickeln, die sich zunehmend unterscheiden. Auch bei der Entwicklung neuer Studienreformen sind organisatorische Regelungen anzustreben, die – z. B. durch die Ausdehnung der Vorlesungszeit auf neun Monate im Jahr – eine intensivere Nutzung der Schuleinrichtungen ermöglichen. Die Länder werden unter Beteiligung der Hochschulen, der zuständigen staatlichen Stellen sowie von Sachverständigen aus der Berufspraxis und dem Schulbereich gemeinsame Studienreformkommissionen bilden.

Studien- und Prüfungsordnungen bestimmen die Zeiten, in denen ein Abschluß im jeweiligen Studiengang in der Regel erreicht werden kann (Regelstudienzeit). Regelstudienzeiten setzen voraus, daß dem Studenten ein entsprechendes Lehrangebot gemacht wird und die Prüfungsanforderungen darauf abgestimmt werden. Soweit dies im Zuge der Studienreform und des Hochschulbaus erreicht ist, kann von dem Studenten grundsätzlich die Einhaltung der Regelstudienzeit erwartet werden, da überlange Studienzeiten auf Kosten anderer Studienwilliger zu einem Fortdauern von Zulassungsbeschränkungen und zu erheblichen zusätzlichen Kosten führen.

Für jede erste berufsqualifizierende Hochschulprüfung und für jede ein Hochschulstudium abschließende Staatsprüfung soll das Diplom eingeführt werden.

B. Tertiärer Bereich

Innerhalb des Tertiären Bereichs ist zwischen Hochschulen und sonstigen Ausbildungsstätten mit berufsqualifizierenden Bildungsgängen zu unterscheiden. Die Hochschulen sind dadurch gekennzeichnet, daß zu ihren Aufgaben die Vorbereitung auf solche berufliche Tätigkeiten gehört, die die Anwendung wissenschaftlicher Erkenntnisse und Methoden oder die Fähigkeit zu künstlerischer Gestaltung erfordern.

Zu den sonstigen berufsqualifizierenden Ausbildungsstätten gehören diejenigen Schulen, Fachschulen und Höheren Fachschulen, die vor allem für Tätigkeitsbereiche in gewerblichen, kaufmännischen und technischen Berufen ausbilden. In ihnen wird keine Forschung betrieben. Die Ausbildungszeit übersteigt zumeist nicht zwei Jahre. Zugangsvoraussetzung ist in der Regel ein Sekundarabschluß II.

Im folgenden wird der Hochschulbereich behandelt.

1. Quantitative Entwicklung des Hochschulbereichs

Im Hochschulbereich soll ein Angebot an Studienplätzen bereitstehen, das durch die voraussehbare Gesamtnachfrage nach Studienplätzen und den langfristig zu erwartenden Bedarf an Hochschulabsolventen bestimmt wird. Für die Bedarfsschätzung fehlen in den meisten Berufsfeldern noch zuverlässige

Methoden. Soweit Bedarfsschätzungen möglich sind, z. B. für Lehrer und Mediziner, bilden die Ergebnisse Mindestforderungen für den Ausbau der Hochschulen.

Das Angebot an dreijährigen Studiengängen muß erweitert werden. Hierfür kommt zunächst der Ausbau derjenigen Studiengänge in Betracht, die bereits jetzt für Ingenieurberufe, wirtschaftswissenschaftliche und sozialpädagogische Berufe angeboten werden. Darüber hinaus müssen derartige Studiengänge für eine Anzahl von noch näher zu bestimmenden beruflichen Tätigkeitsfeldern neu entwickelt werden, für die in zunehmendem Maße eine wissenschaftsbezogene Ausbildung erforderlich oder wünschenswert ist.

Es soll ein regional ausgeglichenes Angebot an Studienplätzen geschaffen werden mit dem Ziel, der Bevölkerung in allen Regionen gleiche Bildungschancen zu geben.

Gegenwärtig übersteigt die Zahl der Studenten die Zahl der Studienplätze. Die Planungen gehen davon aus, daß innerhalb des Planungszeitraums die gegenwärtige Überbelegung der Studienplätze abgebaut wird, so daß die Zahl der Studienplätze schließlich in etwa der Zahl der zugelassenen Studenten entspricht. Bei realistischer Einschätzung der Verhältnisse wird aber die Zahl der Studenten 1975 und 1980 sicherlich noch größer sein als die Zahl der Studienplätze.

2. Struktur des Hochschulbereichs

Ziel der Neuordnung des Hochschulbereichs ist ein durchlässiges System von abgestuften, aufeinander bezogenen Studiengängen und Studienabschlüssen. Zur Erreichung dieses Zieles müssen die bisher nach Zugangsvoraussetzungen, Aufgaben und Rechtsstellung verschiedenen Hochschularten in einem neuen Hochschulsystem zusammengeführt werden: bestehende Hochschulen sind zu Gesamthochschulen auszubauen oder zusammenzuschließen oder unter Aufrechterhaltung ihrer rechtlichen Selbständigkeit durch gemeinsame Organe, insbesondere für die Studienreform, zu Gesamthochschulen zu verbinden. In Gesamthochschulen sind in den dafür geeigneten Fachrichtungen Studiengänge mit unterschiedlichen, zum Teil auch neuen Studienzielen vorzusehen. In den Fällen, in denen Gesamthochschulen nicht oder noch nicht gebildet werden können, ist sicherzustellen, daß die Hochschulen zur Erreichung der genannten Ziele zusammenwirken; hierfür müssen geeignete Modelle entwickelt werden. Für die Neuplanung von Hochschulen gelten die gleichen Grundsätze.

3. Primarbereich

Im Primarbereich werden die Schüler allmählich von den Formen des mehr spielerischen Lernens im Elementarbereich zu den systematischeren Formen des schulischen Arbeitens hingeführt.

Das Lernangebot im Primarbereich soll erneuert werden, z. B. durch Hinführen zu entdeckendem Lernen, zu selbständigem und gemeinschaftlichem Arbeiten sowie zur Einübung im Problemlösen. In Inhalt und Form muß das schulische Angebot an die Lernveranlagung, die Erfahrungswelt und die Lerngeschichte des einzelnen Kindes angepaßt werden. Hierfür ist die Auflockerung des Klassenverbandes eine wesentliche Voraussetzung.

Ein wesentliches Ziel des Ausbaus im Primarbereich ist es, das wachsende Lehrerangebot zu nutzen, um die gerade auf dieser Stufe pädagogisch unbefriedigend hohen Klassenfrequenzen zu senken.

⋮

7. Lehrerbildung

Die Neugestaltung des Schulwesens erfordert eine Neuorientierung der Lehrerbildung. Die horizontale Gliederung des Schulsystems muß dabei besonders berücksichtigt werden. Deshalb sind folgende Lehrämter mit stufenbezogenem Schwerpunkt einzurichten:

– Lehramt für den Primarbereich
– Lehramt für den Sekundarbereich I
– Lehramt für den Sekundarbereich II.

Jedes der drei Lehrämter kann durch ein zusätzliches Studium erweitert werden.

Die Ausbildung der Lehrer für alle Lehrämter gliedert sich in

Studium (1. Phase) und Vorbereitungsdienst (2. Phase). Die beiden Ausbildungsphasen sind eng aufeinander bezogen.

Das Studium für alle Lehrämter erfolgt an wissenschaftlichen Hochschulen. Es umfaßt die Fachwissenschaft und ein für alle Lehrämter verbindliches erziehungswissenschaftliches Studium, zu dem auch gesellschaftswissenschaftliche Studien gehören. Fachdidaktische Studien und Praktika sind in das Studium einzubeziehen.

Der Vorbereitungsdienst für alle Lehrämter erfolgt an besonderen Ausbildungsinstitutionen. Er soll 18 Monate betragen. Der Vorbereitungsdienst wird mit der zweiten Staatsprüfung abgeschlossen. Damit wird die Befähigung zu einem Lehramt erworben.

Der ständigen Fortbildung der Lehrer wird besondere Bedeutung beigemessen.

Der Bund und alle Länder sind der Meinung, daß die Aussagen zur Lehrerbildung über die genannten allgemeinen Grundsätze hinaus durch Aussagen zum Studieninhalt, zur Studiendauer und zur Möglichkeit der Erweiterung der Lehrämter konkretisiert werden müßten. Hinsichtlich des Ausmaßes der Differenzierung bestehen Auffassungsunterschiede, die von fünf Ländern in einem Besonderen Votum im Bildungsgesamtplan niederlegt und von sechs Ländern durch die Hamburger Übereinkunft von 1972 formuliert worden sind.

Es soll geprüft werden, ob ein besonderer Ausbildungsgang eingerichtet werden kann für die Lehrer, die an beruflichen Schulen fachpraktischen Unterricht erteilen.

.
.
.

C. Weiterbildung

Weiterbildung ist die Fortsetzung oder Wiederaufnahme organisierten Lernens nach Abschluß einer ersten Bildungsphase und nach der Aufnahme einer Berufstätigkeit. Wegen der wachsenden und immer rascher wechselnden gesellschaftlichen und beruflichen Anforderungen müssen künftig mehr Menschen neue Kenntnisse und Fertigkeiten erwerben können.

Ferner muß auch den Erwachsenen für Beruf und Freizeit die Möglichkeit gegeben werden, kreative Fähigkeiten zu entwickeln und sich neue Interessengebiete zu erschließen.

Ziel aller Maßnahmen in diesem Bereich ist der Auf- und Ausbau eines Weiterbildungssystems zu einem Hauptbereich des Bildungswesens als öffentliche Aufgabe, auch wenn der einzelne für seine persönliche Weiterbildung selbst die Initiative erbringen muß. Bund, Länder und Gemeinden werden im Rahmen ihrer Zuständigkeit für ein ausreichendes, modernen Erkenntnissen entsprechendes Angebot an Bildungsmaßnahmen sorgen. Die nicht-öffentlichen (freien) Träger werden bei entsprechender Leistung gleichberechtigt an allen Maßnahmen und Einrichtungen sowie an der öffentlichen Förderung beteiligt.

Im Bereich der Weiterbildung soll ein breit gefächertes Bildungsangebot geschaffen werden. Die zahlreichen Initiativen und Aktivitäten der verschiedenen Bildungsträger kommen dieser Forderung entgegen. Es muß jedoch durch eine institutionalisierte Zusammenarbeit ein Mindestmaß an Systematik und Übersichtlichkeit sichergestellt sein. Die Bereiche der beruflichen, allgemeinen und politischen Bildung sind im Zusammenhang zu sehen.

Um diese Ziele zu verwirklichen, müssen die derzeitigen Bemühungen im Bereich der Weiterbildung auf örtlicher, regionaler und überregionaler Ebene koordiniert werden. Neue Plätze sind sowohl für kurzfristige Bildungsmaßnahmen als auch für längerdauernde Vollzeitlehrgänge zu schaffen. Der z. Z. nicht genau bekannte Bestand an Lehrkräften sowie Verwaltungs- und technischem Personal ist festzustellen und gegebenfalls der angestrebten Zahl an Weiterbildungsplätzen entsprechend zu vergrößern; die Ausbildung des Weiterbildungspersonals ist zu verbessern. Der Situation der Erwachsenen angemessene Bildungsangebote sind zu entwickeln. Einzelne Kurse sollten so aufeinander bezogen und miteinander kombinierbar sein, daß sie sich zur Verwendung in einem „Baukastensystem“ eignen. Angestrebt wird weiterhin die Einführung eines gesetzlich geregelten Bildungsurlaubs. Der Ausbildung oder Umschulung aller Behinderten wird besondere Aufmerksamkeit durch ein bundesweites System von Rebalilitationseinrichtungen gewidmet werden.

.
.
.

F. Innovationen im Bildungswesen

Bildungsreform erfordert immer auch Abstimmung der beabsichtigten Veränderungen mit den jeweiligen bestehenden Verhältnissen und ihren Voraussetzungen. Sie bedarf daher der sorgfältigen Planung von der Forschung über die Revision der Lernziele bis hin zu den Anwendungen der Bildungstechnologie und den Erfordernissen der Bildungsverwaltung.

Innovationen im Bildungswesen können ohne *Bildungsforschung* nicht geleistet werden. Diese umfaßt ebenso die erziehungswissenschaftliche und die Berufsbildungsforschung wie die wissenschaftliche Klärung der Voraussetzungen für praktische Problemlösungen. Die Verbesserung der theoretischen Grundlagen, die Zusammenarbeit aller Einrichtungen der Bildungsforschung und die Einbeziehung der Bildungsforschung in ein allgemeines System wissenschaftlicher Dokumentation und Information bedürfen hierbei besonderer Förderung.

Bei der *Curriculumreform* handelt es sich um die Entwicklung von Lernzielen, Lerninhalten, Lehrmethoden und Verfahren zur Überprüfung des Lernerfolges. Die Revision der bestehenden und die Entwicklung neuer Curricula sowie ihre Erprobung in der Praxis sind für das Erreichen der allgemeinen Reformziele von erheblicher Bedeutung. Entsprechende Einrichtungen sollen daher ausgebaut bzw. geschaffen werden.

Zur *Bildungstechnologie* gehören nicht nur die einzelnen technischen Hilfsmittel, sondern auch die Methoden ihrer Anwendung. Die Weiterentwicklung der Medien soll zu leistungsfähigen Mediensystemen führen und eine sinnvolle Einpassung der Bildungstechnologie in die Bildungspraxis ermöglichen.

Die *Pädagogische Diagnostik* arbeitet an der Aufhellung von Problemen und Prozessen bei der Messung des Lehr- und Lernerfolges. Sie dient der Vorbereitung von Entscheidungen über die individuelle Schullaufbahn und bedarf – unter anderem zur Entwicklung objektivierter Verfahren und Instrumente der Leistungsmessung – des Ausbaus entsprechender Forschungseinrichtungen und der Verankerung in der Lehrerbildung.

Modellversuche sind in allen Bereichen des Bildungswesens notwendig, um neue Konzeptionen und Möglichkeiten zu erproben und allgemeine Innovationen vorzubereiten. Die Förderung und Koodierung von wissenschaftlich begleiteten Modellversuchen ist daher eine wichtige Aufgabe im Rahmen der Bildungsplanung. Dazu haben Bund und Länder am 7. Mai 1971 eine „Rahmenvereinbarung zur koordinierten Vorbereitung, Durchführung und wissenschaftlichen Begleitung von Modellversuchen im Bildungswesen" beschlossen.

Die Planung rationeller Fertigungsmethoden im *Schul- und Hochschulbau* bedarf neuer Forschungsansätze. Hierzu gehören u. a. die Fragen der intensiveren wie auch der vielseitigeren Nutzung von Schul- und Hochschulbauten auf der Grundlage des internationalen Erfahrungsaustauschs.

Der Umfang organisatorischer Aufgabenstellungen erfordert schließlich neue Maßnahmen zur *Rationalisierung der Verwaltungsarbeit in der Schule.* Die Entwicklung von einheitlichen Ordnungs- und Formularsystemen, die Eingliederung der Schulverwaltung in öffentliche EDV-Systeme sowie die Anleitung von Lehrern ist dabei Gegenstand von Entwicklungsaufträgen in diesem Bereich.

.
.
.

7.2. Auszüge aus Informationen für Studienanfänger der Universität Hamburg

Quelle: Wegweiser durch die Universität Hamburg für Studienanfänger, WS 75/76, S. 62-67

Allgemeines

Diese Informationen sollen einen ersten Überblick über Bedingungen und äußeren Verlauf des Studiums vermitteln. Berücksichtigt sind die wichtigsten Studiengänge mit einem berufsqualifizierenden Abschluß (Diplom oder Staatsexamen).

Abschlußprüfungen

Diplom	Universitätsprüfung in den Naturwissenschaften, Wirtschafts- und Sozialwissenschaften und in Psychologie; Grundlage ist in der Regel eine von der Universität erstellte Diplomprüfungsordnung.
Staatsexamen	Staatsprüfung in allen Lehrämtern und z. B. in der Rechtswissenschaft. Das Staatsexamen wird vor einer Prüfungskommission außerhalb der Universität abgelegt.

Zwischenprüfungen

Alle Studienfächer, die mit einer Diplomprüfung abgeschlossen werden, gliedern sich in einen Studienabschnitt vor und einen nach der „Zwischenprüfung" (auch „Vorprüfung" oder „Diplomprüfung" genannt).

Diese Vorprüfung wird in der Regel im vierten oder fünften Semester abgelegt; sie kann studienbegleitend oder punktuell sein.

Studienbegleitend heißt, daß innerhalb eines bestimmten Zeitraumes vorgeschriebene Lehrveranstaltungen erfolgreich besucht sein müssen; dies ist durch Bescheinigungen nachzuweisen (z. B.: die Zwischenprüfung für Betriebswirtschaft besteht aus der Vorlage von insgesamt sechs Leistungsnachweisen, die in den ersten vier Semestern erworben werden müssen; anhand dieser Leistungsnachweise wird eine Bescheinigung über die bestandene Zwischenprüfung ausgestellt; eine besondere Prüfung findet also nicht statt).

Punktuell ist eine Zwischenprüfung, wenn eine besondere mündliche und oder schriftliche Prüfung stattfindet, zu der eine förmliche Meldung und Zulassung erforderlich ist (z. B. die Diplomvorprüfung für Psychologen soll nach Abschluß des fünften Semesters abgelegt werden; der Student meldet sich also für die Prüfung an, indem er beim Prüfungsamt die erforderlichen Unterlagen einreicht; dann wird er zur Diplomprüfung zugelassen und zu den Prüfungsterminen eingeladen).

Alle weiteren Angaben über Zwischenprüfungen (wann sie abgelegt werden müssen; welche Voraussetzungen zu erfüllen sind; ob sie studienbegleitend oder punktuell sind) können den Studienplänen und den Prüfungsordnungen für die einzelnen Studienfächer entnommen werden.

Lehrerstudiengänge

Stufenlehrer

An der Universität Hamburg ist an die Stelle der Ausbildung zum Volks- und Realschullehrer die Stufenlehrerausbildung getreten. Danach sind folgende Studiengänge möglich:

Studiengänge	Dauer	Studienfächer
1. Lehramt mit Schwerpunkt Grundstufe	6 Sem.	Erziehungswissenschaft Grundschulpädagogik 1 Unterrichtsfach
2. Erweitertes Lehramt mit Schwerpunkt Grundstufe	8 Sem.	Erziehungswissenschaft Grundschulpädagogik 2 Unterrichtsfächer
3. Lehramt mit Schwerpunkt Mittelstufe	6 Sem.	Erziehungswissenschaft 2 Unterrichtsfächer
4. Erweitertes Lehramt mit Schwerpunkt Mittelstufe	8 Sem.	Erziehungswissenschaft Grundschulpädagogik 2 Unterrichtsfächer

Das Lehramt mit Schwerpunkt Grundstufe befähigt zum Unterricht in den Klassen 1 bis 4, das Lehramt mit Schwerpunkt Mittelstufe verleiht die Unterrichtsbefähigung in den Klassen 5 bis 10; beide Lehrämter können nach oben bzw. nach unten erweitert werden. Die Erweiterung besteht für die Grundstufenlehrer in der Hinzunahme eines weiteren Unterrichtsfaches, für die Mittel-

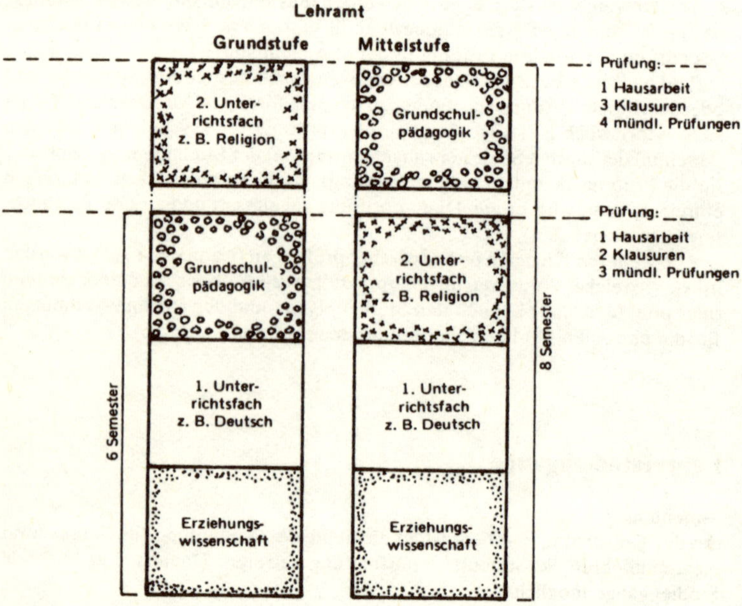

Stufenlehrer

	Lehramt mit Schwerpunkt		Erweitertes Lehramt mit Schwerpunkt	
	Grundstufe	Mittelstufe	Grundstufe	Mittelstufe
1. Studienfach	Erz.wiss., Grundschulpädagogik, 1 Unterrichtsfach	Erz.wiss., 2 Unterrichtsfächer	Erz.wiss., Grundschulpädagogik, 2 Unterrichtsfächer	
2. Studienbeginn	---------- S S o d e r W S ----------			
3. Abschluß	---------- 1. Staatsexamen ----------			
4. Mindeststudienzeit	6 Semester ohne Abschlußprüfung		8 Semester ohne Abschlußprüfung	
5. Förderungsdauer nach BAFöG	8 Semester		10 Semester	
6. Praktikum	---------- 1 Schul-, 1 Sozialpraktikum, jeweils 4-wöchig ----------			
7. Vorprüfung a) wann: b) Voraussetzungen: c) Anforderungen:	nein		Studienberatung fragen	
8. Abschlußprüfung a) wann: b) Voraussetzungen: c) Anforderungen:	nach 6 Sem.; Hausarbeit oder Klausuren ab 5. Sem. möglich Studienberatung fragen 1 Hausarbeit, 2 Klausuren (nicht in dem Fach der Hausarbeit); mündliche Prüfung in 3 Fächern		nach 8 Sem.; Hausarbeit oder Klausuren ab 5. Sem. möglich Studienberatung fragen 1 Hausarbeit, 3 Klausuren (nicht in dem Fach der Hausarbeit) mündliche Prüfung in 4 Fächern	
9. a) Promotion b) Magisterprüfung	---------- ja ---------- ---------- ja ----------			
10. Studienplan	---------- erhältlich in der jeweiligen Fachberatung ----------			
11. Sonstiges	Es wird jedem Studenten der neuen Ausbildung dringend empfohlen, die Studienfachberatung aufzusuchen			

stufenlehrer in der Hinzunahme des Studienfaches Grundschulpädagogik. Der Unterschied zwischen Lehramt und Erweitertem Lehramt besteht also in der Dauer des Studiums (6 bzw. 8 Sem.), in der Anzahl der Studienfächer (3 bzw. 4 Studienfächer) und in der Unterrichtsbefugnis (Klasse 1 bis 4/Unterstufe oder Klasse 5 bis 10/Mittelstufe bzw. Klasse 1 bis 10). Die Skizze (auf S. 250 f) macht die verschiedenen Lehrämter in ihren Gemeinsamkeiten und Unterschieden deutlich:

Im Rahmen der Studiengänge Nr. 3 und 4 kann die grundständige Sonderschullehrerausbildung gewählt werden. Demnach gibt es im Studiengang Nr. 3 (Lehramt mit Schwerpunkt Mittelstufe) folgende Studienfächer: Erziehungs-

Weitere Lehrerstudiengänge

	Gymnasien	Handelsschulen Studienrichtung I	Handelsschulen Studienrichtung II	Gewerbelehrer
1. Studienfach	2 Fächer und Erz. wiss. als Begleitstudium	Erz. wiss., Allg. BWL, VWL 1 weiteres Fach	Erz. wiss., Allg. BWL, 1 weiteres Fach	Erz. wiss., 1 gewerbl. Fach 1 weiteres Fach
2. Studienbeginn	SS oder WS			
3. Abschluß	1. Staatsexamen	1. Staatsexamen mit der Bezeichnung Dipl.-Handelslehrer		1. Staatsexamen
4. Mindeststudienzeit	8 Sem. ohne Abschlußprüfung			
5. Förderungsdauer nach BAFöG	10 Semester			
6. Praktikum	ja	insgesamt einjährige, prakt. kaufm. Tätigkeit		einjähriges Berufspraktikum
7. Vorprüfung a) wann: b) Voraussetzungen: c) Anforderungen:	findet i. d. R. nicht statt, Leistungsnachweise f. 2. Studienphase nötig. Studienberatung fragen.	Studienberatung fragen		
8. Abschlußprüfung a) wann: b) Voraussetzungen: c) Anforderungen:	nach 8 Sem. Studienberatg. fragen 1 Hausarbeit (nicht Erz.wiss.), je 1 Klausur i. beiden Fächern, mündl. Prüfung in beiden Fächern u. Erz. wiss.	nach 8 Semestern Studienberatung fragen 1 Hausarbeit, Klausuren in 3 Fächern, mündl. Prüfung in allen Fächern		nach 8 Sem. Stud.beratg. fragen 1 Hausarbeit 2 Klausuren 3 mdl. Prüfungen
9. a) Promotion b) Magisterprüfung	ja ja	ja nein		ja ja
10. Studienplan	erhältlich in der jeweiligen Fachberatung			
11. Sonstiges				

wissenschaft, 1 Unterrichtsfach, 1 sonderpädagogische Fachrichtung sowie im Studiengang Nr. 4 (Erweitertes Lehramt mit Schwerpunkt Mittelstufe) diese Fächer: Erziehungswissenschaft, 1 Unterrichtsfach, 2 sonderpädagogische Fachrichtungen. (Näheres im Informationsheft zum Zulassungsverfahren).

Für die Prüfung gelten folgende Regelungen:

Der Bewerber schreibt in einem Studienfach eine Hausarbeit; in den Fächern, in denen er nicht die Hausarbeit geschrieben hat, muß er je eine Klausur schreiben; in jedem Studienfach findet eine mündliche Prüfung statt; das bedeutet, daß der Bewerber bei einem 6-semestrigen Studium mit 3 Studienfächern (Lehramt Grundstufe oder Mittelstufe) eine Hausarbeit, zwei Klausuren und drei mündliche Prüfungen absolvieren muß; bei einem 8-semestrigen Studium mit vier Studienfächern (Erweitertes Lehramt Grundstufe oder Mittelstufe) hat er eine Hausarbeit, drei Klausuren und vier mündliche Prüfungen abzuleisten.

7.3. Adressenverzeichnis

(zusammengestellt nach: Jahrbuch für Wissenschaft, Ausbildung, Schule – WAS '75, hrg. von *O. Peters* u. *H. Gotthart,* Verlagsgesellschaft Schulfernsehen, Köln 1975; *Classen-Bauer, I.* u. a.: Curriculum-Entwicklung in der Bundesrepublik Deutschland, Schriftenreihe Bildungsplanung 15, hrsg. vom Bundesminister für Bildung und Wissenschaft, Bonn 1975; *Flechsig, K.-H.* u. *H.-D. Haller:* Einführung in didaktisches Handeln, Stuttgart 1975 – und nach eigenen Unterlagen)

Akademie der Pädagogischen Wissenschaften der DDR
DDR 108 Berlin, Otto-Grotewohl-Str. 11

Aktion Bildungsinformation e. V. (ABI)
7 Stuttgart 1, Alte Poststr. 5/IV

Bundesministerium für Bildung und Wissenschaft
53 Bonn 12, Heussallee 2 -10, Postfach 12 01 24

Bund-Länder-Kommission für Bildungsplanung
53 Bonn 12, Petersbergstr. 18

Deutsche Forschungsgemeinschaft (DFG)
53 Bonn-Bad Godesberg, Kennedyallee 40

Deutscher Hochschulverband e. V.
53 Bonn-Bad Godesberg, Heerstr. 100

Deutsches Institut für Fernstudien an der Universität
Tübingen (DIFF)
74 Tübingen, Wöhrdstr. 8

Deutsches Institut für Internationale Pädagogische Forschung
6 Frankfurt/Main 90, Schloßstr. 29, Postfach 90 02 80

Deutsches Institut für wissenschaftliche Pädagogik
44 Münster, Kardinal-von-Galen-Ring 45

Deutsches Jugendinstitut e. V.
8 München 13, Infanteriestr. 13

Europarat (Conseil de l'Europe), Direction de l'Enseignement et des affaires, cuturelles et scientifiques
F 67 Strasbourg, Avenue de l'Europe

Gesellschaft zur Förderung Pädagogischer Forschung (GFPF) e. V.
6 Frankfurt/Main 90, Schloßstr. 29

Hochschul-Informations-System GmbH (HIS)
3 Hannover, Prinzenstr. 12

Hochschulvereinigung für das Fernstudium
53 Bonn-Bad Godesberg, Ahrstr. 39

Institut für Arbeitsmarkt- und Berufsforschung der Bundesanstalt für Arbeit
85 Nürnberg, Regensburger Str. 104

Institut für Bildungsplanung und Studieninformation (IBS)
7 Stuttgart 1, Schwabstr. 43

Institut für den wissenschaftlichen Film
34 Göttingen, Nonnenstieg 72

Institut für Film und Bild in Wissenschaft und Unterricht gem. GmbH
8022 Grünwald, Bavaria - Film - Platz 3

Institut für kybernetische Pädagogik im Forschungs- und Entwicklungszentrum für objektivierte Lern- und Lehrverfahren
479 Paderborn, Rathenaustr. 69-71

Institut für die Pädagogik der Naturwissenschaften an der Universität Kiel
23 Kiel, Olshausenstr. 40-60

Internationales Schulbuchinstitut
33 Braunschweig, Rebenring 53

Max-Planck-Institut für Bildungsforschung
1 Berlin 33, Lentzeallee 94

Organization for Economic Cooperation and Development (OECD) [Organisation für wirtschaftliche Zusammenarbeit und Entwicklung], Centre for Educational Research and Innovation
F Paris 16e, 2 rue André Pascal

Pädagogische Arbeitsstelle des Deutschen Volkshochschul-Verbandes
6 Frankfurt/Main, Holzhausenstr. 21

Pädagogisches Zentrum (PZ)
1 Berlin 31, Uhlandstr. 96-97

Schulbauinstitut der Länder
1 Berlin 12, Str. des 17. Juni 112 (Ernst-Reuter-Haus)

Staatliche Zentralstelle für Fernunterricht
5 Köln 1, Krebsgasse 5

Staatsinstitut für Bildungsforschung und Bildungsplanung
8 München 81, Arabellastr. 1/VI

Ständige Konferenz der Kultusminister (KMK)
Sekretariat: 53 Bonn, Nassestr. 8

United Nations Educational, Scientific and Cultural Organization (UNESCO)
F Paris 7e, Place de Fontenay

UNESCO-Institut für Pädagogik
2 Hamburg 13, Feldbrunnenstr. 77

Zentrum für neue Lernverfahren
74 Tübingen, Münzgasse 11

Kultusministerien

Kultusministerium Baden-Württemberg
7 Stuttgart 1, Schloßplatz 4, Postfach 480

Bayerisches Staatsministerium für Unterricht und Kultus
8 München 2, Salvatorstr. 2

Der Senator für Wissenschaft und Kunst
1 Berlin 19, Bredtschneiderstr. 5-8

Der Senator für Schulwesen
1 Berlin 19, Bredtschneiderstr. 5-8

Der Senator für Bildung, Wissenschaft und Kunst
28 Bremen, Rembertiring 8-12

Behörde für Schule, Jugend und Berufsbildung
2 Hamburg 76, Hamburger Str. 31

Behörde für Wissenschaft und Kunst
2 Hamburg 76, Hamburger Str. 45

Hessisches Kultusministerium
62 Wiesbaden, Luisenplatz 10

Niedersächsisches Ministerium für Wissenschaft und Kunst
3 Hannover, Am Schiffgraben 12

Niedersächsisches Kultusministerium
3 Hannover, Am Schiffgraben 12

Kultusministerium Nordrhein-Westfalen
4 Düsseldorf, Völklinger Str. 49

Ministerium für Wissenschaft und Forschung des Landes Nordrhein-Westfalen
4 Düsseldorf, Völklinger Str. 49

Kultusministerium Rheinland-Pfalz
65 Mainz, Ernst-Ludwig-Str. 2

Ministerium für Kultus, Bildung und Sport des Saarlandes
66 Saarbrücken, Saaruferstr. 32

Kultusministerium Schleswig-Holstein
23 Kiel, Düsternbrooker Weg 64-68

Lehrerorganisationen

Deutscher Lehrerverband (DL)
53 Bonn-Bad Godesberg, Kölner Str. 157

Gewerkschaft Erziehung und Wissenschaft (GEW)
6 Frankfurt/Main 1, Unterlindau 58,
Postanschrift: 6 Frankfurt/Main 18,
Postfach 18 01 09

Mitgliedsverbände im Deutschen Lehrerverband

Bayerischer Lehrer- und Lehrerinnenverband e. V. (BLLV)
8 München 15, Bavariaring 37

Deutscher Philologenverband (DPhv)
8 München 13, Barer Str. 48 I

Verband Deutscher Realschullehrer (VDR)
406 Viersen, Viersener Str. 57 a

Landesbildstellen

Landesbildstelle Baden
75 Karlsruhe 51, Raststatter Str. 25,
Postfach 51 02 20

Landesbildstelle Berlin
1 Berlin NW 87, Wikingufer 7

Landesbildstelle Bremen
28 Bremen, Uhlandstr. 53

Staatliche Landesbildstelle Hamburg
2 Hamburg 54, Kieler Str. 171

Staatliche Landesbildstelle Hessen
6 Frankfurt/Main Gutleutstr. 8-12

Niedersächsisches Landesverwaltungsamt – Landesbildstelle –
3 Hannover O, Gellertstr. 20

Staatliche Landesbildstelle Nordbayern
858 Bayreuth, Josephsplatz 8

Landesbildstelle Rheinland
4 Düsseldorf, Prinz-Georg-Str. 80

Landesbildstelle Rheinland-Pfalz
54 Koblenz-Ehrenbreitstein, Hofstr. 257

Staatliche Landesbildstelle Südbayern
8 München 8, Prinzregentenplatz 12

Landesbildstelle Westfalen
44 Münster, Fürstenbergstr. 10

Landesbildstelle Württemberg
7 Stuttgart 1, Landhausstr. 70-74,
Postfach 403

Landeszentrale für politische Bildung und technische Unterrichtsmittel
66 Saarbrücken 3, Am Stadten 27

Institut für Praxis und Theorie der Schule – Zentrale für technologische Pädagogik –
23 Kiel 1, Schloß

Institut für Film und Bild in Wissenschaft und Unterricht
– Zweigstelle Berlin –
1 Berlin 37, Schützenallee 27-29

Tests

Testzentrale
7 Stuttgart 50, Wildbacher Str. 4

Beltz Verlag
694 Weinheim, Postfach 197

Verlag für Psychologie Dr. C. G. Hogrefe
34 Göttingen, Brentanoweg 10

Ernst Klett Verlag – Referat Testpsychologie –
7 Stuttgart 1, Postfach 809

Westermann Schultests
33 Braunschweig, Postfach 33 20

Curriculum-Entwicklung: Projektgruppen Vorschule

Deutsches Jugendinstitut München – Arbeitsgruppe Vorschulerziehung im Bereich sozialen Lernens –
8 München 40, Römerstr. 15

Pädagogische Hochschule Schwäbisch Gmünd – Projektgruppe Forschungsvorhaben im Bereich Vorschulerziehung (Lehrplanforschung) –
707 Schwäbisch Gmünd, Lessingstr. 7

Curriculumentwicklung: Projektgruppen Vorschule/Primarstufe

Pädagogische Hochschule Kiel – Projektgruppe Sozialerziehung in der Eingangsstufe des Primarbereichs und im Elementarbereich –
23 Kiel, Olshausenstr.

Pädagogische Hochschule Reutlingen – Projektgruppe Integrative mehrperspektivische Unterrichtsmodelle –
741 Reutlingen, Postfach 680

Deutsches Institut für wissenschaftliche Pädagogik – Projekt EVI CIEL (Curriculum Institutionalisierte Elementarerziehung –
44 Münster, Kardinal-von-Galen-Ring 45

Curriculum-Entwicklung: Projektgruppen Primarstufe

Pädagogisches Seminar der Universität Göttingen, Arbeitsgruppe Unterrichtsforschung – Projektgruppe Entwicklung eines naturwissenschaftlichen Primarschulcurriculum –
34 Göttingen, Kreuzbergring 24

Pädagogische Hochschule Niedersachsen, Abt. Braunschweig und Gesamthochschule Kassel – Projektgruppe Naturwissenschaftlicher Unterricht in der Grundschule. Lehrgang Physik/Chemie –
33 Braunschweig, Konstantin-Uhde-Str. 16
35 Kassel, Gesamthochschule

Landesbildstelle Westfalen – Projektgruppe Curriculare Bausteine für den Unterricht im Medienverbund in der Grundschule –
44 Münster, Fürstenberger Str. 10-11

Universität Regensburg – Projektgruppe Curriculum Elementare Leseerziehung (CELE) –
84 Regensburg, Universitätsstr.

Pädagogische Hochschule Freiburg – Projektgruppe Französisch in der Grundschule. Erstellung eines Curriculum –
78 Freiburg, Pädagogische Hochschule Kunzenweg

Pädagogische Hochschule Karlsruhe – Projektgruppe Curriculumentwicklung Musik im Primarbereich –
75 Karlsruhe, Pädagogische Hochschule

Universität Marburg – Projektgruppe Forschungsprojekt Grundschulversuch –
355 Marburg, Universität, Institut für Erziehungswissenschaft

Carl-Benz-Schule in Verbindung mit der Pädagogischen Hochschule Schwäbisch Gmünd – Projektgruppe Zweijährige Eingangsstufe –
7 Stuttgart-Bad Cannstadt

Forschungskreis für die Sprechspur – Projektgruppe Sprachfördernde Vorbereitung des eigentlichen Schreibens –
3 Hannover, Am Kanonenwall 1

Pädagogische Hochschule Schwäbisch Gmünd – Projektgruppe Modellversuch Primarlehrerausbildung –
707 Schwäbisch Gmünd, Lessingstr. 7

Universität Hamburg, Fachbereich Erziehungswissenschaft – Projektgruppe Eingangsstufe des Primar- und Elementarbereichs –
2 Hamburg 13, Von-Melle-Park 8

Curriculum-Entwicklung: Projektgruppen Primarstufe/Sekundarstufe I

Universität Göttingen, Seminar für Wirtschaftspädagogik – Arbeitsgruppe Mittelfristige Curriculumforschung am Bereich des Englisch-Grammatikunterrichts (Teilprojekt) –
34 Göttingen, Nikolausbergerweg 5 c

Nachwort

Nicht nur für den Leser, welcher sich getreu Seite für Seite durch dieses Buch durchgearbeitet hat, wollen wir diese Schlußbemerkung vorlegen. Gewiß bringt es die heutige Überfülle an Literatur über bildungspolitische und -praktische Aspekte mit sich, daß man kaum noch in der Lage ist, ein Buch in aller Muße, von vorn bis hinten durchzulesen. Zudem lohnen sich Bücher oftmals gar nicht zu einer solchen (fast sklavischen) Lesehaltung, da immer wieder Bekanntes auftaucht und natürlich nicht noch einmal bearbeitet werden muß. Man muß es als Student geradezu auch gelernt haben, ein Buch „quer" lesen zu können, um die für eigene Problemstellungen und Bedürfnisse bedeutsamen Hinweise dann umso genauer berücksichtigen zu können. Weiterhin muß man davon ausgehen, daß viele Bücher zunächst probehalber angelesen werden.

Wir haben den Versuch unternommen, in diesem Buch eine gewisse Mischform der Darstellungen zu finden; bestimmt ist uns dies nicht optimal gelungen. Vor allem -so glauben wir selbst- hätte die didaktische Diskussion zum Grundschulbereich noch stärker berücksichtigt werden können. Doch ist dies ein Thema, welches ja bereits Bestandteil des Studiums selbst ist; wir wollten zunächst darauf vorbereiten, wie man dieses Studium besser organisieren kann. Insofern kann den inhaltlichen Darlegungen, z. B. zur Lernzielplanung und -sequenzierung, nicht viel mehr als paradigmatische Bedeutung zugemessen werden. Aus unserer eigenen Erfahrung als Prüfer wissen wir aber, daß es manchem Studenten, der in der Prüfung steht, guttun würde, wenigstens diese Informationen zu kennen.

Wenn unsere Leser, die dieses Buch tatsächlich zu Beginn ihres Studiums erstmals bearbeitet haben, Veranlassung finden, auch später gelegentlich wieder darin zu blättern, haben wir es allerdings nicht zu Unrecht geschrieben.

Personenregister

Sachregister